Zu diesem Buch

Der Münchner Psychologe und Psychotherapeut beschäftigte sich bereits im Jahre 1972 in seinem Buch «Homo consumens» mit den für Mensch und Umwelt verheerenden Folgen des hemmungslosen Konsumierens. Damals war von Wirtschaftskrise und Umweltzerstörung noch kaum die Rede, gab es weder Ölpreisschock noch beängstigende Arbeitslosigkeit.

Zwölf Jahre später gibt die Entwicklung Schmidbauer recht. Sein Plädoyer für den Verzicht auf manches, was uns bisher lieb und teuer war, ist nicht geprägt von Besserwisserei oder Lust am Frust, sondern von der Liebe zum Leben. Wer die mit viel Werbeaufwand konstruierten Zusammenhänge zwischen Konsum und Lebensfreude durchschaut hat, dem wird es nicht schwerfallen, Schmidbauers Hilfen anzunehmen.

Wolfgang Schmidbauer, geboren 1941, Diplom-Psychologe und Dr. phil., arbeitet als Psychotherapeut in freier Praxis und als Dozent für Psychoanalyse.

Er veröffentlichte bei Rowohlt:
«Jugendlexikon Psychologie» (rororo handbuch 6198)
«Die hilflosen Helfer» (1979)
«Selbsterfahrung in der Gruppe» (rororo sachbuch 7196)
«Alles oder nichts» (rororo sachbuch 8393)
«Die Ohnmacht des Helden» (1981)
«Helfen als Beruf» (1983)
«Die Angst vor Nähe» (1985)
«Die subjektive Krankheit» (1986)
«Eine Kindheit in Niederbayern» (1987)
«Ist Macht heilbar?» (rororo sachbuch 8329)
«Tapirkind und Sonnensohn» (rororo 5590)

Wolfgang Schmidbauer

Weniger ist manchmal mehr

Zur Psychologie
des Konsumverzichts

Rowohlt

Umschlagentwurf Werner Rebhuhn
Dieses Taschenbuch basiert auf einer Veröffentlichung
des Autors, die 1972 unter dem Titel «Homo consumens»
bei der Deutschen Verlags-Anstalt, Stuttgart, erschienen war.

23.–26. Tausend März 1988

Veröffentlicht im Rowohlt Taschenbuch Verlag GmbH,
Reinbek bei Hamburg, November 1984
Copyright © 1984 by Rowohlt Taschenbuch Verlag GmbH,
Reinbek bei Hamburg
Satz Sabon (Linotron 202)
Gesamtherstellung Clausen & Bosse, Leck
Printed in Germany
780-ISBN 3 499 17874 5

Inhalt

Aus dem Vorwort zur 1. Auflage (1972)   7

Vorwort zur Taschenbuchausgabe (1984)   11

I. Der Wegwerfmensch

Homo consumens   19
Die Ursachen der Verschmutzung   22
Prinzip Verschwendung   24
Zerstörte Umwelt   31
Vergiftete Erde   36
Umweltgifte und Konsumverhalten   42
Der eigene Leib als Konsumgut   53
Konsum und Dummheit   57

II. Die Erziehung zum Konsumenten

Leistungsdressur und Konsumverhalten   65
Konsumgewohnheit und Gewohnheitskonsum   76
Die falsche Mutterbrust   81
Verführung zum Konsum   97
Konsumterror und Konsumzwang   116
Die Sucht zu konsumieren   121

III. Konsumverzicht

Eine realistische Utopie   128
Die Ethik des Konsumverzichts   129
Konsum und Freiheit   136
Möglichkeiten und Grenzen des Konsumverzichts   149
Die Chancen des Konsumverzichts   161

Anhang

Die Ökologie der Krankheit   169
Umweltpsychologische Typen   176
Anmerkungen   185

Aus dem Vorwort zur 1. Auflage (1972)

In diesem Buch wird die Frage gestellt, warum der Mensch heute, aller besseren Einsicht zum Trotz, an einem Verhalten festhält, das seine natürliche Umwelt zunehmend zerstört, Luft und Wasser vergiftet, ihn selbst entwürdigt und verdummt – an einem zutiefst unethischen Verhalten, in dem es nicht als innerer Widerspruch, als Unmoralität gilt, die begrenzten Rohstoffquellen der Erde fast ausschließlich einer Minderheit von Menschen zu opfern, um deren künstlich angestachelte Bedürfnisse nach Überflüssigem zu befriedigen. Wenn heute eine Gruppe von Forschern um den britischen Biologen Sir Julian Huxley der westlichen Konsumgesellschaft binnen einer Generation den biologischen Tod prophezeit, wenn der französische Meeresforscher Jacques Cousteau in zwanzig Jahren dem Mittelmeer den Untergang als lebenserfülltes Ökosystem ankündigt, dann erregt dieses unheilvolle *Selbstmordprogramm* (Taylor[1]) in der Wegwerfgesellschaft nicht viel mehr Aufmerksamkeit als ein Bankraub.

Ich halte Konsumverzicht nicht für eine Universallösung unserer Probleme. Aber er ist sicherlich ein sehr wesentliches Element, vor allem wenn man bedenkt, daß auf keinem anderen Weg eine Reihe von Umwelt- und psychologischen Problemen gemeinsam bewältigt werden kann. Ich glaube auch nicht, daß es aussichtslos ist, dem zivilisierten, an Wohlstand gewöhnten Menschen abzuverlangen, nicht von Jahr zu Jahr mehr, sondern weniger zu verbrauchen. Man hat ihm nur bisher noch nie deutlich machen wollen, wie eng Umweltverschmutzung, bestimmte psychologische Probleme und individuelles Konsumverhalten zusammenhängen. Man hat auch noch nie versucht, den Gedanken des Konsumverzichts, der gesellschaftlichen und der individuell-psychologischen Voraussetzungen, die er erfordert, zu Ende zu denken und ihn an praktischen Beispielen zu demonstrieren. Bezeichnend ist etwa, daß von den Hippies, deren Vorbild direkt und indirekt doch einen großen Teil der Jugend beeinflußt hat und beeinflussen wird, nur der aufregende Konsumaspekt – ihr Verbrauch von Rauschdrogen – von den Massenmedien beschrieben wurde, nicht aber ihr Antikonsumaspekt.

Es geht hier nicht nur darum, welche materiellen und psychischen Schäden durch unser Konsumverhalten angerichtet werden, wie Konsumverhalten entsteht und wie man auf Konsum verzichten kann. Ich will auch zeigen, daß es falsch ist, im Konsumverzicht nur den Verzicht, also etwas Negatives zu sehen. Im Gegenteil: Wir können auf diesem Weg nicht nur bessere Umweltbedingungen gewinnen und das Überleben unserer Kinder sicherstellen, sondern auch eine Reihe verschütteter Fähigkeiten von Homo consumens zurückerhalten: Intelligenz (denn Konsum macht dumm), mitmenschliche Bindungen, besseres Verständnis zwischen den Generationen, echte Emanzipation der Frau, vielleicht sogar eine neue Menschenwürde.

Über Konsumverzicht haben sich rechte und linke Extremisten schon ausgesprochen. Der den Nationaldemokraten sehr nahe stehende Felix von Bormann hat im Januar 1972 empfohlen, doch alle Fabriken stillzulegen, die überflüssige Dinge herstellen, wozu er mit Recht 60 Prozent der Autos, Waschmittel, Zahnpasten und Kosmetika zählt.[2] Allerdings soll das Ganze dazu dienen, die Bauern wieder mit Knechten und Familien mit Hausgehilfinnen zu versorgen. Auf der anderen Seite haben die SDS-Ideologen von Herbert Marcuse bis zu Reimut Reiche die Konsumgesellschaft ebenso verdammt wie etwa der Verhaltensforscher Konrad Lorenz.

Konsumverzicht ist zunächst wohl ein apolitisches Programm, das aber, konsequent durchdacht, zu einer Art «Sozialismus mit menschlichem Gesicht» führen muß: zu einem Staat, der für sein Erziehungssystem und das Gesundheitswesen, für die Erhaltung der natürlichen Umweltschönheit jene Produktivkräfte verfügbar macht, die bisher, für Natur und Mensch gleich zerstörerisch, dem individuellen Wohlstand, dem Wachstum der Produktion überflüssiger Güter zugewendet werden. Robert Havemann hat seine Landsleute in der DDR vor der «kapitalistischen Barbarei» gewarnt, die darin liegt, den Weg in die Zukunft mit mehr Fernsehern, Kühlschränken und Automobilen zu pflastern. Die teils imaginäre, teils (wie im Fall der DDR) durchaus realistische Konsumkonkurrenz zwischen westlichen und östlichen Ländern würde jedenfalls der Vergangenheit angehören, wenn wir einsähen, daß uns der Glaube an die Notwendigkeit des Massenkonsums überflüssiger Güter auf einen Irrweg geführt hat. Damit wäre ein sehr viel wichtigerer Beitrag zur Entspannung geleistet als durch alle Worte; vielleicht würde es auch gelingen, gemeinsam die Entwicklungsländer davor zu bewahren, genau die Fehler zu machen, die uns eine aus allen Nähten platzende Industrialisierung eingetragen hat.

Vorwort
zur Taschenbuchausgabe
(1984)

Diese überarbeitete und erheblich erweitere Ausgabe wäre ohne den Anstoß einer Leserin nicht erschienen. Frau Hanna O. rief mich im Frühling 1983 an und fragte, wo sie Exemplare des Buchs bekommen könne. Sie wolle sie verschenken. Ich war überrascht. Aus Gründen, die mir schrittweise deutlicher wurden, hatte ich schon lange nicht mehr an diesen Text gedacht, den ich vor zwölf Jahren als (wie es Kritiker nannten) «zorniger junger Mann» schrieb. Frau O. war nicht leicht abzuschütteln, als ich ihr sagte, der Verlag hätte damals keine zweite Auflage gedruckt (das Buch war in einer «sterbenden Reihe» erschienen, der DVA-Serie «öffentliche Wissenschaft», die alsbald eingestellt wurde). Ob ich nichts tun könne? Ich verneinte. Ob sie selber einige Exemplare anfertigen könnte? Bitte gerne, meinte ich.

So bekam ich einige Wochen später ein fotokopiertes, handlich gebundenes Buch und einen Brief:

«Sehr geehrter Herr Schmidbauer,
nachdem ich Ihr telefonisches Einverständnis erhalten hatte, unternahm ich den Versuch, mir vier einfache Ausgaben des *Homo consumens* zu schaffen. Das Ergebnis halten Sie mit einem Exemplar in Händen. Es ist für Sie gedacht.

Ein paar Worte möchte ich hinzufügen. Am Telefon war ich recht betroffen von Ihrer – wie ich empfand – Gleichgültigkeit gegenüber der Verbreitung von H. c. Erst beim Lesen des Vorwortes zu *Im Körper zuhause* fand ich die Erklärung. Ich persönlich konnte keinen Predigt-Ton feststellen. Ihr *H. c.* hat meinen Blick geschärft, im Umgang mit Umwelt und Gesellschaft und speziell mit der offenen und versteckten Werbung auf allen Gebieten. Außerdem hat er Mut gemacht, eigenen unklaren Gedanken in dieser Richtung mehr Raum zu geben und sie praktisch auszuwerten. Ob ich das Buch vor zehn Jahren auch schon so aufgenommen hätte, weiß ich nicht. Da mußten wohl noch viel persönliche Erfahrungen vorausgehen. Ich finde es sehr schade, daß es nicht mehr im Handel ist und bin froh, nun selbst eins zu besitzen (und zwei für meine Söhne). Mit freundlichen Grüßen, Hanna O.»

Das einfache Leben

«Nach dem Studium kaufte ich ein Haus in der Toskana, das – ohne fließendes Wasser und Straßenanschluß – zu verfallen drohte. Als ich Psychotherapeut wurde, konnte ich nicht mehr, wie früher, als freier Schriftsteller das Sommerhalbjahr in meiner privaten Wildnis um das Haus in Vicchio verbringen, in einer Landschaft, die nicht von Straßen wie von Messern zerschnitten war. Die Psychotherapie bindet an die großen Städte.

Die Frage nach den menschlichen Beziehungen zur Umwelt hat mich immer beschäftigt. Aber die Art meiner Antworten hat sich geändert. Vor elf Jahren schrieb ich ein Buch *Homo consumens*, in dem ich die Umweltzerstörung auf die individuelle Konsumleidenschaft zurückführte und versuchte, psychologisches Material für die Entstehung der Konsumsucht und für ihre Überwindung zusammenzutragen. Heute glaube ich nicht mehr daran, daß solche Forderungen den Weg der Industriegesellschaften beeinflussen werden. Ich denke noch gerne an den Schlußsatz:

‹Homo consumens ist, wie vor einigen Jahrmillionen der Dinosaurier, schon heute zum Aussterben verurteilt. Die Frage ist noch offen, ob Homo sapiens diesen Untergang überleben wird.›

Aber der Predigt-Ton, der folgt, mißfällt mir: ‹Es liegt an uns, an jedem einzelnen von uns, an unserem Verhalten von heute, wie die Antwort ausfallen wird.›

Dieses ‹uns› ist ein Kunstgriff, der einen moralischen Appell ins Leere ermöglicht. Bekanntlich entscheiden weder die Menschen, die ökologische Bücher lesen oder Anti-Atomkraft-Aufkleber an ihre Autos heften, über die Entwicklung der Industriegesellschaft, noch auch jene, die auf ihre Autos schreiben: Mehr Atomkraft, weniger Spinner ... Als ich den Homo consumens schrieb, diskutierte ich einen Abend lang mit einem Freund, der als Graphiker arbeitet und unter anderem auch Firmenwerbung macht. Damals fühlte ich mich ihm moralisch weit überlegen – dem Komplizen der Konsumwerbung, dem Fahrer eines Straßenkreuzers. Ich war besser, ein Psychotherapeut, dessen Waren die Umwelt nicht verschmutzen und der ein bescheidenes Dieselauto benützt. Heute fühle ich mich ihm nicht mehr überlegen. Ich glaube nicht mehr an einen moralischen Unterschied in unserer Form, Geld zu verdienen. Und ich finde es sinnvoller, meinen eigenen Beitrag zu den Selbstmordprogrammen (leider gibt es ja schon mehrere davon) unserer Lebensform zu untersuchen, als mich über die Beiträge anderer zu entrüsten.»*

Diesen Text meinte Hanna O. in ihrem Brief. Ich fing an nachzudenken. War meine Kritik an meinen eigenen Thesen voreilig gewesen, Ausdruck meines eigenen Ehrgeizes weiterzukommen? – Enthielt die Absage an die alte Position als «naiv-moralisch» eine neue Form von Moral, die des selbstkritischen Psychoanalytikers?

Als ich das Buch schrieb, war ich tief beeindruckt vom «einfachen Leben». Im *Homo consumens* habe ich sehr wenig davon erzählt, aber viel in die «sachlichen» Aussagen hineingepackt. Das Haus liegt auf halber Höhe in einem lichten Wald. Man muß zehn Minuten zu Fuß gehen. Wir haben keine Zufahrt gebaut. Es gibt nur Regenwasser aus der Zisterne und einen offenen Kamin. Keine Elektrizität, kein Telefon. Wir lebten von April bis Oktober dort. Die Erfahrung, daß der Verzicht auf die «Schattenarbeit», die durch Haushaltsgeräte, Wasserhähne und den Supermarkt um die Ecke entsteht, Ruhe und Zeit ins Leben bringt, ist mir vertraut. Aber man braucht Zeit, um sich umzustellen. Zum Beispiel haben wir anfangs geplant, eine Wasserleitung zu legen. Es war zu teuer. Allmählich merkten wir, daß der tägliche Gang zur Quelle keine Belastung, kein zeitraubendes Unternehmen ist, sondern ein angenehmes Gefühl von Umweltkontakt vermittelt, das einem der zeitsparende Wasserhahn und das gekachelte Badezimmer vorenthalten.

Immer wenn ich in Vicchio bin, bedauere ich es spielerisch, daß ich wieder zurück muß in meine Praxis, zu Telefon, Postadresse und Lehrtätigkeit. Aber das einfache Leben hat mich zu sehr isoliert. Die italienischen Freunde wurden uns im Winter fremd, die deutschen im Sommer. Meine Kontinuität wurde durch Lesen und Schreiben hergestellt – Materialsammlung im Winter, Ausarbeiten im Sommer. Ich schrieb journalistische Arbeiten, Sachbücher, aber ich hatte keinen persönlichen Zugang zu einem Forschungsgebiet, wie ihn mir später die Psychoanalyse erschloß. Hätten wir die Kinder in zwei verschiedenen Ländern einschulen lassen sollen? So wuchert die früher im Sommer gerodete

* W. Schmidbauer, *Im Körper zuhause*. Alternativen für die Psychotherapie. Frankfurt (Fischer-alternativ) 1982, S. 5

13

und zu Pflanzungen geordnete Wildnis um das Haus ungezügelt. Manchmal fahre ich in den Ferien für einige Wochen hin. «Wenn alle so lebten wie ich, dann wäre es besser!» Aus solchen Motiven entstehen Bücher.

Meine Perspektive hat sich gewandelt. Ich muß mich von dem zornigen jungen Psychologen, der die Umweltprobleme aus einem Punkt kurieren will, nicht mehr abwenden. Ich habe mich verändert. Ob ich klüger geworden bin oder nur vorsichtiger? Jedenfalls muß ich dem Autor von Homo consumens nicht mehr die Kritische Theorie entgegenhalten und habe nicht das Gefühl, Beifall von der falschen Seite zu bekommen, wenn ich die wohlwollenden Rezensionen in kirchlichen Blättern lese.

Unrealistisch, aber sinnvoll

Freiwilliger Konsumverzicht ist wohl keine «realistische Utopie». Aber dennoch lohnt es sich, über ihn nachzudenken. Wir wissen zu wenig, um gesellschaftliche Veränderungen planen zu können. Dennoch brauchen wir Entwürfe, um handlungsfähig zu sein. Keiner paßt auf alle Situationen. Die Industriegesellschaften haben viel von dem wieder verdrängt, was während der Ölkrise eine Zeitlang deutlich war: Konsumverzicht als energiesparende Maßnahme (autofreier Sonntag, Tempolimit). Inzwischen wird auf verlogene Weise das Energiesparen «eingebaut», zum Beispiel in die vielen Autos, von denen behauptet wird, sie seien sparsamer *und* schneller bzw. stärker als die früheren. Das mag technisch stimmen (wer aber fährt schon mit seinem Flitzer 90 Stundenkilometer!), ist aber ökologischer Irrsinn. Jedenfalls wird wieder mehr Energie verbraucht, werden wieder mehr Arbeitsplätze durch die Steigerung der Energieproduktion vernichtet. Es ist, als ob es die Krise nie gegeben hätte. Hier noch viel von einem Appell an Einsicht zu erwarten, scheint unrealistisch, ist aber trotzdem sinnvoll. Ein ökologisches Bewußtsein kann nicht anders entstehen als dadurch, daß viele verschiedene Menschen in verschiedenen Situationen nachdenklich werden. Konsumverzicht ist dabei ein Anstoß unter vielen. Die Stimme der Einsicht kann leicht übertönt werden. Aber unter günstigen Umständen setzt sie sich vielleicht doch durch, auf Umwegen, die wir nicht voraussehen können.

Eine Maus und ein Elefant spielen Fußball. Plötzlich tritt der Elefant auf die Maus. «Entschuldige bitte», sagt er bestürzt, als sie sich gequetscht und zerzaust bekrabbelt, «es war keine Absicht!» – «Macht nichts», stöhnt die Maus. «Hätte mir auch passieren können!» – So ähnlich mag man sich das Verhältnis zwischen dem einzelnen Konsumenten und der produzierenden Industrie vorstellen. Aber der Vergleich ist nicht ganz zutreffend. Denn die Maus lebt im Elefanten, wie eine Zelle in seinem Organismus. Sie hat viel weniger Macht, aber dennoch eine Chance, das System zu beeinflussen, in dem sie steckt. Verschiedene Zellen antworten auf verschiedene Botschaften. Da es keine planbare, ganzheitliche Lösung gibt, geht es gar nicht anders, als sich mit Teilaspekten herumzuschlagen, irgendwo anzufangen. Der Naturschützer, der Blechbüchsen aus dem Wald räumt, der Student auf der Demonstration gegen die neue Startbahn, die Ärztin, die keine Medikamente verschreibt, obwohl es bequemer wäre, der Leserbriefschreiber, der Angestellte im Umweltministerium, der sich mit Abgaswerten plagt und endlich doch überstimmt wird – sie alle geraten immer wieder in Gefahr, ihren kleinen Beitrag anzuzweifeln. Es scheint nutzlos, solange die Mehrheit blindlings in den Abgrund weitertaumelt. Aber er hat seinen Sinn.

Vermutlich werden wir aussterben. Aber diese realistische Einschätzung der großen Gefahr, in der wir leben, macht keinen einzigen Schritt aus ihr sinnlos. Früher hat mich diese düstere Perspektive entmutigt, und ich wollte sie nicht sehen. Heute finde ich es erleichternd, ohne intellektuelle Hoffnung zu leben. Die Hoffnung hat sich in einen Bereich zurückgezogen, wo es nicht mehr notwendig ist, die Zukunft vorauszusehen. Nur unter ganz besonders günstigen Umständen lernen Menschen durch Einsicht. In aller Regel überzeugt sie nur die bittere Erfahrung. Erst wenn die Lichter ausgehen, werden wir anfangen, Strom zu sparen. Erst wenn die Wälder sterben, so daß es keiner mehr übersehen kann, wird etwas getan. 1973 haben manche Rezensenten des *Homo consumens* noch behauptet, die Umweltprobleme seien fest im Griff. Selbst Jesus wäre mit dem Auto gefahren, wenn er gekonnt hätte, mokierte sich Haug von Kuenheim in der *Zeit*. Ob er es heute immer noch so genau weiß?

Einsicht ist nicht gut, aber das Beste, was wir haben. Denkmöglichkeiten sollen geschaffen werden, auch wenn sie keine Patentrezepte mit Verwirklichungsgarantie sind. Es bedeutet viel, wenn immer mehr Menschen auch nur von ferne und theoretisch bereit sind, über einen fernseh- oder autofreien Tag in der Woche nachzudenken. Und wir

dürfen ohne Schuldgefühl gleichzeitig denken: Was bedeutet ein autofreier Tag in diesem verrückten System schon? Was bringt er? Wieder
nur ein Alibi, eine Augenwischerei?

Neue Gesichtspunkte

Ich habe den *Homo consumens* für *Weniger ist manchmal mehr* gründlich überarbeitet, um veraltete Informationen zu korrigieren (beispielsweise wurde 1970 die Zahl der Alkoholiker in der Bundesrepublik auf
600 000 geschätzt, während sie heute bei anderthalb Millionen liegt).
Einige Ergänzungen finden sich im Anhang. Grundsätzlich scheint mir
das Thema so aktuell wie damals, und ich habe das zornige Pathos
nicht verändert. Manche Aussagen sind geradezu prophetisch, zum
Beispiel die Vermutung, daß «heile Umwelt» zu einem wichtigen Artikel der Konsumwerbung werden würde, oder daß Homo consumens
vor allem jene Scheinlösungen weiterentwickeln wird, die ihm versprechen, den Konsum zu steigern und gleichzeitig die Umweltverschmutzung zu vermindern.

Nicht aufgenommen habe ich eine Reihe von Überlegungen, die an
sich zu diesem Thema gehören, aber an anderen Stellen veröffentlicht
sind.* Ich meine die Problematik des Konsums von Dienstleistungen.
Die Produktion von Experten und festgelegten beruflichen Qualifika-
tionen bietet keinen Ausweg aus der Konsumwelt, sondern führt immer tiefer in sie hinein. Der Beruf ist – ähnlich wie das destruktive
Ideal ** – eine Art Sperrad, das die zyklischen Lebensprozesse in ihren
Schwingungen behindert und unterbricht. Das klingt mystisch, wird
aber deutlicher, wenn man die Verfallserscheinungen aller Religionen
betrachtet, die Berufspriester haben (das Christentum hat die Versuche, seine eigene Geschichte zurückzudrehen, hier immer wieder blutig
unterdrückt).*** Der Experte wird überall da fragwürdig (und entwickelt gleichzeitig besondere Schutzmechanismen, um nicht in Frage
gestellt zu werden, z. B. eine unverständliche Sprache), wo er die individuelle Lösbarkeit gesellschaftlich bedingter Probleme vorspiegelt. Die

* W. Schmidbauer, *Die hilflosen Helfer*. Reinbek 1977. – Ders., *Helfen als Beruf.
Die Ware Nächstenliebe*. Reinbek 1983
** Ders., *Alles oder Nichts. Über die Destruktivität von Idealen*. Reinbek 1980
*** Das beschreibt Umberto Eco, *Der Name der Rose*. München 1983

16

helfenden Berufe sind hier besonders anfällig, aber auch zumindest gelegentlich selbstkritisch.

Von einer Strafjustiz, die vorgibt, die Probleme der Kriminalität zu lösen, oder von den Militärs, die dazu da sind, unsere Sicherheitsprobleme zu lösen, wird man das weniger sagen können. Ich sehe die Schwierigkeiten der Abrüstung nicht zuletzt darin begründet, daß die zuständigen Experten, Waffenfabrikanten, Offiziere und Mannschaften wohl kaum bereit sind, ihre materiell und narzißtisch einträglichen Berufe aufzugeben. Wie General bleiben, wenn wirklich abgerüstet wird? Wie Polizist, wenn die Kriminalität zurückgeht? Da rächt es sich, daß Menschen so konstruiert sind, daß sie die Zuneigung ihrer Kameraden meist höher schätzen als die Interessen des Ganzen. Unsere Berufsbilder zementieren solche Strukturen. Damit hängt auch die seelische Unzuträglichkeit der Arbeitslosigkeit zusammen: da mühen sich Dutzende pädagogischer Experten damit ab, die Kinder darauf einzuengen und abzurichten, den Sinn ihres Lebens in der Berufstätigkeit zu sehen. Später beschäftigen sich andere Experten damit, das wacklige Selbstgefühl der Arbeitslosen wieder aufzumöbeln.

Die Psychologie ist eine Rückzugswissenschaft. Wir erklären zum Beispiel die Regentänze der Hopi-Indianer oder die Jagdmagie der Buschmänner «psychologisch». Wegen der Magie wird kein Regen fallen und kein Tier eher erbeutet werden. Aber die Wilden glauben, daß es so ist, und finden auf diese Weise eine seelische Stütze in einer gefahrvollen Welt. Wir glauben, die Wirkung der Magie zu verstehen, indem wir die Außenwelt unseren Naturgesetzen unterstellen und in der Innenwelt einen dunklen Bereich – das Unbewußte – ansiedeln, auf das «Suggestionen» wirken. Diese Auffassung drückt einen ungeheuren Verlust aus, der wahrscheinlich eng mit unserer Umweltmisere zusammenhängt. Wir verlieren damit nämlich die Gefühle als kollektive Struktur, als bildhaftes System, welches das Zusammenleben von Menschen untereinander und mit der Natur regelt. Diese Regelung ist in allen Einzelheiten viel weniger vollkommen als unsere natur- und sozialwissenschaftlich abgesicherten Idealvorstellungen. Aber sie hat viele Jahrtausende stabil funktioniert, hat das Gleichgewicht zwischen den beteiligten Lebewesen gesichert. Einzelinteressen, mit technischen Mitteln befriedigt, sind die psychologische Ursache zerstörter Landschaft, häßlicher Städte, zubetonierter Küstenstreifen, verschmutzter Flüsse. Das mythisch geordnete kollektive Gefühl («Mutter Erde», «Vater Rhein») ist entmachtet. An seine Stelle treten individuelle, psychologisch erforschte und von Machtinteressen' manipulierte Einzelgefühle. Der Experte kann keinen Weg zurück zeigen, aus dieser Sackgasse heraus. Er kann allenfalls seine Würden und Titel ablegen und versuchen, ohne sie gemeinsam mit anderen einen Weg zu finden.

München, Januar 1984   W. S.

I Der Wegwerfmensch

Homo consumens

Dieses Buch untersucht mit den nüchternen Methoden der Verhaltensforschung und der dynamischen Psychologie ein Wesen, welches das Lebensgleichgewicht auf dem Planeten Erde mehr und mehr zerstört: Homo consumens, den konsumierenden Menschen, der durch Maßlosigkeit, Kurzsichtigkeit und Manipulation seine Umwelt ebenso wie sich selbst entwürdigt und ruiniert. Ich habe versucht, zunächst einmal die Konsequenzen aus einer Reihe alarmierender Berichte zu ziehen, die in den letzten Jahrzehnten über Umweltverschmutzung erschienen sind. Das Konsumverhalten des Menschen dürfte hier die wesentlichste und gleichzeitig am wenigsten erkannte Wurzel sein.

Wenn heute von Umweltverschmutzung gesprochen wird, dann nennt man vor allem zwei Ursachen: die zunehmende Überbevölkerung und die Profitsucht der Industriebosse, die unsere hochentwikkelte Technik zum wichtigsten Umweltverschmutzer entarten ließ. Man starrt fasziniert auf diese Ursachen. Sie schützen den einzelnen davor, sein ganz persönliches Verhalten zu ändern, und bewahren ihn vor der Mühe, einmal gegen den Strom des Konsumierens anzuschwimmen. Die Umweltverschmutzung baut sich aus vielen kleinen Handlungen auf: Die Müllberge häufen sich um unsere Städte, weil jeden Tag Millionen Hausfrauen überflüssige Dinge in überflüssigen Verpackungen kaufen, weil sie sich willenlos von der Reklame manipulieren lassen und sich dann abends vor dem Fernsehschirm über die Vergiftung der Umwelt entrüsten – gleich nach den Werbespots für aufwendig verpackte Pralinen, Waschmittel, Haarsprays, Deodorantien, Alkoholika oder Zigaretten. Man fühlt sich machtlos angesichts der chemischen Industrie, die ihre Abwässer kaum geklärt in die Flüsse leitet – aber daß man die Produkte dieser Industrie nicht mehr kaufen könnte und dadurch die Abwässer vermindert, daran will man gar nicht denken. Denn längst ist man überzeugt, daß eine Frau ohne Make-up und deodorierende Seife nicht mehr attraktiv ist. Man könnte sagen, daß die Innenweltverschmutzung durch die Reklame für überflüssige und umweltschädliche Konsumgüter eine wesentliche Voraussetzung der materiellen Verschmutzung ist, welche das Leben auf der Erde ernstlich bedroht.

Sein eigenes Überleben gefährdet Homo consumens nicht zuletzt durch seine rapide Vermehrung. Jahrmillionenlang lebten Menschen in einer Dichte von etwa einer Person pro zehn Quadratkilometer auf der Erde. Die Bevölkerungsziffer richtete sich nach der Menge eßbarer Pflanzen und jagbarer Tiere. Sie ist bei den urtümlichen Jäger- und Sammlervölkern durch hohe Sterblichkeit der Kinder, aber auch durch bewußte Geburtenkontrolle (mit Hilfe von Abtreibung oder durch Tötung der Neugeborenen) immer in bestimmten Grenzen gehalten worden. Erst die Entdeckung des Ackerbaus vor rund zehntausend Jahren ermöglichte eine arbeitsteilige Gesellschaft mit weit höheren Bevölkerungsdichten.

Der Umwelt wirklich gefährlich geworden sind freilich erst die Industrialisierung und mit ihr verbunden die Konsumgesellschaft. Heute enthalten praktisch alle Seen und Flüsse Europas oder Nordamerikas Giftstoffe; die Luft ist in keiner größeren Stadt mehr sauber; die Muttermilch enthält in vielen Ländern gesundheitsschädliche Mengen an DDT; die Bewohner einer Großstadt tragen einige Tonnen Blei in ihren Leibern spazieren, das sie aus Automobilabgasen aufgenommen haben. Was schlimmer ist: Diese Umweltverschmutzung wird sich im Lauf der Zeit auch auf die Entwicklungsländer ausdehnen, die ebenfalls an ihrer Industrialisierung arbeiten und als Konsumenten von morgen gelten. Damit werden biologische Systeme von der Größe der Weltmeere bedroht, die bisher die Unmengen an Schmutz und Gift, die sich tagaus, tagein aus den Flußmündungen der Industriestaaten wälzen, mehr schlecht als recht verkraftet haben. 1850 gab es eine Milliarde Menschen auf der Erde, 80 Jahre später war die zweite Milliarde hinzugekommen (1930). Für die dritte Milliarde waren nur noch 30, für die vierte lediglich 15 Jahre notwendig; um das Jahr 2000 wird es sieben Milliarden, vielleicht sogar schon zwölf Milliarden Menschen auf der Erde geben. Wenn wir schon heute Umweltprobleme haben – wie werden sie erst aussehen, wenn sich die Weltbevölkerung verdreifacht hat und die Industrialisierung der Entwicklungsländer fortschreitet?

Barry Commoner, einer der führenden Ökologen der Vereinigten Staaten, hat in seinem Buch *Science and Survival* (Wissenschaft und Überleben) vorausgesagt, daß die Kumulation der Stoffe, die heute die Umwelt verschmutzen, bereits in wenigen Jahrzehnten dazu führen kann, «daß die Erde aufhören wird, ein für das menschliche Leben geeigneter Platz zu sein». Die Industriegesellschaften, die mindestens 90 Prozent ihrer Produktionskapazität dafür aufwenden, überflüssige Dinge herzustellen, beanspruchen heute die natürlichen Kapazitäten der Erde bis an den Rand des Erträglichen. Längst sind die Zinsen natürlicher Fruchtbarkeit und sich regenerierender Rohstoffquellen (wie der Wasserkraft) aufgezehrt. Wir greifen unser Kapital an, wir leben aus der Substanz, ob es sich um mineralische Brennstoffe (Kohle, Öl), um Erze oder um das Holz unserer Wälder und die natürliche Fruchtbarkeit unserer Böden handelt. Vor hundert Jahren waren die Meere noch unerschöpflich; wer behauptete, eine Küste könnte leergefischt werden, hätte sich damals lächerlich gemacht. Heute sind riesige Gebiete ausgefischt. Was schlimmer ist: Selbst wo man noch Fische fängt, kann man sie oft nicht mit gutem Gewissen verzehren.

Es ist Zeit, den primitiven Optimismus der Pionierzeiten aufzugeben. Die Erde ist ein Raumschiff mit sehr begrenzten Reserven, die in einem Kreislauf immer wieder gereinigt und erneuert werden müssen, wenn das Leben nicht erlöschen soll. Die Astronauten haben uns gezeigt, wie man aus Urin Trinkwasser gewinnen kann, wie man ausgeatmete Luft mit Hilfe von Pflanzen wieder regeneriert (ein sowjetisches Experiment), um sie von neuem einatmen zu können. Bis jetzt hat diese natürliche Reinigungskraft biologischer Systeme ausgereicht, um den Parasiten Homo consumens zu ertragen. Aber mit seiner schrankenlosen Vermehrung und seinem ungezügelten Konsumieren wird sie nicht mehr fertig. Schon heute müßten die meisten Industrieländer buchstäblich ersticken, wenn nicht aus weniger industrialisierten Ländern und vom Meer ständig Sauerstoff zuströmen würde. Die Millionen laufender Auto- und Flugzeugmotoren, die Kohlekraftwerke und chemischen Industrien verbrauchen mehr Sauerstoff, als durch Pflanzen neu gebildet werden kann.

Die Maßlosigkeit der Technologie entspricht dabei genau der Maßlosigkeit des einzelnen. Multipliziert man beide Faktoren, so kann es uns nicht mehr wundern, daß die Pinguine in der Antarktis heute Quecksilber und DDT in ihrem Fettgewebe tragen, obschon sie nie in den Genuß schädlingsfreier Ernten oder von Ex-und-hopp-Flaschen aus Plastikmaterial gekommen sind. Heute ist es nicht mehr möglich, an irgendeiner Stelle der Weltmeere einen Eimer Wasser zu schöpfen, der nicht zehnmal soviel Gift- und Schmutzstoffe oder Radioaktivität enthält wie diese Wasserprobe vor einer Generation.

Die Ursachen der Verschmutzung

Der See mag noch lächeln – aber er ladet nicht mehr zum Bade. Wo vor einem Jahrzehnt noch klares Wasser über blanke Kiesel plätscherte, schwappt heute eine trübe Brühe, von Algen durchsetzt, in der im Sommer bauchoben die toten Fische treiben. Der Biologe nennt den Vorgang, der zum «Umkippen» eines Sees führt, Eutrophisation. Wohlgenährt (griechisch: eutrophos) gedeihen unerwünschte Algen, da das See- oder Flußwasser weit überhöhte Mengen von Phosphaten enthält. Diese Phosphate wiederum stammen aus zwei Quellen: diffusen – dem übermäßig ausgestreuten und vom Regen ausgewaschenen Kunstdünger – und punktuellen: den Kanalisationen unserer Siedlungen, die trotz mechanischer und biologischer Klärung immer noch die Grundstoffe von Waschmitteln enthalten. Die werbewirksame Frau Saubermann steht also mit dem Schmutzteufel Pollution im Bunde, und je weißer der weiße Riese wäscht, desto trüber schaut es aus für unsere Gewässer. Phosphorhaltige Detergentien (das heißt Waschmittel) sind nachweislich die wichtigste einzelne Ursache der Eutrophisation; während die Sauberkeit en détail immer weitere Fortschritte macht, geht die Sauberkeit en gros vor die Hunde.

Versuche, hier Abhilfe zu schaffen, gehen meist davon aus, daß der Konsum selbst eine feste Größe ist, während man alle anderen Faktoren manipulieren kann. Der Weisheit letzter Schluß scheint heute der Bau hochkomplizierter Kläranlagen zu sein, die den Phosphor bis auf geringe Reste aus dem Abwasser entfernen. Aber die Fachleute wissen auch schon, daß solche Kläranlagen so teuer sind, daß praktisch alle unsere Seen und Flüsse biologisch tot sein werden, ehe die Abwässer auch nur einer Großstadt restlos sauber sind. Hier ist der von Gordon R. Taylor geprägte Begriff der «Superpollution» wesentlich. Ein Fluß verträgt ein bestimmtes Quantum an Schmutzstoffen, solange er biologisch intakt ist. Wird aber sein Gleichgewicht durch ein Übermaß an Schmutz gestört, dann verträgt er – auch wenn die Abwässer teilweise geklärt sind – nicht mehr soviel Schmutz wie früher, sondern nur erheblich weniger. Er hat seine natürliche Kraft verloren, sich selbst zu reinigen.

Ein viel einfacherer Weg wäre es, phosphorhaltige Detergentien zu verbieten. Verzicht auf Bequemlichkeit, Rückkehr zu vorindustriellen (oder Fortschritt zu nachindustriellen) Verfahren? Unsere Urgroßmütter kannten noch keine Detergentien; sie wuschen mit Aschenlauge oder Kernseife. Aber damit kann man natürlich nicht die Waschmaschine füttern. Warum nicht auf die Waschmaschine verzichten oder ihren Gebrauch stark einschränken? Sie schluckt Energie, und Elektrizitätswerke tragen zur Luftverschmutzung bei. Die Zeit sollte vorbei sein, in der man den vollautomatischen Haushalt mit Geschirrspüler und Infrarotgrill für eine selbstverständliche soziale Forderung hält.

Ich habe die Problematik der Detergentien an den Anfang gestellt, weil hier deutlich wird, daß Konsumverzicht keine leichte und angenehme Sache ist, kein Sichbescheiden in einzelnen Dingen, sondern eine «Ganzheit», ein System, in dem alle einzelnen Schritte voneinander abhängen. Vor allem erlaubt die Betrachtung der Waschmittel, einen wesentlichen Motor des Konsumverhaltens zu erkennen, der erst einmal durchschaut werden muß, ehe es möglich wird, seine Tourenzahl zu drosseln. Die Reklame ist gemeint, die den Hausfrauen seit Jahren mit Milliardenaufwand das Blaue vom Himmel verspricht – weißer als weiß und kein Grauschleier mehr. Muttis Gewissen tritt neben sie und mahnt sie, einen völlig überflüssigen Weichspüler zu verwenden, weil sonst ihr armes Kindchen sich im «kratzigen» Pullover nicht wohl fühlt. Da gibt es das gigantische Schnupftuch des weißen Riesen – von ein paar Dutzend Männern gezogen, wird es über einen Fabrikhof oder ein Fußballspielfeld gebreitet, schmutzige Stiefel trampeln darauf herum. Anschließend sieht man mit stolzen Gesichtern Männer Unmengen von Waschpulver in einen Swimmingpool schütten, und schon zieht ein Hubschrauber das Wäschestück, das größte der Welt, schneeweiß aus der phosphorhaltigen Brühe, um die sich niemand mehr kümmert. Wer sich durch solche Beweise übermenschlicher Reinigungskraft, deren Demonstration in deutschen Hausfrauen offenbar dasselbe erzittern lassen soll wie seinerzeit die Aufmärsche von Nürnberg in deutschen Männern, nicht beeindrucken läßt, der findet sich plötzlich mit einer angeblich typisch deutschen Familie konfrontiert, deren Mitglieder sämtlich mit Schweineköpfen ausgerüstet sind. Die «sauberen Deutschen» waschen zuwenig. Wer hier Richter ist und das

«Zuwenig» ausspricht, muß wohl nicht gesagt werden. Jeden Tag soll die Waschmaschine laufen, wünscht sich die Waschmittelfabrik. Jeden Tag soll Leib- und Bettwäsche gewechselt werden. Die Industrie bestimmt, was sauber ist, und verschmutzt dadurch unsere Umwelt. Dem Arzt würde es genügen, wenn Wäsche in regelmäßigen Abständen in klarem Wasser gekocht würde. Sie wäre dann bakteriologisch sauber und – ein hygienisches Plus – würde nicht mehr durch minimale Rückstände von Detergentien die Haut reizen.

Muß ein Hemd blütenweiß sein, oder genügt sauber auch? Es gibt sicher einen Weg, auf dem die Umwelt geschont wird, ohne daß Ästhetik und Hygiene Einbußen erleiden. Aber von der Waschmittelindustrie wird man ihn sich nicht zeigen lassen dürfen. Was nötig wäre, sind Informationen über Konsumverhalten, die gegen die einschlägige Reklame immun machen. Ein einzelner Autor wird angesichts des millionenschweren Werbe-Etats der Waschmittelindustrie so wenig ausrichten können wie einsichtige Ärzte gegen die Zigarettenreklame. Aber es sollte klar sein, auf welcher Seite die Vernunft ist.

Die Waschmittel sind nur ein sehr kleiner Ausschnitt der Probleme von Homo consumens, welcher heute offensichtlich weiter verbreitet ist als Homo sapiens, der um die Folgen seines Tuns wissende Mensch. Umweltverschmutzung, Verschwendung der natürlichen Rohstoffquellen, extreme Besitzunterschiede (die Armen werden immer ärmer, die Reichen immer reicher), Entwürdigung des Menschen, der sich im Konsumieren selbst zum Konsumgut macht – sie alle hängen mehr oder weniger eng mit dem Konsumverhalten zusammen. Diese Problematik soll deshalb unter drei Aspekten untersucht werden: erstens, wie Konsumverhalten Probleme schafft, zweitens, welche Wurzeln es hat (die «Erziehung zum Konsumenten» bis zum sozialen Konsumzwang), drittens, welche Möglichkeiten zum Konsumverzicht offenstehen.

Prinzip Verschwendung

Jeden Tag gehen allein in Deutschland über hundert Hektar bisher unberührten Landes verloren. Wälder werden abgeholzt, die für Wasserhaushalt, Klima und Erholung unentbehrlich sind. Man bejammert allgemein diesen Tatbestand. Solange sie nicht persönlich von den höchst unzureichenden «Naturschutzmaßnahmen» betroffen sind (etwa weil eine Bretterbude auf einem Wochenendgrundstück nicht zu einem winterfesten Häuschen ausgebaut werden darf), sind sich wohl alle Exemplare von Homo consumens einig, daß es sich hier um einen höchst beklagenswerten Verlust handelt. Man könnte aber noch einen Gedankenschritt weitergehen. Der Weg führt zwar in eine etwas unbequeme Zone, aber gleichzeitig auch an die Wurzeln des Problems, die liebgewordenen Gewohnheiten von Homo consumens. Denn die Wälder würden nicht abgeholzt, wenn man Holz nicht zu Geld machen könnte. Eine einzige Ausgabe einer vielgelesenen Illustrierten oder eines Boulevardblattes verbraucht die zu Papierbrei verarbeiteten Stämme eines Waldgrundstücks, von dessen Größe wir uns kaum eine Vorstellung machen. Keiner der Käufer gedruckten Nervenkitzels ohne Substanz und Wert vergegenwärtigt sich, daß er, sobald er eine Zeitung kauft, wieder einen Baum absägen hilft. Homo consumens ist kurzsichtig. Kaum hat er es gelesen, vertraut er das Blatt der Mülltonne an.

Eine Sonntagsausgabe der New York Times frißt etwa 350 Hektar kanadischen Waldes. Diese Ausgabe kostet pro Stück 1,50 Mark und enthält mehr Papier und Druckerschwärze als ein nicht illustrierter Roman um 20 Mark, darüber hinaus aber noch etwa 500 Fotos und Zeichnungen. Zusätzlich muß die Stadt New York jeweils 30 Pfennig aufwenden, um die weggeworfenen Exemplare zu beseitigen.

Die zum Prinzip erhobene Verschwendung ist eine der wichtigsten Ursachen dafür, daß Homo consumens das natürliche Gleichgewicht der ökologischen Systeme stört. Die auf steinzeitlicher Kulturstufe lebenden Eskimos konnten sich vor Staunen kaum fassen, als die weißen Robbenjäger mit ihren Flinten die Tiere zu Tausenden abschossen, ihnen das Fell abzogen und die verfaulenden Kadaver liegen ließen. Sie waren gewohnt, an einer Robbe alles zu verwerten – die Haut für Kleider, Fleisch zur Nahrung, den Speck für die Öllampe, die Luftröhre und das Perikard (den Herzbeutel) für wasserdichte Gamaschen oder Behälter, die Knochen für Harpunenspitzen oder Pfriemen zum Pelznähen. Man könnte sich fragen, auf welcher Seite die größere «Primitivität» zu finden ist – auf jener der Pelzjäger oder auf der der Eskimos. Und wie es ökologische Ketten gibt (etwa die Nahrungskette Alge – Plankton – Fisch – Mensch), so gibt es auch Konsumketten. Der Robbenjäger kann sein blutiges Handwerk nur deshalb ausüben, weil die Frauen seiner Heimat nicht auf einen Pelzmantel verzichten wollen.

Es ist sehr wichtig zu erkennen, daß es sich beim menschlichen Konsumverhalten um ein System aufeinander abgestimmter Aktionen handelt, die sich gegenseitig bedingen und deshalb nicht willkürlich an einzelnen Punkten geändert werden können. Der Konsumzwang wird teilweise schon in die Ware einprogrammiert, etwa indem schnell verschleißende Teile in ein Auto eingebaut werden oder indem man modische Kleider so absurd auffällig gestaltet, daß sie nach einer kurzen Periode niemand mehr «sehen kann». Konsumgüter sind auf das Ex-und-hopp-Prinzip abgestellt; wer sie anders handhabt, wird frustriert. Wer sich entschließt, seinen Wagen zwanzig Jahre lang zu fahren (wie es für ältere Modelle selbstverständlich war), der findet schon nach zehn Jahren keinen Mechaniker mehr, der ihm sein Gefährt zu anständigen Preisen repariert, er bekommt keine Ersatzteile mehr, selbst wenn, was unwahrscheinlich ist, sein angejahrtes Automobil noch verkehrssicher und regendicht wäre. Aber die Tatsache, daß die Autos so konstruiert sind, daß sie nach einem recht kurzen Zeitraum auseinanderfallen (während die technischen Möglichkeiten, einen Wagen mit einer Lebensdauer von 30 Jahren zu bauen, längst vorliegen. Hier sagt ein Kritiker: auch mit der Sicherheitstechnik von vor 30 Jahren? Als ob es undenkbar wäre, auch einmal mit dem Rattenrennen der «technischen Fortschritte» aufzuhören, die meistens nur dem Marketing dienen), wirkt auch auf die Menschen ein, die Autos fahren und reparieren. Sie begünstigt einen selbstmörderischen Fahrstil, und sie demoralisiert die Automechaniker.

Paul Goodman hat einen jungen Mann geschildert, der diesen Beruf wählt.[3] Er ist praktisch begabt, hat geschickte Hände und den besten Willen, etwas zu leisten. Aber schon während seiner Lehrzeit entdeckt er, daß jedes Jahr neue Modelle mit völlig überflüssigen kosmetischen Veränderungen auf den Markt kommen, daß unter der polierten Karosserie bewußt Teile eingebaut sind, die rasch verschleißen. Dieser Junge muß zu dem Schluß kommen, daß es sich nicht lohnt, seinen Stolz in seine Arbeit zu setzen und sich wirklich um das Wohlergehen dieser Blechkutschen zu kümmern. Er wird so, wie ihn die mit schöner Regelmäßigkeit zu den gleichen Ergebnissen führenden Mechaniker-Tests von Autozeitschriften schildern: habgierig, gleichgültig, nur am Verdienst interessiert. Dieser demoralisierte Mechaniker wird ohne weiteres einen Austauschvergaser einbauen, wenn nur eine Düse verstopft ist, oder die ganze Zündanlage überholen, wo er nur ein Kabel hätte anklemmen müssen. Und die Autofahrer suchen die Schuld überall – nur nicht in ihrem eigenen Konsumverhalten.

Dadurch daß Homo consumens stets von Gegenständen umgeben ist, die rasch verschleißen und leicht ersetzbar sind, verliert er fast völlig die Fähigkeit, sich noch an bestimmte Dinge zu binden und sich ihrer wirklich zu freuen (es sei denn, er ist Antiquitätensammler). Diese Gleichgültigkeit wird nun ihrerseits wieder der Umwelt gefährlich: Auch an sie bindet sich Homo consumens nicht, auch sie ist ihm gleichgültig, auch ihre Schäden scheinen ihm leicht ersetzbar. Er kann einfach nicht begreifen, daß man einen Baum mit einer Motorsäge zwar in fünf Minuten fällen, ihn aber mit allen Mitteln der modernen Technologie nicht viel schneller wachsen lassen kann, als er ohnedies wächst. Wenn unsere Großeltern zum Picknick ins Grüne fuhren, dann packten sie liebevoll einen Korb mit hübschem Geschirr, füllten sorgfältig gehütete Flaschen mit den benötigten Getränken, legten die gestickten Servietten obendrauf. Homo consumens packt Bier in Dosen, Plastikteller und Einmalbesteck, Papierservietten und Fleischsalat in Kunststoffbechern ein. Kann man es ihm übelnehmen, daß er Abfälle hinterläßt, daß er seine Blechbüchsen und schmutzigen Kunststoffteller nachher einfach nicht mehr sehen kann?

So paradox es klingt: Während die Reklame Homo consumens dazu drängt, das Überflüssige notwendig zu finden − kommt der Mensch mehr und mehr in Gefahr, das für ein menschenwürdiges Leben Notwendige für überflüssig zu halten: saubere Luft, reines Wasser, Nahrungsmittel ohne gesundheitsschädliche Insektizid-, Hormon- oder Antibiotikazusätze. Er kann sich nicht mehr vorstellen, wie ein Leben ohne Auto aussähe − lieber würde er Selbstmord begehen (wer die psychologischen Dramen nach Führerscheinentzug kennengelernt hat, wird hier nicht mehr lachen). An ein Leben in verpesteter Luft ist er gewöhnt. Er hat es verlernt, seine Abende ohne Fernsehen zu verbringen. Fällt das Gerät aus, so entwickelt Homo consumens Symptome, die denen eines Süchtigen gleichen, dem man sein Gift entzieht: Er wird nervös, unruhig, sozial untragbar. Das wirkliche Familienleben ist brüchig und schwer auszuhalten; nur imaginäres «Leben» aus der Bildröhre befriedigt.

Noch ein weiterer, sich selbst verstärkender Regelkreis spielt im Konsumverhalten eine Rolle: Die Zerstörung seiner natürlichen Umwelt versetzt den Menschen in eine tiefe Unruhe. Er ist unzufrieden und weiß nicht, warum; er denkt nicht daran, daß seine körperlich-seelischen Anlagen in einigen Millionen Jahren auf das Leben in einer freien, unverstellten, nicht verbauten und betonierten Landschaft programmiert wurden. Zwar kann sich der Mensch dank seiner überlegenen Intelligenz an seine neue Umwelt anpassen, aber er muß dazu ständig in einer Spannung leben, die ihm nicht zuträglich ist und die er auf sehr viele verschiedene Weisen zu lindern sucht. Ein Weg dazu ist zweifellos sein Konsumverhalten, das nun wiederum die Zerstörung der natürlichen Umwelt verstärkt und sich dadurch selbst immer unentbehrlicher macht. In einer Großstadt ist es wirklich in den meisten Häusern (von Villenvierteln und anderen luxuriösen Gegenden abgesehen) nicht sehr angenehm zu wohnen. Homo consumens hält deshalb ein Automobil für ein unerläßliches Hilfsmittel, um sich wenigstens an seinen freien Wochenenden den Genuß ungebrochener Natur zu verschaffen.

Eben weil die Umwelt durch den Verschwendungskonsum so unerträglich geworden ist, scheint der Konsum selbst unentbehrlich. Er wirkt wie ein Opiat, das einen Kranken über seinen verzweifelten Zustand hinwegtäuscht und zugleich verhindert, daß sich dieser Zustand bessert. Denn wenn man den Konsum rigoros einschränkte, wären unsere Städte vielleicht bald wieder jener harmonische Lebensraum, den wir nur noch auf alten Stichen und Veduten bewundern können – von Pflanzen umwucherte Häuser, Flüsse, in denen Kinder baden, Oasen der Ruhe. Das Auto zerstört unsere Städte – und eben weil es unsere Städte zerstört hat, scheint es Homo consumens, der diese Städte bewohnt, das einzige Mittel, ihnen zu entfliehen. Er kann sich einfach nicht mehr vorstellen, daß seine Heimatstadt so wohnlich und angenehm sein könnte, daß man am Wochenende gern in ihr bleibt, gemächlich zum Fluß geht, ein wenig schwimmt oder einfach durch Straßen schweift, in denen die Luft so rein ist, wie man sie heute nur noch auf den Bergen findet. Es geht ihm wie einer Frau, die durch ihr Makeup die natürliche Schönheit ihrer Haut zerstört hat und nun nicht mehr auf Schminke und Puder verzichten kann – ein typisches Beispiel für die innere Verwandtschaft zwischen Konsumgut und Suchtgift, für die wir noch viele Hinweise finden werden. Das Auto, die heilige Blechkuh des Westens, die jedes Jahr weit über hunderttausend Menschenleben verbraucht, hat sich durch eben den Zerstörungsprozeß, den es einleitete, scheinbar unentbehrlich gemacht. Wer will schon noch entlang asphaltierter Straßen wandern oder radfahren, wenn ihm ständig Auspuffgase ins Gesicht geblasen werden, wenn er auch noch auf den dürftigen Schutz einer dünnen Blechhaut und einer verchromten Stoßstange verzichten muß?

Es ist nicht ganz leicht abzuschätzen, wieviel Produktionskapazität in einem westlichen Industriestaat für die Herstellung nicht lebensnotwendiger, zum großen Teil sogar gesundheitsschädlicher Konsumgüter verwendet wird. Zu ihnen darf man wohl nicht nur die Autos rechnen (mindestens 90 Prozent, da man Busse, Taxis oder Krankenwagen ausklammern sollte), sondern auch die gesamten Kosmetika, die meisten Medikamente, die meisten Kleider und jene Unzahl von Kinkerlitzchen, die Versandhauskataloge zu dickleibigen Bänden anschwellen lassen – Spielzeug, das Kindern nichts bedeuten kann, Illustrierte, die Kosmetika und modische Kleider unter die Leute bringen, Flauschteppiche für den Klosettdeckel, Nippes, Zeitungsständer. Rechnen wir nun noch die Genußmittel dazu – vor allem Alkohol und Tabak, für die allein in Deutschland jedes Jahr über 30 Milliarden Mark ausgegeben werden (übrigens mehr, als wir für Unterricht und Erziehung aufwenden) –, dann kommen wir doch wohl zu dem Resultat, daß das Prinzip Verschwendung etwa 80 Prozent unserer Produktion beherrscht, daß ein wohl ebenso großer (vielleicht noch größerer) Teil der Umweltverschmutzung «eigentlich» überflüssig wäre, ohne irgendeine andere Maßnahme als den Verzicht auf unnötige und zum größten Teil gesundheitsschädliche Konsumgüter.

Seit Jahren wissen kritische Pharmakologen, daß von den rund 60000 Mittelchen, die in den Apotheken gehandelt werden, nur etwa 500 wirklich notwendig sind. Schlafmittel, Tranquilizer und Kopfschmerzmittel, die am meisten verwendet werden, dienen sämtlich eher dazu, die wirklichen Ursachen einer Krankheit zu verschleiern, als den Betroffenen gesund zu machen.

Diese Bilanz wird viele überraschen. Homo consumens ist es nicht gewohnt, daß ihm solche Rechnungen aufgemacht werden. Er hält alles, was er da genießt, für seinen legitimen Anteil an dem großen Produktionskuchen der Überflußgesellschaft. Ihre Schattenseiten nimmt er zwar gelegentlich zur Kenntnis (wenn er sich nicht schon an sie gewöhnt hat, wie sich vielleicht unsere Enkelkinder daran gewöhnen werden, daß es keine Bäume mehr gibt), er erkennt aber nicht, daß Pollution und Verschwendung, soziale Gegensätze und die Verschundung der Güter eng mit seinem eigenen Verhalten zusammenhängen.

Homo consumens neigt dazu, sich in eine ökologische Nische zu flüchten – einen Schonraum, in dem er den allgemeinen Lebensproblemen seiner Art enthoben zu sein glaubt. Wer es sich leisten kann, der zieht in die grünen Vorstädte und beklagt emphatisch den Smog, sobald er zur Erledigung von Einkäufen das Stadtzentrum aufsuchen muß, in dem er durch sein Konsumverhalten sein Scherflein zur Smogbildung beiträgt. Auf vielen Gebieten ist uns die Maxime Kants, daß individuelles Verhalten nur dann moralisch gerechtfertigt ist, wenn es eine allgemeine Norm der Sittlichkeit erfüllen kann, bewußt geworden. Wir warten geduldig vor roten Ampeln, weil das alle tun müssen; wir haben gelernt, daß man eine geschützte Blume nicht abpflücken darf, weil es, wenn sich jeder dieses Recht nähme, alsbald keine solchen Blumen mehr gäbe. Aber auf dem Gebiet des Konsumverhaltens spielen solche Überlegungen keine Rolle.

Die menschliche Natur gehorcht einem Gesetz, das man das Kontrastprinzip nennen könnte. Der Organismus paßt sich an eine bestimmte Umweltsituation an und bemißt Veränderungen nach dem eben erreichten Gleichgewicht. Wer in ewiger Dunkelheit lebte, dem kann man weismachen, daß eine Stallaterne die Sonne sei. Umgekehrt nimmt sich für den Menschen, der seine Wohnung mit Taglichtlampen ausleuchtet, Kerzenlicht trübe und düster aus. Der Vergleich mit einem Rauschgiftsüchtigen beleuchtet hier die Situation von Homo consumens. Man glaubt im allgemeinen, daß der Süchtige deshalb seine Droge nimmt, weil er Lust sucht und sich aus der rauhen Wirklichkeit in schöne Träume flüchten möchte. Solche Motive sind aber allenfalls der erste Schritt zur Rauschgiftsucht. Diese selbst wird durch einen ganz anderen Mechanismus aufrechterhalten. Der Süchtige ist nicht deshalb von seiner Droge abhängig, weil er nicht mehr ohne die Lust leben kann, die sie ihm spendet. Sondern er ist an sie gebunden, weil ihm sonst die Entzugserscheinungen das Leben zur Hölle machen. Das Streben des Rauschgiftsüchtigen, seine Depressionen zu bekämpfen und sich durch das Suchtmittel einige schöne Stunden zu verschaffen, hat also dazu geführt, daß sich der Punkt, an dem er sein inneres Gleichgewicht erlangt, verschob. Das Suchtgift ist nun eingeplant, nicht mehr als Lustspender, sondern als Schutz vor einem völlig unerträglichen Zustand. Ganz ähnlich ergeht es Homo consumens. Seine seelische Bilanz ist von der des bedürfnislosen Jägers und Sammlers auf die des Zivilisationsmenschen verschoben, der sich beraubt und hilflos vorkommt, wenn er zu Fuß gehen muß, statt sein Automobil zu benutzen, der ohne ein gekacheltes Badezimmer überzeugt ist, an seiner persönlichen Hygiene Schaden zu leiden, für den, kurz gesagt, alles Überflüssige, was die Konsumwelt bietet, zur scheinbaren seelischen Notwendigkeit geworden ist. Die Entwöhnung ist ein ähnlich schmerzlicher Prozeß wie die des Rauschgiftsüchtigen.

Zerstörte Umwelt

Wir haben gesehen, daß rund 80 Prozent unserer industriellen Produktion entbehrlich sind – entweder überflüssig oder gesundheitsschädlich, oft sogar beides zugleich. Ich halte diese Schätzung für annähernd richtig; sollte sie falsch sein, zu hoch oder (was mir eher möglich scheint) zu niedrig, dann ändert das an unserem Grundproblem nicht viel. In jedem Fall kann man sagen, daß durch Einschränkung des Konsumverhaltens ein sehr wichtiger Beitrag zum Überleben des Menschen auf lange Sicht gewährleistet werden kann. Es wäre verfehlt, hier nach dem so bequemen Prinzip des «Alles oder Nichts» zu verfahren und zu behaupten, da eine solche Einschränkung in vollem Umfang unmöglich sei, müsse man diesen Weg überhaupt nicht einschlagen. Diese törichte Ausrede, eine einzelne Maßnahme wie den Konsumverzicht erst zu überfordern, um ihn dann mit desto besserem Gewissen ablehnen zu können, sollte man heute niemandem mehr abnehmen. Andere Maßnahmen müssen selbstverständlich hinzutreten: Kompostierung des Mülls, um dem Boden wieder Humus zu verschaffen, ebenso wie Abgasentgiftung der (hoffentlich) durch Konsumverzicht in ihrer Zahl verminderten, durch strenge Vorschriften städtischer Behörden weniger attraktiv gemachten Automobile, Einschränkung des Flugverkehrs, Verbot von Einwegflaschen und Ex-und-hopp-Verpackungen, weltweite Einschränkung der Rüstungsindustrie. Die Schonung unserer Umwelt ist nur eine, freilich sehr wichtige, Leistung, die sich durch konsequenten Konsumverzicht eher erreichen läßt als durch alle anderen Einzelmaßnahmen (weil dieser die Ursachen der Pollution verändert, nicht nur ihre Symptome). Es gibt noch eine Reihe anderer, sehr erfreulicher Dinge, die durch Konsumverzicht gewonnen werden können. Sie laufen auf nicht weniger als eine neue Menschenwürde hinaus.

Wie rund 80 Prozent unserer industriellen Produktion ist auch die Rüstungsproduktion in sehr hohem Maß beides: überflüssig und gesundheitsschädlich. Das atomare Patt hat das Risiko von Kriegen nicht verhindert, wohl aber dazu geführt, daß auch den sozialistischen Ländern ihre Schwerindustrie, die vorwiegend Rüstungszwecken dient, ein beträchtliches Maß an Umweltverschmutzung eingetragen hat. Heute ist sogar bereits der Baikalsee, früher wegen seiner geradezu legendären Wasserreinheit gepriesen, ernstlich gefährdet.[4]

Homo consumens breitet sich heute nach allen Seite in die unberührte oder landwirtschaftlich genutzte Natur aus. Pro Tag werden 110 Hektar bisher naturbelassener Landschaft in Westdeutschland verbraucht. Sie verschwinden einfach, mit Häusern bebaut, asphaltiert, in Flugplätze verwandelt. Im Laufe eines Jahres geht auf diese Weise eine Bodenfläche verloren, die 1,3mal so groß ist wie das Areal einer riesigen Stadt wie München. Homo consumens strebt in die freie Natur, aber er will seine Bequemlichkeiten mitnehmen, welche die Natur zerstören: Automobile, Spülklosetts, Waschmaschinen. Er besiedelt ameisenartig die Seeufer, und folgerichtig verwandeln sich die klaren Gewässer in algenhaltige Brühe. Was aber kümmert es Homo consumens? Längst badet er im eigenen Swimmingpool: «Der See ist mir zu dreckig, auch für die Kinder, das ist ja gesundheitsgefährlich.» Ja, Homo consumens weiß Bescheid. Und so verbraucht er das kostbare, immer rarer werdende Trinkwasser tonnenweise, um sein Badevergnügen im kleinen zu haben, das er sich im großen, in seiner natürlichen Umwelt, schon verdorben hat.

Wasser gehört zu den knappen Gütern. Schon heute trinken viele Menschen *second hand water* – künstlich entkeimtes und gereinigtes Wasser aus der Kanalisation. Wir brauchen jährlich in der Bundesrepublik 15 Milliarden Kubikmeter Trinkwasser. Der Wasserbedarf steigt von Jahr zu Jahr; man schätzt, daß er um 2000 bei 27 Milliarden Kubikmeter liegen wird. Demgegenüber haben wir aber nur 16 Milliarden Kubikmeter Grundwasser, die sich nicht vermehren lassen, wohl aber laufend verringert und verseucht werden. Wir müssen also auf Oberflächenwasser zurückgreifen, das immer mehr verschmutzt wird. Über die Hälfte bundesdeutscher Abwässer wird ungereinigt in Flüsse oder ins Meer abgelassen. Dabei werden Mineralsalze wie die Phosphate noch gar nicht berücksichtigt, die auch von den konventionellen, zweistufigen Kläranlagen praktisch überhaupt nicht zurückgehalten werden. Ein weiteres Sonderkapitel sind die Industrieabwässer, mehr oder weniger gereinigt, meistens so wenig wie nur irgendmöglich. Die entsprechenden Vorschriften bewerten in der Regel jedes Gift einzeln und legen eine zulässige Verdünnung fest. Daß sich Gifte aber in ihrem Effekt gegenseitig potenzieren (also nicht nur additiv steigern) können, eine in der Arzneimittellehre seit Jahrzehnten bekannte Tatsache, bleibt hierbei unberücksichtigt.

Nicht nur das Oberflächenwasser, sondern auch das Grundwasser wird bedroht. In einer unberührten Landschaft ist Wasser, das einige Dutzend Meter durch die Erde geflossen ist und als Quelle zutage tritt, praktisch immer frei von schädlichen Keimen. DDT, Kunstdünger und neben ihnen noch eine Fülle anderer Stoffe bedrohen jedoch heute das Grundwasser. Es ist bekannt, daß DDT erst in vielen Jahrzehnten seine Giftigkeit einbüßt, weil sich dieses Nervengift in Fett, aber nicht in Wasser löst. Deshalb reichert es sich, auch wenn nur minimale Mengen ins Grundwasser, in Bäche oder Flüsse geraten, am Ende vieler Nahrungsketten bedrohlich an. Plankton, das von Algen lebt, wird nur eine sehr geringe Menge aufnehmen. Fische, die Plankton verschlucken, werden mehr in ihrem Körperfett speichern. Fischadler, die von Fischen leben, sind heute in weiten Gebieten der Welt vom Aussterben bedroht, vor allem weil DDT ihren Kalkstoffwechsel durcheinanderbringt und deshalb die Eierschalen so dünn werden, daß die Adlerküken vorzeitig eingehen. Auch der Mensch steht am Ende sehr vieler Nahrungsketten, auch in seinem Körperfett wird DDT gespeichert – und zwar in solchen Mengen, daß Fettleibige, die plötzlich abmagern, ernstlich vergiftet werden können, weil das bisher in ihrem Körperspeck deponierte Nervengift auf einmal ihren Organismus überschwemmt.

Wieviel Wasser heute für den menschlichen Genuß untauglich geworden ist, weiß man noch nicht. Sicher ist es mehr, als die natürlichen Reinigungskräfte bewältigen können; viele mögliche Schäden entziehen sich außerdem den bisher angewandten Methoden wissenschaftlicher Analyse, die kurzsichtige, von Profitsuche geblendete Interessengruppen immer noch für die einzig «objektiven» halten. Die toxische Gesamtsituation hat sich verstärkt; wieviel Unheil sie anrichtet, wissen wir nicht genau. Wenn Bernhard Grzimek die Zahl der Todesopfer durch Umweltverschmutzung mit einer Million pro Jahr beziffert, kann diese Schätzung ebensogut zu bescheiden wie übertrieben sein. Wären aber nicht schon tausend Tote zuviel? Da auf der anderen Seite nur die Befriedigung künstlich produzierter Bedürfnisse steht, sollte man sich im klaren darüber sein, welche Seite der Bilanz schwerer wiegt.

Noch eine Gefahr für unser Grundwasser ist zu erwähnen. In einem

Jahr versickern bei den rund tausend bekanntgewordenen Ölunfällen (die Dunkelziffer ist enorm hoch) rund eine Million Liter Diesel- und Heizöl im Erdreich. Ein Liter Dieselöl kann aber eine Million Liter Grundwasser ungenießbar machen. Würde der «Ölsegen», der nur während eines einzigen Jahres aus lecken Tanks oder durch Unfälle beschädigte Transporter ins Erdreich gelangt, sich gleichmäßig verteilen – Homo consumens müßte sich an Ölgeschmack im Trinkwasser gewöhnen. Nein, er täte es nicht; er würde flugs den Jungbrunnen X oder den Gebirgsquell Y in der Einwegflasche kaufen und dadurch die Müllabfuhr noch weiter belasten.

Müll! In wenigen Jahrzehnten werden die Müllwände um die Metropolen von Homo consumens ein Volumen erreichen, das jenes der chinesischen Mauer bei weitem übertrifft. Mindestens 90 Prozent aller Schuttabladeplätze sind völlig ohne Rücksicht auf biologische Zusammenhänge angelegt – in alten Kiesgruben, in Senken, die eine Auffüllung vertragen. Da häufen sich die Schlacken der Zivilisation; am Fuß der Müllhalde entspringt ein schmutziges Bächlein und sucht seinen Weg nach abwärts, dem Grundwasser oder dem nächsten Fluß entgegen. 1950 produzierte ein Exemplar von Homo consumens pro Jahr 0,54 Kubikmeter Müll; heute sind es über zwei Kubikmeter, und in zwanzig Jahren sollen es über sieben sein (in den Vereinigten Staaten sind es bereits über vier Kubikmeter). Allein der bundesdeutsche Müll eines einzigen Jahres würde einen Güterwagenzug von 20 000 Kilometer Länge füllen, der den halben Erdball umspannen könnte. Dazu die in einem Jahr abgewrackten Automobile – insgesamt 700 000 – Stoßstange an Stoßstange gereiht, und der deutsche Müll würde den Globus in einem breiten, stinkenden Band umgürten wie in der nordischen Mythologie die Midgardschlange – auch sie ein Weltuntergangssymbol.

Nicht nur die Quantität des Mülls, auch seine Qualität hat sich verändert. Homo consumens wird alles kaufen, was ihm nur ein winziges Stück mehr an Bequemlichkeit bringt – Milch trägt er nicht in der Milchkanne nach Hause, sondern in der Einweg-Plastikflasche (die fast unzerstörbar ist, wenn man sie nicht verbrennt und dadurch giftige Abgase produziert). Er wird nicht die Einkaufstasche in den Supermarkt mitbringen, sondern seine Schätze in einer Plastik-Tragtüte bergen. Er wird in sein Haus eine supermoderne Ölzentralheizung einbauen und brennbaren Müll – vor allem Zeitungen, Zeitschriften, Packpapier, Schachteln – nicht mehr verwenden können, um seine Wohnung zu heizen. Und weil die Gesellschaft so töricht ist, den Produzenten der Ex-und-hopp-Artikel, der Einwegflaschen, Bierdosen, Kunststofftüten, Plastikbehälter nicht auch die Kosten aufzubürden, die entstehen, wenn man diese Bequemlichkeiten wieder außer Sicht schaffen muß, kauft Homo consumens rücksichtslos und blindlings immer noch jene Dinge, die seine Überlebenschancen dürftig erscheinen lassen. Angesichts der Müllawine kann man übrigens die Kurzsichtigkeit auch der kritischeren Vertreter von Homo consumens erkennen, die immer auf eingleisige technische Lösungen zusteuern, anstatt zu versuchen, in ökologischen Zusammenhängen zu denken und die biologische Ganzheit möglichst wiederherzustellen. Man plant heute in vielen Städten den Bau von Müllverbrennungsanlagen, die mit immensen Kosten die Exkremente der Überflußgesellschaft beseitigen sollen (und sicherlich wieder zur Luftverschmutzung beitragen, vor allem, weil man viele Kunststoffe einfach nicht verbrennen kann, ohne daß hochgiftige Gase entstehen). In wenigen Städten ist eine viel bessere Alternative verwirklicht worden: Ausgelesener Müll wird kompostiert, das heißt in jene Humuserde verwandelt, die durch Überdüngung mit Mineralsalzen aus unseren Böden ausgeschwemmt wird. Auf diese Weise wird der Müll nicht nur beseitigt, sondern auch die natürliche Fruchtbarkeit des Bodens erhalten, die uns allein wirklich vitaminreiche und gesunde Ernten geben kann. Durch Überdüngung mit Mineralsalzen wird die Humuserde aus unseren Böden ausgeschwemmt. Deshalb gehen in allen Gebieten der Erde jedes Jahr Tausende von Hektar einst fruchtbaren Ackerlandes verloren, die ihrer wasserspeichernden Humusschicht beraubt sind und vom Wind davongeblasen werden. Allein die Sahara verschlingt jährlich 27 000 Hektar Ackerland[5]; auch in den USA sind durch die Kunstdüngerverwendung neue Wüsten entstanden.

Aber Homo consumens findet ein solches Verfahren verständlicherweise wenig anziehend. Abfälle zu verbrennen scheint seinem eingleisigen Denken ungleich einleuchtender, als sie einem wochen- bis monatelangem Verrottungsprozeß zu unterziehen, in dem sie wieder zu Erde werden. Allerdings besteht hier bei nachlässiger Anwendung die Gefahr, daß Schwermetalle (Kadmium) aus dem Klärschlamm bzw. Müll den Kompost vergiften. Die wenigen Müllkompostierungsanlagen, die es schon gibt, erwirtschaften teilweise sogar einen Gewinn, weil ihr Kompost ein gesuchter Dünger ist. Ob das in größerem Maßstab auch möglich sein wird, ist noch fraglich. Aber jedenfalls wäre es dumm und kurzsichtig, den Aufbau von Müllkompostierungsanlagen deshalb abzulehnen, weil man vorgibt, in großstädtischen Ballungsräumen ohnedies keine Abnehmer zu finden. Wo es darum geht, seinen eigenen Abfall zu beseitigen, scheint Homo consumens auf einmal mit Blindheit für alltägliche Prozesse geschlagen, denen er selbst doch jeden Tag zum Opfer fällt. Wo kein Bedürfnis nach Kompost besteht, weil Kunstdünger doch soviel «moderner» ist, kann man dieses Bedürfnis mit Hilfe eines aufgeweckten Werbemanns mit Leichtigkeit produzieren. Das wäre einer der seltenen Fälle, in denen Reklame ihren Opfern und der Allgemeinheit wirklich nützt.

Eine andere Möglichkeit bei der Abfallverwertung ist in einer Farm bei San Diego, Kalifornien, schon verwirklicht. Dort hält George W. Grooth jun. 1000 Schweine, deren Mist einen 10-Kilowatt-Generator treibt und damit das ganze Gut mit Energie versorgt. Die Jauchegruben werden dabei dicht überdeckt und entstehende brennbare Gase zum Betrieb eines Motors verwendet. Das für den Motor nötige Kühlwasser fließt in einem 100 Meter langen Kupferrohr durch die Grube und hält in ihr die fäulnisgünstige Temperatur von 30 bis 35 Grad Celsius aufrecht. Ein kompletter Zyklus dauert etwa 20 Tage, aber der Prozeß hält sich selbst in Gang; Endprodukte sind Wasser, Kohlendioxid und Methan. Victor Papanek, Designer und Mitarbeiter der Unesco, kommentiert: «Abgesehen von gelegentlichen Artikeln ... über englische Exzentriker, denen es gelungen ist, ihre Autos mit Hühnerdung zu betreiben, weiß die Öffentlichkeit nichts von den gigantischen Energiequellen, die aus den körperlichen Prozessen der Verdauung erschlossen werden könnten.»[6]

Vergiftete Erde

Homo consumens ist überzeugt, daß alle Dinge nur für ihn da sind und ihre wahre Bedeutung in jenem Prozeß liegt, dem er sie unterzieht: sie in Müll zu verwandeln. Oscar Wilde sprach von einem Menschentyp, der von allen Sachen den Preis und von keiner den Wert kenne. Lange Zeit war Homo consumens denn auch überzeugt, daß jene Dinge, die nichts oder nur sehr wenig kosten, auch nichts wert seien – Luft, Wasser, Landschaft. Sein «Fortschrittsglaube» ist nicht ein wirklicher Glaube an die Wissenschaft, sondern die Überzeugung, nur das sei Wissenschaft, was seiner spezifischen Auffassung der Welt als gigantischer Rohstoffquelle für Konsumgüter entspricht. Verwertbarkeit, Güterproduktion, Verwandlung gewachsener Natur in Augenblickskitzel (aus einem Baum, der Jahre wuchs, wird eine Illustrierte, die nach zwei Tagen in den Mülleimer wandert), Steigerung der Gewinnspanne ohne Rücksicht auf natürliche Zusammenhänge sind die Leitlinien, an denen sich orientiert, was Homo consumens für ein «fortschrittliches», «modernes» Bild der Welt hält. Auch der Intelligenteste kann oder will nicht begreifen, worum es in wissenschaftlicher Forschung tatsächlich gehen sollte – nämlich ums Ganze, um die Analyse von Systemen, ob sie nun der menschliche Organismus, ein Wasserlauf, das Wachstum der Pflanzen oder das System «Leben auf der Erde» schlechthin sind. Dieses Ganze kann man nur als Ganzes wirklich verstehen oder gar nicht. Homo consumens verweist auf die angeblich «exakten Wissenschaftler» in seinen Reihen, die – blind fürs Ganze – einen Teil manipulieren und glauben, das allein sei wirklich «exakte Wissenschaft».

Ein sehr bezeichnendes Beispiel für dieses Stück der Psychologie von Homo consumens haben wir schon erwähnt: die Selbstsicherheit, mit der sich Wissenschaftler lange Zeit gegen die Warnungen vor einer «toxischen Gesamtsituation» zur Wehr setzten. Wer einmal die Giftigkeit eines einzigen Stoffes an seinen Laborratten geprüft hatte (ohne auf schwer nachweisbare Dinge wie Chromosomenbrüche oder Erbschäden bei künftigen Generationen zu achten), der hielt sich für berufen, die Unschädlichkeit dieses Stoffes zu propagieren, Andersdenkende als «unwissenschaftliche Spinner» zu bezeichnen und der zuständigen Industrie in vielen Gutachten zu versichern, es drohe absolut keine Gefahr. Niemals wären sie aber auf den Gedanken gekommen, die Ganzheit der biologischen Situation zu beachten, in der jeder Giftstoff zusammen mit einigen hundert anderen, potentiell verdächtigen Stoffen auftritt.

Homo consumens akzeptiert wissenschaftliche Einsichten also nur so lange, wie sie ihn in seinem Verhalten bestätigen. Weil er damit dem Fachidiotentum vieler Wissenschaftler entgegenkommt, hat er immer eine Reihe anerkannter Autoritäten auf seiner Seite, die gewohnt sind, ihr Denken an jedem Punkt zu stoppen, von dem an es ihrer Identität als Homo consumens gefährlich werden könnte. Ein solcher Wissenschaftler würde etwa Kunstdünger auf einen Acker streuen, eine gesteigerte Ernte einheimsen und von nun an behaupten, Kunstdünger sei die wichtigste Waffe gegen den Hunger in der Welt. Diesen Sachverhalt glaubt er experimentell bewiesen und somit zum Dogma erhoben zu haben. Wenn nun die auf kunstgedüngten Feldern wachsenden Pflanzen immer anfälliger gegenüber Schädlingen werden, dann denkt

Homo consumens nicht daran, den scheinbaren Fortschritt der Mineralzufuhr kritisch zu überprüfen. Im Gegenteil: Er verteidigt den Kunstdünger weiterhin und empfiehlt, einen zweiten Schritt zu tun, nämlich mit Hilfe eines neuen Konsumgutes – der Insektenvertilgungsmittel oder Pestizide – die Schädlinge zu bekämpfen. Wenn nun diese Schädlinge resistent werden und sich nicht mehr durch das Pestizid vernichten lassen (während die Singvögel, die bisher Insekten fraßen, in Massen sterben), dann überprüft Homo consumens wiederum nicht seine Grundkonzeption, sondern denkt in der ihm einzig und allein vertrauten Art weiter: Neue Pestizide müssen erfunden werden, die womöglich noch giftiger sind, bis zu vierzigmal im Jahr muß gespritzt werden. Und immer noch gibt er dieses Zerrbild wissenschaftlichen Denkens für die einzige «exakte» Wissenschaft aus.

Wer gewohnt ist, in natürlichen Systemzusammenhängen zu denken, wird hieraus ganz andere Schlüsse ziehen. Sie sehen etwa so aus: Die einseitige Mineraldüngung macht die Pflanzen krankheitsanfällig. Die Pestizide töten nicht nur schädliche Insekten, sondern auch deren natürliche Feinde und das reiche Bodenleben, das für die Fruchtbarkeit unentbehrlich ist und zugleich die Früchte schützt – wirklich gesunde Pflanzen werden nicht nennenswert von Schädlingen angegriffen. Also kann, wer seinen Pflanzen reiches Bodenleben und Humus in ausreichendem Maß zuführt, auch auf Pestizide verzichten. Solche Gedankengänge haben nichts Mystisches. Sie sind auch keine Alternative zur wissenschaftlichen Auffassung von Ackerbau, sondern ganz im Gegenteil Ausdruck einer weit wissenschaftlicheren – da systembezogenen – Auffassung als die Kunstdünger- und Pestizid-Teufelskreise der eng mit der chemischen Industrie verflochtenen «offiziellen» Agronomie. Deshalb sollte man sich hüten, das von Homo consumens gezeichnete Zerrbild der Naturwissenschaft für das einzig mögliche zu halten.

Der amerikanische Biologe Barry Commoner wies nach, daß Homo consumens die Landwirtschaft in eine Sackgasse getrieben hat. Wie oft in der Konsumwelt handelt es sich auch hier um suchtähnliche Mechanismen. Die Bauern, in Amerika wie in Europa, haben ihre Böden stickstoffsüchtig gemacht, durch Anfangserfolge ermutigt, durch eine rücksichtslose Propaganda der Industrie manipuliert. Das Pflanzenwachstum hängt meist vom Stickstoff im Boden ab; steht er in ausreichender Menge zur Verfügung, wird Phosphor zum «limitierenden Faktor». Commoner hat nun ausgerechnet, daß zu den sieben Millionen Tonnen natürlichen Stickstoffs, der jährlich in den Vereinigten Staaten von

Pflanzen verbraucht wird, mindestens ebensoviel in Form von Kunstdünger kommt; Autoabgase und Kraftwerke stellen weitere drei Millionen Tonnen. Diese Belastung schädigt die Umwelt teilweise irreversibel, und zwar eine ganze Reihe natürlicher Kreisläufe zusammen.

Stickstoffdünger wird (im Gegensatz etwa zu Kompost) zu einem großen Teil ausgeschwemmt. Der Bauer kalkuliert das ein, und die an ihrem Absatz interessierte Industrie leitet ihn menschenfreundlicherweise dazu an. Mit dem Regenwasser geraten die Nitrate ins Grundwasser, in Flüsse und Seen, wo sie die Eutrophisation zusammen mit den Waschmittelrückständen fördern. Der Eriesee an der Grenze zwischen den Vereinigten Staaten und Kanada empfängt jährlich etwa 32000 Tonnen Stickstoff aus den umliegenden, kunstgedüngten Feldern und 40000 Tonnen aus den städtischen Abwässern. Man hat ausgerechnet, daß er in den letzten 100 Jahren um 15000 Jahre «gealtert» ist (durch die von Flüssen eintransportierten Salze ist die Eutrophisation ein «natürlicher» Vorgang, der viele Binnenseen allmählich verlanden läßt; durch die Verschmutzung wird er nur ungeheuer beschleunigt).

Während das «Umkippen» der Flüsse und Seen nur Badelustige und Fischer frustriert, geht eine andere Folge des Nitratverbrauchs unserer Landleute alle an: Das Trinkwasser wird vergiftet. Die amerikanischen Gesundheitsbehörden haben 10 ppm (Teile auf eine Million) als zulässige Höchstgrenze festgesetzt. Bereits 1967 gab es einzelne Städte, die nach neuen Wasserquellen suchen mußten, weil ihre bisherigen diesen Wert überschritten hatten. Commoner hat eindeutig nachgewiesen, daß es der Stickstoffdünger ist, der die Brunnen verseucht, und zwar in ständig wachsender Anzahl. Dazu kommt die Gülle, wäßriger Mist aus der Intensivtierhaltung. Da die Agrarfabriken oft viel zuviel Mist für ihr Land produzieren, wird das Grundwasser belastet – eine zerstörerische Folge der «Veredelung» von Mais und Fischmehl zu Koteletts und Steaks. Nitrate sind deshalb gefährlich, weil sie leicht in Nitrite umgewandelt werden können, die das Hämoglobin, den Blutfarbstoff, so verändern, daß er nicht mehr genügend Sauerstoff transportieren kann. Vor allem Babies können auf diese Weise buchstäblich ersticken.

Doch die Probleme, die ein mit Stickstoffdünger überfütterter Acker stellt, reichen noch viel weiter. Der künstliche Dünger führt nämlich dazu, daß der Boden seinen natürlichen Stickstoffgehalt verliert und die Pflanzen das in Jahrtausenden gesammelte Humuskapital aufzehren. Wieder einmal zeigt es sich, daß Homo consumens nicht mehr von den Zinsen seiner Umwelt lebt, wie es in jedem funktionierenden Ökosystem sein muß, sondern die Substanz selbst angreift und verbraucht. Je mehr der Boden seinen natürlichen Stickstoff verliert, je weniger Humus er enthält, desto schlechter kann er Wasser binden, desto höhere Mengen an künstlichem Dünger werden nötig (die prompt in erhöhtem Maß ausgeschwemmt werden). Commoner hat mit Recht festgestellt, die amerikanischen Bauern hätten ihre Böden stickstoffsüchtig gemacht. Es sei, selbst mit Polizeieinsatz und massiven Verboten, kaum mehr möglich, sie davon abzubringen, Jahr für Jahr mehr Kunstdünger auszustreuen. Je länger und intensiver sie das täten, desto schwieriger wäre es auch für sie, darauf zu verzichten, da dann wirklich die ausgelaugten, denaturierten Böden erbärmliche Ernten eintragen würden. Man kann solche Landstriche durch Kompost wieder gesund machen, so daß sie endlich auch wieder mäßige Mengen von künstlichem Dünger vertragen. Aber dazu wäre es erst einmal nötig, die süchtigen Böden und ihre Bauern zu entwöhnen – eine kaum zu bewältigende Aufgabe.

Es scheint so, als müßte alles noch sehr viel schlechter kommen, ehe man sich entschließt, es besser zu machen. Einem Toten kann der beste Ratschlag nichts mehr nützen. Psychotherapeuten wissen, wie schwierig es ist, einen Süchtigen zu heilen: Das Suchtgift schließt seelische Konflikte gewissermaßen kurz, es läßt keine innere Spannung aufkommen. Keine Energie bleibt übrig, die aufgewendet werden könnte, um einen Weg aus dem Teufelskreis herauszufinden. Homo consumens neigt dazu, mit der Wurst nach der Speckseite zu werfen, durch neuen Aufwand auszugleichen, was der alte offenbar nicht leisten konnte – neue Insektizide gegen resistente Insekten, neue, breitere Straßen, weil die alten verstopft sind, aus Kunststoffschaum produzierter Humusersatz für ausgelaugte Böden. Immer noch glaubt er daran, daß für jeden Schaden, den das Prinzip der Verschwendung produziert, auch ein technisches Hilfsmittel gefunden werden kann. So baut er Abgasentgifter in seine Automobile ein und plant lieber dreistufige Kläranlagen, als den Waschmittelkonsum einzuschränken. Etwa 14 Millionen Automobile sind heute allein in der Bundesrepublik zugelassen, zu denen täglich rund 3000 weitere kommen. Einer von acht Menschen hängt direkt oder indirekt von der Autoindustrie ab.

In einem vielgelesenen Blatt, das sich in Empfehlungen an seine Anzeigenkunden das «Schaufenster der Nation» nennt, einem wöchentlich erscheinenden Handbuch für die neuesten Überflüssigkeiten, wird Homo consumens über das aktuelle Thema der Vergiftung von Wasser,

Erde und Luft unterrichtet. Der Leser erfährt, daß die Autoabgase heute die wichtigste Giftquelle sind – ein einziges Auto produziert im Jahr durchschnittlich 297 Kilogramm Kohlenmonoxid, 39 Kilogramm Kohlenwasserstoffe, 10 Kilogramm Stickoxide, 2 Kilogramm Staub, 1 Kilogramm Schwefeldioxide, ein halbes Kilogramm Blei. Der Umweltschutzreporter informiert Homo consumens darüber, daß in smogbelasteten Großstädten die Zahl der Bronchitiskranken laufend ansteigt und die der Lungenkrebsfälle die entsprechende Quote ländlicher Gebiete um das Doppelte übersteigt. Aber wenige Seiten später testet der Motorjournalist vom Dienst die neuesten Automodelle, preist ihre komfortable Ausstattung, ihre rasante Beschleunigung, ihre Eignung als Zweitwagen. Selbst mit Berichten über die eigene Selbstzerstörung lockt man Homo consumens noch, diese Zerstörung weiterzutreiben. Und weil sein Denken nicht auf Einsicht in biologische Systeme hin orientiert ist, sondern die Umwelt säuberlich in Schubladen sortiert, fällt es niemandem auf, daß in der Illustrierten mit ihrem flammenden Aufruf gegen die Luftverschmutzung («Noch ist es nicht zu spät. Aber in wenigen Jahren könnte es zu spät sein ...») die Anzeigen genau das Gegenteil des redaktionellen Textes bewirken. Weil die Anzeigen immer gleich bleiben und optisch der bei weitem eindrucksvollere Teil der Illustrierten sind, glaubt Homo consumens bewußt oder unbewußt endlich nur noch ihnen. Nächste Woche ist wieder die Sexwelle oder die neueste Entführung eines Millionärs an der Reihe. Dadurch, daß sie Neuigkeiten produzieren, machen die Massenmedien Homo consumens zum passiven Verbraucher von Informationen, aus denen er keine Schlüsse mehr zieht. Für alles, was man ihm da als aufregend hinstellt, kann sich ein Mensch gar nicht engagieren. Und so engagiert er sich endlich für nichts mehr.

Auch hier wirkt das Kontrastprinzip: Die großen optischen Medien, die angeblich ein weitmaschigeres Informationsnetz ausspannen, als es jemals früher möglich war, töten im Grunde jede Information, die ja nur dann wirklich Verhalten ändern kann, wenn sie *nicht* als ständiger Strom fließt. Niemand macht sich klar, daß die von ihm erworbenen Kinkerlitzchen bis herunter zur Plastiktüte, zum Haarspray, Lippenstift oder dem Feuerwerksatz für Silvester *sein* Beitrag zur Pollution sind, daß die mit elektrischen Kerzen besteckte Tanne in seinem Vorgarten sein Beitrag zur Luftverschmutzung ist.

Umweltgifte und Konsumverhalten

Homo consumens ist für den menschlichen Verzehr nicht mehr geeignet. In den USA enthält er bereits zehn bis zwanzig Teile DDT auf eine Million Teile Körpergewebe, was weit über dem für Nahrungsmittel zulässigen Wert liegt. Diese Daten sind seit geraumer Zeit bekannt, und viele Länder haben DDT verboten, vor allem auch weil der Erreger der Malaria, die Anophelesmücke, inzwischen weitgehend resistent geworden ist. Im Gegensatz zum Menschen, der für solche Anpassungen eine viel zu langsame Generationenfolge und viel zu komplizierte Erbanlagen hat, können sich Insekten an die Gifte gewöhnen, mit denen man sie bekämpft. Manche werden sogar regelrecht süchtig – die beste Maßnahme, einer solchen Insektengruppe zu begegnen, besteht also darin, ihr das Mittel zu entziehen, mit dem man sie ursprünglich umzubringen suchte. – Immer noch werden Insektizide von Homo consumens eifrig verwendet, obschon die Sackgasse immer deutlicher wird, in die sie ihn manövrieren. Das natürliche Gleichgewicht der Insektenarten wird gestört, bisher unschädliche Sorten nehmen so rapide zu, daß ganze Ernten verlorengehen. Besser wäre es, das ökologische Gleichgewicht zu erhalten und die Pflanzen durch möglichst vollständige Ernährung widerstandfähiger zu machen. Aber auch Homo consumens müßte sich ändern. Heute jammert die Hausfrau zwar darüber, daß man keinen Apfel mehr ungeschält essen kann, sie beklagt vielleicht sogar, daß alle Naturprodukte «gespritzt» sind. Aber würde sie sich dazu bereit finden, Äpfel zu kaufen, die nicht den rein kosmetischen Kriterien der EG-Marktordnung entsprechen?

Seit den Untersuchungen von 1966 durch den schwedischen Toxikologen Sören Jensen wissen wir, daß PCB mindestens ebenso verbreitet ist wie DDT. Es stammt aus Abgasen, die entstehen, wenn Schmieröle mit PCB-Additiven, Kunststoffe und Farben verbrannt werden. Babies nehmen es mit der Muttermilch auf, im Brustfleisch von Seeadlern fanden sich erstaunlich hohe Konzentrationen. Der Wanderfalke wird womöglich in den nächsten Jahren aussterben, weil er wie viele andere Raubvögel das DDT und PCB, das seine Beute enthält, nicht mehr los wird. Es häuft sich in seinem Körper an, stört seinen Stoffwechsel und stört seine Fortpflanzungsfähigkeit. R. W. Risebrough vom Meeresforschungsinstitut in San Diego hat gezeigt, daß fast alle Seevögel DDT und PCB enthalten, auch in Gebieten wie der Bay von Kalifornien, weitab von Industriezonen oder mit Insektiziden besprühten Wäldern.

Längst ist erwiesen, daß es sich um einen fatalen Irrtum von Homo consumens handelt, wenn er «unschädliche» Konzentrationen bestimmter Schadstoffe, etwa im Meerwasser, festlegt. Diese Stoffe sind dann zwar so fein verteilt, daß der Genuß dieses Wassers nicht unmittelbar schädlich ist. In der eingleisigen Denkweise von Homo consumens findet aber die Überlegung keinen Platz, daß viele Organismen über ganz erstaunliche Fähigkeiten verfügen, Fremdstoffe – auch Gifte – in sich anzureichern. Daher sind Austern heute sehr oft ein Genuß mit Reue. Selbst wenn sie aus nur leicht verschmutztem Wasser stammen, können sie die entsprechenden Giftstoffe tausendfach konzentriert enthalten und den Konsumenten umbringen. Dabei spielt die Löslichkeit solcher Substanzen eine wichtige Rolle. Für ein Tier, das im Wasser lebt, werden fettlösliche Gifte (wie DDT) verhängnisvoll, weil es sie zwar aufnehmen und speichern, aber kaum mehr ausscheiden kann. Dasselbe gilt für radioaktive Substanzen. Obwohl in einem See bei Oak Ridge die Konzentration an radioaktivem Cäsium nur 0,00033 Mikrocurie betrug, enthielt dort gefangener Seebarsch 35mal soviel. Blaukehlchen an den Seeufern hatten in ihren Knochen radioaktiven Phosphor in der 2000fachen Konzentration gespeichert, radioaktives Zink in der 8720fachen Konzentration. Den Weltrekord der Anreicherung minimaler Mengen von Schadstoffen zu gefährlichen Konzentrationen hatten wohl Schneckenlarven in Columbia River, USA, der die Abwässer eines Reaktors aufnimmt. Sie speicherten 350 000mal soviel Radioaktivität in ihrem Gewebe, wie das Wasser enthielt.[7]

Auch Vögel, die Insekten aus solchen Gewässern fangen, reichern Radioaktivität an – Schwalben konzentrierten sie auf das 75 000fache, denn sie fressen Insekten, die sich von Algen ernähren, die wiederum bereits ein Konzentrationsgefälle von 2000 zu 1 herstellen.

Quecksilber und Blei

Homo consumens hält sich eine zeitgemäße Art von Hofnarren, die ihm gelegentlich unangenehme Wahrheiten sagen (die er ihnen nicht abnimmt), meist aber zu seiner Belustigung beitragen: die Futurologen. Meist behaupten diese, sie könnten die Zukunft voraussagen, indem sie jene Einzelbereiche der Gegenwart, die sie besonders interessieren, zu gigantischen Dimensionen aufblasen. Den Redakteuren der Modezeitschriften kündigen Futurologen Wegwerfkleider aus Papier und Kunststoff an oder aber «mehrmaliges Kleiderwechseln am Tage als selbstverständliche Gewohnheit»[8]. Den Redakteuren medizinischer Blätter versprechen sie eine Lebenserwartung, die alsbald über 90 Jahre ansteigen werde. Den Sportlern versichern sie, im Jahr 2000 gäbe es nur mehr vier Arbeitstage pro Woche und 218 Freizeittage im Jahr; sich seinen Hobbies zu widmen, werde also in naher Zukunft verpflichtende Aufgabe. Den Badelustigen kündigen sie an, der Mensch werde alsbald die flachen Küstengewässer besiedeln – einen Lebensraum von verwunschener Schönheit und großen Reichtümern –, dort werde Homo aquaticus Algenwiesen ernten, um proteinreiche Nahrung zu gewinnen, er werde Fisch fangen und allmählich sogar lernen, Wasser in seine Lungen einzuatmen.

Homo consumens ist von solchen Prognosen fasziniert. Sie spiegeln ihm eine heile Welt vor, in der es immer so weitergehen wird wie bisher, in der alles besser, fortschrittlicher, schöner sein wird. Die Realität sieht anders aus. Seit einigen Jahren sinkt in sämtlichen industrialisierten Ländern die durchschnittliche Lebenserwartung der Männer (in den «fortschrittlichsten» Ländern inzwischen auch die der Frauen). Die Küstengewässer sind kein Spielplatz für Homo aquaticus, es sei denn, er hätte die ernüchternde Absicht, sich als Müllsammler zu betätigen und statt blanker Fische alte Schuhe, Konservendosen, Plastiktüten oder treibende Klumpen von Ölteer zu erbeuten. Überkühn ist gar die Prognose, «wir werden Wasser atmen», wenn man sie nicht als das bewerten will, was sie ist: ein Selbstmordversuch, der mit hoher Wahrscheinlichkeit glückt. Denn selbst wenn wir das Wasser vertrügen – die in ihm gelösten Gifte brächten uns um. Homo consumens sorgt schon heute dafür, daß tagtäglich Millionen Tonnen von Produkten, deren biologische Effekte weitgehend unbekannt sind, in die Weltmeere fließen. So gelangt jeder flüssige Abfall ins Meer, ob man ihn nun legal – wie es bei besonders giftigen Abwässern vorgeschrieben ist – in der Nordsee versprüht oder illegal bereits auf der Rheinfahrt auspumpt. Auch was als gasförmiger Abfall in die Luft geblasen wird, endet sehr oft im Meer. Thor Heyerdahl konnte auf seiner Floßfahrt über den Pazifik selbst Hunderte von Meilen von der Küste entfernt das Meerwasser nicht guten Gewissens zum Zähneputzen benutzen.

Besonders unheilvoll sind die Schwermetalle, vor allem Quecksilber und Blei, die heute unsere Meere verseuchen. 1923 wurde erstmals ein Verfahren angewendet, Benzin durch Bleizusätze klopffest und besonders motorschonend zu machen. Das war eine Entdeckung ganz nach dem Geschmack von Homo consumens, die inzwischen dazu geführt hat, daß selbst mitten im Stillen Ozean die Bleikonzentration des Wassers um den Faktor zehn angestiegen ist. Ein etwa hundert Meter breiter Streifen des Erdreichs entlang der Autobahnen enthält so erhebliche Bleimengen, daß Obst und Gemüse aus dieser Zone für den menschlichen Verzehr nicht geeignet sind – falls man sie kontrolliert, was natürlich fast nie geschieht. Obschon das seit geraumer Zeit bekannt ist, haben die italienischen Ingenieure die Trasse der neuen *Autostrada del Brennero* mitten durch die Obstplantagen des Etschtals geführt. Ein Zyniker würde sagen, daß einem Obst mit 30 bis 40 Insektizid-Spritzungen etwas Blei auch nicht mehr viel ausmacht. Aber während die modernen Insektizide ziemlich rasch abgebaut werden, ist Blei – vor allem was seine organischen Verbindungen angeht, und das Bleitetraäthyl im Benzin gehört zu ihnen – kaum mehr loszuwerden, wenn es einmal in den Körper gelangt ist. Es schädigt in erster Linie das Nervensystem, und niemand weiß genau, wie viele Fälle von Müdigkeit und Depressionen durch eine versteckte Bleivergiftung bedingt sind.

Man hat lange Zeit diese Möglichkeit bagatellisiert und behauptet, der Mensch könne durch die Lunge gar kein Blei aufnehmen, sondern nur durch den Darm, es sei erst dann erlaubt, von einer Bleivergiftung zu sprechen, wenn sich bestimmte – willkürlich angesetzte – Bleispiegel im Blut fänden. Inzwischen weiß man durch Tierversuche, daß Bleikonzentrationen in der Luft allein, die zu überhaupt keinen nennenswerten Veränderungen im Blut der Versuchstiere führen, deren Lebensdauer eindeutig herabsetzen. Nachdem jahrelang die Warnungen vor der versteckten Bleivergiftung als Panikmache hingestellt wurden, versucht man heute bleifreies Benzin vorzuschreiben, das etwas teurer ist. Homo consumens denkt verständlicherweise an eine Möglichkeit erst ganz zuletzt: seinen Benzinverbrauch einzuschränken.

Ebenso verheerend wie Bleivergiftungen wirken sich Quecksilbervergiftungen aus. Eine New Yorkerin, die nach einer geeigneten proteinreichen, fettarmen Ernährung für ihre Schlankheitskur suchte, entschied sich für Schwertfisch. Sie aß einige Wochen lang vorwiegend dieses hochwertige Nahrungsmittel und erkrankte alsbald an einer akuten Geistesstörung. Man brachte sie in eine Nervenklinik, wo sie sich bei normaler Ernährung langsam erholte. Entlassen, nahm sie die Schwertfischdiät wieder auf und erlitt prompt einen Rückfall. Erst nach zwei Jahren erkannte man endlich die wirkliche Ursache ihres

Leidens: Schwertfisch enthält heute soviel Quecksilber, daß er – ähnlich wie Thunfisch – in großen Mengen nicht mehr zum Verzehr geeignet ist.

Daß Quecksilbervergiftungen zu psychischen Störungen führen, belegt das englische Sprichwort *mad as a hutter* (verrückt wie ein Hutmacher); denn die Hutmacher pflegten im vergangenen Jahrhundert mit quecksilberhaltigen Verbindungen zu arbeiten, die sie auch einatmeten. Quecksilbervergiftungen können zu einem sehr breiten Spektrum seelischer Störungen führen, die von Angstzuständen und Konzentrationsschwäche bis zu Halluzinationen, Gedächtniseinbußen und Schlaflosigkeit reichen. Daneben ruft Quecksilber auch noch körperliche Symptome hervor: Zahnfleischentzündungen, Zahnausfall, Durchfälle, Lähmungen. Diese Vergiftungserscheinungen interessieren heute nicht mehr nur den Hutmacher oder den Bergmann in einer Quecksilbermine. Etwa die Hälfte der Weltproduktion an Quecksilber erreicht die Ozeane, und die Vergiftung ist heute, obschon es lokale Herde wie die Ostsee gibt, durchaus global. Immer mehr Industriezweige benötigen Quecksilber, wobei die aufblühende Kunststoffindustrie zusammen mit den Papierfabriken der wichtigste Verbraucher und Vergifter zugleich ist. Man braucht Quecksilber als Katalysator bei der Vinylchloridsynthese (zum Aufbau von PVC-Kunststoffen, aus denen Folien, Behälter, Bodenbeläge, Ex-und-hopp-Flaschen bestehen). Man benötigt es in der Papierindustrie, in der Laboratoriumsmedizin zum Färben von Gewebeschnitten, als Elektrodenmaterial in der Sodaproduktion. Es gibt quecksilberhaltige Mittel gegen Pilze und Insekten, mit denen man Saatgut imprägniert, und auch Quecksilberphenylacetat-Zusätze in Wäschereien, die ebenfalls das Pilzwachstum bremsen sollen.

Wie bedrohlich diese Situation ist, erkannte man erst vor rund zehn Jahren, als in der japanischen Minimata-Bucht auf der Insel Kiuschu die Einwohner eines Fischerdorfes fast durchweg an den Symptomen einer Quecksilbervergiftung erkrankten. Viele von ihnen starben. Verantwortlich war eine Fabrik, die Kunststoffe auf der Grundlage von Vinylchlorid herstellte. Sie hatte ihre Produktion erhöht, denn die hygienischen Wegwerfverpackungen sind eine Augenweide für Homo consumens und sehr geeignet, den Absatz überflüssiger Artikel zu steigern. Die Abwässer der Kunststoffabrik liefen direkt in die Minimata-Bucht. 1965 gab es einen nahezu identischen «Unfall» in Niigate am Agana-Fluß.[9] Man hatte aus dem Minimata-Unglück keine anderen Schlüsse gezogen, als dem Fabrikanten einen Prozeß zu machen und den überlebenden, teilweise verkrüppelten Fischern das weitere Fischen in der Bucht zu verbieten. Erst 1965 entschlossen sich die Japaner zu etwas einschneidenderen Maßnahmen. Sie verboten noch in einigen weiteren Flüssen das Fischen und führten Kontrollen bei den Fabriken durch, die Quecksilber verwendeten. Keine Rede davon, daß man auf die liebgewordenen, absatzsteigernden Kunststoffpackungen verzichtet hätte.

Auch Schweden hat sein Quecksilberproblem. Nach jahrzehntelanger Imprägnierung des Saatgutes mit Methylquecksilber ließ sich ein bedenklicher Gehalt in Hühnereiern nachweisen. Wer täglich zwei Eier verspeiste, nahm schon gefährliche Mengen von Quecksilber zu sich. Bismarck mit seinen fünf Frühstückseiern wäre im heutigen Schweden nicht alt geworden. Seit 1966 hat man dort nun verboten, Saatgut mit Quecksilber zu imprägnieren. Aber die Papiermühlen und Kunststofffabriken leiten die quecksilberhaltigen Abwässer weiterhin in Flüsse, Binnenseen oder in die Ostsee. Deshalb haben nur die Landvögel seit 1966 wieder leicht abnehmende Quecksilberkonzentrationen in Fleisch und Federn; bei den Seevögeln kann man immer noch recht große Mengen finden.

Wer sich mit ökologischen Zusammenhängen auskennt, wird vermuten, daß dann auch Fische Quecksilber enthalten. Tatsächlich hat man in besonders mörderischen Exemplaren einen sehr hohen Gehalt nachgewiesen. Man sollte heute ohnehin an den Ostseeküsten besser keinen Fisch mehr essen. Er enthält mit hoher Wahrscheinlichkeit mehr Quecksilber und DDT, als der Gesundheit zuträglich sein kann. Mit ihrem Binnenmeercharakter ist die Ostsee ein Lehrbeispiel für die eifrige Zusammenarbeit einzelner Anliegerstaaten in Sachen Verschmutzung. Die Schweden sorgen für Quecksilber (20 Kilogramm pro Person und Jahr werden in Schweden an Quecksilber verbraucht; schätzungsweise die Hälfte gelangt direkt oder auf Umwegen ins Meer), die DDR und Polen für DDT, während die Russen die nicht geklärten Abwässer der Millionenstadt Leningrad beisteuern. Da die Schweden einen recht großen Anteil ihres Proteinbedarfs aus dem Fischfang decken, haben sich die schwedischen Behörden entschlossen, erheblich duldsamer (oder nachlässiger) zu sein als etwa die Weltgesundheitsorganisation (WHO), indem sie die Toleranzgrenze auf 1 ppm Quecksilber festlegten. Die Ärzte der WHO halten 0,05 ppm für gerade noch zulässig. In England – ebenfalls ein Land mit vielen Küsten und einer blühenden Fischereiindustrie – hat man sich auf 0,1 ppm geeinigt, während die

Benelux-Länder nur ein Drittel dieser Menge zulassen. Wie vorsichtig man mit Quecksilber sein muß, zeigte sich schon bei der Minimata-Katastrophe: Obschon ihre Mütter keine Symptome der Vergiftung aufwiesen, kamen neunzehn Kinder mit angeborenen Schäden durch Quecksilber auf die Welt. Man vermutet, daß schon sehr kleine Dosen einzelne Körperzellen zerstören und auf diese Weise die körpereigene Abwehr gegen Infektionen vermindern oder auch Alterungsprozesse beschleunigen.

Die weltweite Umweltverschmutzung ist sicherlich eine der bedrohlichsten Folgen des Verhaltens von Homo consumens. Aber sie ist keineswegs der einzige Anlaß, seine Verhaltensweisen näher unter die Lupe zu nehmen. Sie werden nicht nur auf dem Umweg über die ökologischen Systeme der Erde, durch die Vergiftung von Wasser, Erde und Luft dem Überleben des Menschen schlechthin gefährlich, sondern tragen dazu bei, daß das Leben selbst weniger lebenswert ist, auch solange es nicht physisch unmittelbar bedroht ist. Für Homo consumens werden auch er selbst und sein Mitmensch zum Konsumgut. Da der Mensch durch sein Tun bestimmt und geprägt wird, Konsumieren aber die wichtigste Aufgabe von Homo consumens ist, verwischen sich die Unterschiede zwischen Konsumenten und Konsum. Der Mensch wird zur Ware, in einem neuen und weit unheimlicheren Sinn, als Marx es beschrieben hat.

Menschenwürde und Menschenkonsum

Wir leben heute in einer Situation, in der jede Ethik unrealistisch ist, die nicht möglichst viel Konsumverzicht verlangt. Konsumverhalten schlechthin muß zum Problem der persönlichen Moral, der individuellen, jedesmal überlegten Entscheidung werden. Ein entsprechendes «Konsumbewußtsein» zu wecken, wäre Aufgabe jener Massenmedien, die zwar geläufig vom Hunger in den Entwicklungsländern oder von der Umweltverschmutzung, von den überhandnehmenden Neurosen und dem schlechten Zustand der Volksgesundheit reden, aber fast nie wagen, wirklich den Primfaktor in seinem ganzen Gewicht zu beschreiben: den individuellen Verschwendungskonsum, die Maßlosigkeit des Menschen im Umgang mit seiner Umwelt und mit sich selbst. Dabei ist es auch nötig, endlich einmal zu erkennen, wieviel wir alle dadurch gewinnen können, daß wir weniger konsumieren. Konsumverzicht klingt nach Verlust, nach Frustration und Aufgabe wertvoller Befriedigung. Aber das ist ein falscher Eindruck, so sehr es den Manipulatoren aus der Werbebranche am Herzen liegen mag, ihn aufrechtzuerhalten. Man sollte sich daran erinnern, daß ein sehr wesentlicher Teil des Aufwands für Konsumgüter ausgesprochen gesundheitsschädliche Dinge betrifft: das Auto, wenn es – wie oft – süchtig benützt wird, schadet seinem Besitzer ebenso wie die Zigarette oder der in Reklamen immer als mild, rein, aromatisch, nie als Lebergift beschriebene Whisky. Soll man den Menschen nicht ihren Schnaps und ihre Zigaretten gönnen («mäßig, aber regelmäßig» fordert die um ein leicht puritanisches Image bemühte Reklame)? Aber was ist das für ein Leben, das allein durch Tabak und Alkohol erträglich scheint?

Der Konsumbegriff muß so weit gefaßt werden, wie er reicht. Selbstverständlichkeiten wie die elektrische Energie darf man nicht ausklammern. Besonders schwerwiegend sind hier die Leuchtreklamen, mit denen Homo consumens seine verseuchten Paradiese – die Einkaufszentren der Großstädte – schmückt. Jede Glühbirne, die sinnlos brennt, jede Stunde Fernsehen, jeder Arbeitsgang der Waschmaschine – das alles sind Konsumentscheidungen, die als solche erst einmal erkannt werden müssen, ehe sich in diesen Verhaltensbereichen etwas ändern kann. Irgendwo steht immer ein Kraftwerk, das Abgase in die Atmosphäre bläst, irgendwo wird immer ein Atommeiler gebaut, der potentiell tödliche Radioaktivität verbreitet. Es mag überspitzt klingen – aber die Möglichkeit besteht durchaus, daß wir durch unsere sorglose Verschwendung elektrischer Energie unser Enkelkind zum Tod an Leukämie verurteilen. Jedenfalls scheinen schon minimale Unterschiede in der radioaktiven Verseuchung der Umwelt die Häufigkeit, mit der Blutkrebs auftritt, zu beeinflussen, so daß hier größte Vorsicht angezeigt ist. Unsere Energieprobleme können nicht durch den Bau von Atomkraftwerken gelöst werden, wenn wir uns nicht noch weit gravierendere Probleme einhandeln wollen, sondern nur durch eingeschränkten Energiekonsum, im Idealfall durch ein Gleichgewicht zwischen dem Verbrauch und der Produktion von sauberer Wasser- und Sonnenenergie.

Erst wenn sich im Homo consumens eine beträchtliche Bewußtseinsveränderung vollzieht, werden es intelligente und ehrenwerte Menschen nicht mehr für intelligent und ehrenwert halten, durch möglichst geschickte Reklame Millionen von Jugendlichen zum Konsum der legalen Suchtgifte Nikotin und Alkohol zu verführen, werden Chefredakteure, die solche Verführung kritiklos drucken und mit dem nötigen, allgemein interessierenden Zwischentext versehen, sich nicht mehr in die Rolle des Richters der Nation wagen dürfen.

Sexualität als Konsumgut

Homo consumens wird selbst zum Konsumgut: ein Massenartikel, um werbewirksame Selbstverpackung bemüht, raschem Verschleiß ausgesetzt. Das wird in einzelnen Verhaltensbereichen deutlicher als in anderen, am deutlichsten aber in dem der Sexualität. Frauen erscheinen nicht nur in Illustrierten als sexuelle Konsumartikel; das Make-up, selbst über barem Busen zu tragen, sorgt für eine genormte Verpackung; Reklamen für teure Kleidung, Sportgeräte, Autos, Zigaretten und Schnaps sind Hintergrund und Rahmen zugleich; Preisschilder werden diskreterweise nicht gezeigt. Die Männer sind die Konsumenten, aber ihre Rolle ist nur scheinbar überlegen. Kommerzialisierte Sexualaufklärung, die sich als höchst anregender Zwischentext für Illustriertenreklame erwiesen hat, dressierte auch das Männchen von Homo consumens auf ein Sexualverhalten, das den Absatz der verschiedensten Güter steigert, aber den Mann selbst unbefriedigt lassen muß, ja ihn neurotisiert.

Zunächst einmal bemüht man sich, ihn durch ständige Konfrontation mit nackten und wohlgeschmückten Sekundenschönheiten nicht viel anders als den Pawlowschen Hund auf ein Frauenbild zu fixieren, das dem Umsatz der Kosmetikbranche besonders nützlich ist. Da solche Indoktrination nur sehr ungenügend gelingt, weil der Mann so leicht sexuell reagiert, daß es kaum möglich ist, ihm derartige Feinheiten beizubringen, hält man ihn an, sein in der Berufswelt eingeübtes Leistungsdenken auch auf die Sexualität zu übertragen. Wie im vollautomatisierten Haushalt das Glück der Bewohner darin liegt, daß sie mit ihrem Gerät getreu der Gebrauchsanweisung umzugehen wissen, so wird sexuelles Glück als Sache der perfekten sexuellen Technik hingestellt. Wer die richtige Bedienungsanleitung kennt – jede erogene Zone ein Knöpfchen, das in der richtigen Reihenfolge gedrückt werden muß –, der kann sich mit dem Prädikat «idealer Liebhaber» schmücken. Ständig durch sexuelle Reize angeregt, die der Verhaltensforscher «überoptimal» nennen würde (auch die Möwen Niko Tinbergens zogen eine übergroße Attrappe ihrem natürlichen Ei vor), entwickelt sich das Männchen von Homo consumens zum eifrigen Käufer potenzstärkender Mittelchen (deren Ingredienzien, wenn sie rezeptfrei verkauft werden, laut Gesetz keine spezifische Wirkung entfalten dürfen, was die Werbung geschickt umlügt), potenzweckender Literatur und aller der tausend Überflüssigkeiten, die durch eine dichtere oder losere Assoziationsbindung an Sex verkauft werden – Wodka und Zigaretten, Rasierwasser und offene Sportwagen, lederbezogene Klubgarnituren und Betten mit automatischer Matratzenverstellung.

Es ist interessant und deprimierend zugleich zu beobachten, wie die Pseudoaufklärer der Sexwelle die Begegnung der Geschlechter zu einem konsumsteigernden Vorgang zu machen wissen. Das Gerede über die «natürliche» Haltung zur Sexualität ist sehr trügerisch, ähnlich wie die «natürlichen» Make-ups der Pseudohippies auf dem Titelbild von Modezeitschriften. Haare darf die Sexpuppe aus Fleisch nur an der richtigen Stelle haben (auf dem Kopf), nicht ihr Körpergeruch zieht den Liebhaber an, sondern ihr Parfum.

Da in der Welt von Homo consumens alles leicht zu haben ist und in jedem Fall durch die richtige Leistung verfügbar gemacht werden kann, verlangt er heute einen Orgasmus, wie er von seinem Auto verlangt, daß es die im Prospekt versprochenen Beschleunigungs- und Höchstgeschwindigkeitswerte auch erbringt. So kommt es dazu, daß Frauen, die sich früher über ihre rücksichtslosen Männer beklagten, heute unter einem technisch perfekten Vorspiel leiden, das ihnen den Eindruck vermittelt, sie seien ein Apparat, der immer dann funktioniert, wenn man nur zur rechten Zeit die richtigen Körperstellen knetet oder reibt. Der Orgasmus *muß* einfach zustande kommen, denn er mißt die sexuelle Leistung, das Konsumziel, und damit das Glück. Gelingt er nicht, dann fühlen sich beide Partner als Versager, und jeder sucht nun die Schuld dem anderen zuzuschieben – ein beliebtes Neurose-Spiel, das naturgemäß durch die in der Sexwelle entwickelten Spielregeln immer häufiger wird.

Wie nicht anders zu erwarten, wird der Genuß gerade durch die gesteigerte Reflexion, die erhöhte innere Spannung behindert. Man kann sich fragen, welche Frauen glücklicher waren: die unserer puritanischen Ururgroßväter, die nicht einmal wußten, daß es einen Orgasmus gibt (und das eventuelle Fehlen dieses nicht vorhandenen Konsumgutes[10] deshalb auch gelassen ertrugen), oder die Frauen der Gegenwart, die sich selbst für frigide halten, weil sie nicht erkennen, daß sie auch im sexuellen Bereich demselben Reklameideal nachlaufen wie in der Kosmetik. So wird die angeblich «frigide» Frau ständig an ihr vermeintliches Versagen erinnert, weil die sehr verschiedenen geschlechtlichen

Reaktionen des Menschen in das normierte, standardisierte Begriffssystem von Homo consumens nicht passen. Jeder Psychotherapeut kennt heute Frauen, die es immer wieder mit angeblich «guten» Liebhabern versucht haben. Enttäuscht und verängstigt suchten sie schließlich ärztliche oder psychologische Hilfe. Es müsse da wohl körperlich oder seelisch etwas nicht stimmen, denn trotz aller Versuche sei bisher kein Orgasmus aufgetreten.

Die Flut sexologischer Informationen, die Inflation anregender Bilder, die der Kampf um Auflagenhöhe und Anzeigenkunden in die Illustrierten bringt, und die ein Milliardenpublikum ansprechenden Filme über den Konsumartikel Sexualität — sie alle sorgen dafür, daß jeder, der dem sexuellen Ideal von Homo consumens nicht entspricht, diesen seinen Defekt niemals vergißt. Welcher Schaden hier angerichtet werden kann, erweist die Praxis der Psychotherapeuten.[11]

Eine 28jährige Mutter von zwei Kindern fürchtet sich vor den Intimitäten in ihrer Ehe. Die ersten sexuellen Kontakte waren sehr glücklich und für beide zufriedenstellend. Durch Illustrierte «aufgeklärt», habe ihr Mann dann darüber geklagt, daß sie nicht zum Orgasmus komme. Erst wußte sie gar nicht, was er meinte, weil sie durchaus zufrieden war. Dann orientierte sie sich in einem Aufklärungsbuch, spielte ihm jahrelang den Orgasmus vor, ekelte sich aber immer mehr vor dem Geschlechtsakt.

Eine 24jährige klagt über ihren Mann, der ein ausgeklügeltes «Vorspiel» schematisch durchexerziert, sich als «Liebhaber mit den besten Zeugnissen» rühmt, die Empfindungen seiner Frau aber stets dadurch beleidigt, daß er wieder «nur seine Masche abzieht». «Wenn ich wirklich einmal erregt bin, macht er mir alles kaputt!»

Ein 26jähriger Lehrer gerät in tiefe Depressionen, weil er seine annähernd gleichaltrige Frau zwar liebt, aber nicht mehr sexuell begehrt. Er wagt sich nicht mehr auf die Straße, weil ihn die an jedem Kiosk und Kino ausgestellten Bilder erregen. Solche Mädchen seien für ihn aber unerreichbar. Um seine psychogene Impotenz zu überwinden, hat er seiner Frau schon Kinderkleider gekauft.

Ein 30jähriger klagt über Impotenz und vorzeitige Ejakulation. Seine Frau hat ihm kalt erklärt, ihr früherer Freund sei ein guter Liebhaber gewesen, habe immer dies und das gemacht; sie erwarte, daß er es ebenso halte.

Diese Beispiele zeigen ganz deutlich, wie Homo consumens alle Verhaltensbereiche mit seinem Lebensstil durchtränkt. Aus Liebe wird Sexualkonsum. Die Liebenden machen sich gegenseitig zum Konsumgut. Mit Reizwäsche ausstaffiert, zieht man nach dem Genuß anregender Mittel und aufregender Bilder ein Präservativ mit Noppen über das Glied, steckt eine erregungssteigernde Prothese an die Vagina. Man rüstet sich mit pflegenden Schaumbädern, sprüht ein Deospray in die «Intimzone» (möglicherweise die Sonderausführung mit Bananen- oder Erdbeergeschmack) und legt eine Platte mit Liebesgestöhn auf. Wem das nicht genügt, der kauft sich eine lebensgroße Plastikpuppe, aufblasbar, aus «fleischähnlichem Vinyl», in «allen Einzelheiten überraschend lebensecht», die «ideale Spielgefährtin für Junggesellen».

Der eigene Leib als Konsumgut

Homo consumens ist sein Leib fremd geworden. Er hat das Vertrauen zu dem Leben in sich selbst verloren, fürchtet sich einerseits vor ihm und sucht es andererseits dauernd zu verbessern und zu manipulieren. Er denkt sich gar nichts mehr dabei, wenn man ihn in Anzeigen oder Werbespots für Deoseifen, Intimsprays, Anti-Schweiß-Stifte systematisch der eigenen Leiblichkeit entfremdet. Das betrifft vor allem die Frauen, aber beileibe nicht nur sie.

Deodorantien mit chemischen Zusätzen sind unhygienisch – das heißt: ungesund –, da sie das natürliche Gleichgewicht der Milchsäure produzierenden Bakterien in der Scheide zerstören und den verschiedensten Infektionen Vorschub leisten. Dennoch duldet jede der Frauenzeitschriften, die stets von sich behaupten, für die Interessen ihrer Leserinnen einzutreten, entsprechende Reklamen.

Jeder Leser von Illustrierten kennt die rührende Bildergeschichte von dem erfolglosen Mädchen, das sich absolut nicht erklären kann, warum sich ihre Liebhaber von ihr abwenden, warum sie beim Tanzen sitzen bleibt. Endlich nimmt sie die gescheite ältere Freundin beiseite und sagt: Körpergeruch – da nehme ich immer die X-Seife. Und schon badet das Mädchen, von X-Seife umschäumt, und ist alsbald strahlender Mittelpunkt jeder Gesellschaft. Körpergeruch! Da er nichts kostet und individuell ist, kann ihn Homo consumens nicht dulden. Und weil die Frauen heute in ihrer Doppelrolle als Hausfrau und Berufstätige so überfordert werden, soll es schon Fälle geben, in denen das Deo-Spray das Waschen nicht ergänzt, sondern ersetzt.

Die Entfremdung des Leibes geht bei Homo consumens noch einen

Schritt weiter. Wie weit, das zeigt ein Leserbrief an die Zeitschrift *Petticoat*: «Hat noch jemand einen Ehemann wie ich? Er interessierte sich für mich, weil ich eine langbeinige Brünette bin. Heute nach sechs Ehejahren hat er Lust auf Abwechslung und sehnt sich nach einer vollbusigen Blondine. Er ist nicht weggelaufen oder untreu gewesen. Ich habe vielmehr heute eine lange, seidige blonde Perücke und einen Brustexpander für die tägliche Gymnastik.»[12] Damit ist der Schlager vom Mädchen, das seine Maskerade wechselt, um ihrem Freund das Image des Sexualprotzes zu geben («Heute blond, morgen braun – jeder denkt, der hat Frau ...»), Lebenswirklichkeit geworden. Die Mode dient nicht mehr, die Frau zu schmücken und anziehend zu machen, sondern die Frau wird terrorisiert, sich dem gerade modischen Typ anzugleichen. Sie gleicht den Schwestern von Aschenputtel, die sich Ferse oder Zehen amputierten, um in den Schuh zu passen, der zum Überwechseln ins Rollenfach der Prinzenbraut verhalf. Nicht nur Mode, Kosmetik, Deodorantien zeigen, wie Homo consumens sich selbst zum Konsumgut macht, sondern vor allem auch sein widersprüchliches, zum Teil geradezu absurdes Verhalten im Bereich der Gesundheit. Zu keiner Zeit waren die Menschen gesundheitsbewußter, und zu keiner Zeit haben sie mehr getan, um ihre Gesundheit zu ruinieren. Homo consumens erwartet, daß er für seine Leistung in der Arbeitswelt, für sein Bestehen im Wettbewerb einer auf Konkurrenz basierenden Gesellschaft die Konsumgüter verdient hat, die er sich leistet. Er hat fast völlig die Fähigkeit verloren, sich außerhalb seiner Arbeit anzustrengen, zu verzichten, etwas zu tun, das sich nicht sogleich positiv in den Bilanzen von Erwerb, Leistung, Prestige, Lust niederschlägt. Deshalb ist auch sein Gesundheitszustand so miserabel. Er findet sich zwar oft bereit, etwas für seine Gesundheit zu tun (vor allem Geld für sie auszugeben), aber fast nie, etwas um ihretwillen zu lassen (etwa keine Zigaretten mehr zu kaufen, wieder zu Fuß zu gehen, sich nicht mehr bei jeder Mahlzeit «vollzufressen»). Nicht selten erschöpft sich seine Aktivität darin, von anderen zu verlangen, mehr für die Volksgesundheit zu tun, vor allem vom Staat. Weit mehr, als Gesundheitsregeln zu folgen, die unbequem scheinen und nichts kosten, neigt er dazu, sich nach Rezepten zu richten, die zwar teuer sind, aber seine Bequemlichkeit schonen und ihm doch das wohlige Gefühl geben, «etwas für sich zu tun»: Vitamine zu schlucken, durch Biotonica mit Lecithin für seine überbeanspruchten Nerven zu sorgen. Wenn eine Illustrierte den Besuch von Vorsorgeuntersuchungen in den neugeschaffenen Zentren für Diagnostik empfiehlt, dann hat sie, ganz zufällig, den brillanten Einfall für die Titelzeile: «Ihr Körper muß zum TÜV» – in Anlehnung an die alle zwei Jahre vorgeschriebene Inspektion des Autos, bei der die Verkehrssicherheit der Wagen geprüft und der Neuwagenabsatz der Autoindustrie beschleunigt wird. Es ist schon so: Homo consumens erlebt seinen Körper wie eine Maschine. Die Faszination, die von Verjüngungskuren und von Herztransplantationen, von einem «Austauschmotor» sozusagen, ausgeht, spiegelt diese Haltung ebenso wider wie der geradezu erschütternde Arzneimittelkonsum.

Medikamente als Konsumgut sind ein Kapitel für sich. Sie verdanken ihre Beliebtheit und ihren riesigen Umsatz vor allem der festverwurzelten Neigung von Homo consumens, Schäden, die sein Konsumverhalten auslöst, durch eine Art Flucht nach vorn zu «bewältigen»: indem er noch mehr konsumiert. Wenn das Auto deine Heimatstadt verpestet – kauf dir ein Auto, um ihr zu entfliehen. Wenn du einen Kater hast, weil du zuviel getrunken hast, trink nicht weniger, sondern nimm Alka-Seltzer. Wenn du von dem Gestank in deinem verräucherten Zimmer Kopfschmerzen bekommst, mußt du nicht weniger rauchen, schluck lieber eine Schmerztablette. Du hast dir einen Diabetes angefressen? Nimm doch Antidiabetika. Chronischer Raucherhusten? Als ob es keine beruhigenden, reizstillenden Hustensäfte gäbe! Du kannst nicht einschlafen, weil du dich tagsüber mit starkem Bohnenkaffee und Zigaretten fit gehalten hast? Nein, ein Mann in deiner Position kann es sich doch nicht leisten, schlecht ausgeschlafen zu sein! Nimm lieber ein Schlafmittel! Morgens bist du dann nicht richtig frisch? Nichts leichter als das: Es gibt da Medikamente – du gehst los wie eine Rakete, sage ich dir!

Solche Reden hört Homo consumens gern; denn da wird kein Verzicht verlangt, sondern ihm «etwas geboten». Und wie die Reklame ihn manipuliert, so manipuliert er sich selbst, indem er sich jeden kleinen Schmerz medikamentös abtreibt und auf diese Weise verlernt, auf seinen Körper zu hören, seinen leisen Protest zur Kenntnis zu nehmen, die Ursachen für dieses oder jenes Unbehagen zu erforschen und abzustellen – falsche Diät, zuviel Fett oder zuviel Zucker im Essen, schlechter Wein, der Kopfweh macht, ein noch unmerklicher Leberschaden, ein überanstrengter Herzmuskel. Wie alle Unterdrückten kann sich der Körper nur noch durch eine Revolte wehren. Der Herzinfarkt, der angeblich ohne jedes Vorzeichen Männer im besten Alter aus einem «Schaffen in voller Lebenskraft herausreißt» – wie oft ist er nichts anderes als der Notschrei eines mehrere Jahrzehnte gepeinigten Organismus, der wie ein aufmuckender Automat bei jedem leisen Widerspruch durch das Einwerfen einer Schmerztablette, eines Schlafmittels, eines anregenden Amphetamins beschwichtigt und zur «richtigen» Reaktion gezwungen wurde? Hat man da nicht vorher rücksichtslos gefressen, geraucht, getrunken, gehetzt, den Körper verbraucht wie eine Maschine, die bei Verschleiß leicht wieder ersetzt werden kann?

Auch diese Entfremdung von seinem Leib verstärkt in einem Rückkopplungsprozeß die selbstzerstörerischen Verhaltensweisen von Homo consumens. Wer es verlernt hat, mit Genuß und Sorgfalt zu essen, wird auch die minderwertigen Fertiggerichte schlucken, die heute auf den Markt kommen. Wer glaubt, für seine Gesundheit seien Krankenkasse und Arzt zuständig, denn die würden ja schließlich dafür bezahlt, der wird ohne viel Protest vergiftete Luft einatmen und insektizidhaltiges Obst verspeisen. Wer in blindem Fortschrittsglauben annimmt, die Medizin werde schon für jede Krankheit eine Therapie finden, wird sich nicht aufregen, wenn seine Umwelt mit krebserzeugenden Stoffen und mit Radioaktivität verseucht wird. Nonchalant mag dann Homo consumens genüßlich an der Zigarette ziehen und sagen, angesichts der allgemeinen Luftverschmutzung komme es darauf nun wirklich nicht mehr an.

Homo consumens macht alles, womit er zu tun hat, zum Konsumgut, also auch seinen eigenen Körper und den Körper seiner Mitmenschen – ob es sich nun um den Sexualpartner handelt oder um jenes Massenvergnügen, das man irrtümlich Sport nennt. Die Sportler selbst wissen nur allzugut, daß sie heute, ähnlich anderen Gewerbetreibenden des Showbusiness oder der Prostitution, Konsumgut sind. Sie werden verbraucht, um der Trägheit und Passivität von Homo consumens einen aufregenden Widerpart zu bieten, und müssen deshalb auch rechtzeitig ihren Ruhm nutzen und auf eine geeignete Altersversorgung bedacht sein. Während sich 22 Spieler auf dem grünen Rasen, umgeben von Werbesprüchen, die Lunge aus dem Leib rennen, sitzt der Zuschauer da und treibt mit einer durch reichlichen Bierkonsum geölten Stimme «seine» Mannschaft an.

Der Leistungsheroismus der Spitzensportler, die jeden Tag acht Stunden trainieren, jagt dem Durchschnittsmenschen so viel Scheu ein, daß er lieber ganz auf Sport verzichtet. Und die Sportler selbst zeigen die Entfremdung ihrem Körper gegenüber. Das beweisen nicht zuletzt die zahllosen Fälle von Doping, von künstlichem Aufputschen der Leistungsfähigkeit, um auch die letzten Reserven herauszupressen. Daß man Doping bei Amateuren wie bei Profis verbieten und durch strengste Kontrollen die Übertretung der Verbote verhindern muß, zeigt, wie wenig dieser Sport mit seinen ursprünglichen Zielen zu tun hat.

Mit oft auf lange Sicht gesehen ruinösen Mitteln putscht sich der Sportler zu Höchstleistungen auf, etwa durch die (nicht verbotene, aber gesundheitsschädliche) Muskelmast des Gewichtshebers oder Kugelstoßers mit Hilfe von Überdosen männlichen Geschlechtshormons und zwanghaftem Steak-Essen. Ist dann der Rekord geschafft, stehen weitere nicht in Aussicht, hört die Hetze auf. Nicht selten wird aus dem ehemals «Aktiven», dem Leistungssportler, in wenigen Jahren ein durchschnittliches Exemplar von Homo consumens, das mit den Aussichten auf den Rekord jede Lust an körperlicher Übung (und an dem Beitrag, den sie durchaus zum menschlichen Selbstgefühl und zur Selbstverwirklichung leisten kann) verloren hat.

Das passive Konsumieren von Sport hat den Sport selbst ruiniert und ihn zu einer trivialen Form des Schaugeschäfts gemacht. Wie zu erwarten, entdeckte die Reklameindustrie, die eigentliche Leitstelle für das Verhalten von Homo consumens, inzwischen längst, wie attraktiv der Sportler für ihre Zwecke ist.

Konsum und Dummheit

Während Homo sapiens geschaffen ist, jeden Tag zu lernen und klüger zu werden, lebt Homo consumens heute in einer Situation, in der er von Tag zu Tag dümmer wird. Die Höchstleistungen in Wissenschaft und Technik von der Atombombe bis zum Mondflug sind kein Gegenbeweis und nicht einmal ein Alibi. In ihnen mag sich der «Prothesengott» Mensch, wie ihn Sigmund Freud nannte, eindrucksvoll selbst begegnen. Die Wirklichkeit sieht anders aus. Wenn schon der Prothesengott zum simplen Menschen wird, sobald man ihn seiner eindrucksvollen Hilfsmittel beraubt, so droht der Prothesenmensch Homo consumens nicht einmal mehr ein Mensch zu bleiben, sobald man ihm seinen gekauften Flitter nimmt, sein Automobil stillegt, seine Fernsehkanäle verstopft, Supermärkte und Kaufhäuser schließt.

> «Ein Toilettensitz aus vierzehnkarätigem Gold
> (Kostenpunkt: 3000 Dollar).»
>
> Angebot aus einem amerikanischen Warenhaus

Wirklich ernst zu nehmen ist dieser Prozeß der Verdummung erst, wenn man bedenkt, daß er innerhalb weniger Generationen nicht mehr umkehrbar sein wird. Wie rasch das geschieht, zeigt sich etwa beim Handwerk. Es ist sehr schwierig, neue Möbel zu finden, die an Qualität an die alten heranreichen. Glasmalereien, die so gut sind wie die vor fünfhundert Jahren, wird heute niemand mehr herstellen. Die kunsthandwerklichen Betriebe in einer Stadt wie Florenz mit ihrer langen, ruhmreichen Tradition stellen sich jetzt durchweg auf Massenproduktion um. Schon heute ist auch in einem noch relativ wenig entwickelten Land wie Italien die Kombination zwischen hoher handwerklicher Fähigkeit und künstlerischer Begabung kaum mehr zu finden. Gute Holzschnitzer, Ziseleure, Kupferstecher, Steinmetzen sterben aus. Die Künstler flüchten sich vor dem Gegenstand in die Abstraktion und glauben neue Ausdruckswelten zu erschließen. Nur wenige folgen ihnen nach; Homo consumens gewiß nicht. Er hält sich an Kitsch – an Polstergarnituren in einem Stil, der aus unerfindlichen Gründen «altdeutsch» genannt wird («Wohnwand, altdeutsch, sehr repräsentativ, Eiche gebeizt, antik bearbeitet … Polstergarnitur, altdeutsch, mit beidseitig verwendbaren Kissen … Knauf und Kugelfüße Buchenholz antik, Kissen aus Polyäther-Schaumstoff»), an die «Übertopfserie ‹Gotik›, eine neuartige, interessante Bereicherung seiner Wohnkultur! Motive nach mittelalterlichen Steinmetzarbeiten aus Kunststoff (sic!), zum Direktbepflanzen geeignet» – in Gold, Patinagrün oder Rot zu haben; an Zinngeschirr, dekoriert mit Auerhähnen und Jagdhunden; an Scheußlichkeiten aus Original-Muranoglas, an die Hollywoodschaukel und den Barockputto aus wetterfestem Kunststoff mit Natursteineffekt, dem man eine Pflanzenschale auf den Kopf schrauben kann.

Da Homo consumens das Leben in den Großstädten bevorzugt, in denen man reichlicher verdienen und mehr einkaufen kann, werden bald etwa 90 Prozent der Bevölkerung in ihnen leben. Vor fünfzig Jahren waren es nur 15 bis 30 Prozent. Der Natur entfremdet, macht es Homo consumens nicht mehr viel aus, sie zu zerstören. Wer kennt noch 100 verschiedene Pflanzenarten? Sie zu unterscheiden, waren bereits

Jäger und Sammlervölker auf altsteinzeitlicher Kulturstufe fähig, wobei jedes erwachsene Mitglied der Gruppe über dieses Wissen verfügte. Homo consumens wird sagen, er sei doch kein Botaniker, wenn er eine Erle nicht von einer Ulme unterscheiden kann, er sei kein Ornithologe, wenn er eine Taube für einen Falken hält, kein Agronom, wenn er den Unterschied zwischen Winter- und Sommergetreide nicht mehr kennt. Und weil er im blinden Konsumieren, wie es die Reklame wünscht (der ja ein auf dem Niveau bedingter Reflexe funktionierender Menschentyp am allerbequemsten ist), jedes Verständnis für natürliche Zusammenhänge einbüßte, stört es ihn auch nicht mehr, wenn man Autobahnen durch unberührte Wälder legt («das ist billiger als durch eine Wohngegend»), wenn man reizvolle Moorlandschaften («sind ohnedies zu nichts nütze») in Großflughäfen verwandelt oder verlassene Steinbrüche, in denen eine Fülle seltener Orchideen gedeiht, als Müllgruben nutzt.

Es wäre ganz falsch, diese Dummheit, die sich im Verhalten von Homo consumens von Generation zu Generation deutlicher ausprägen wird, allein als intellektuellen Defekt anzusehen. Weniger das Denken an sich ist gestört, als seine Selbständigkeit, die Bereitschaft, größere Zusammenhänge zu sehen und sich nicht willenlos manipulieren zu lassen. Vor allem aber ist die Sinnlichkeit von Homo consumens schwer beeinträchtigt. Wenn er vor die Wahl gestellt wird, seinen Sinnen oder dem Marktgeschrei der Werbung zu trauen, dann entscheidet sich Homo consumens für das letztere. Die Frau, die sich ohne Make-up, lackierte Nägel, bemalte Augen und gefärbte Haare einfach nicht mehr schön finden kann, ist ein Beweis dafür. Aber solche Beweise finden sich in sehr vielen Lebensbereichen. Es ist bekannt, daß auch routinierte Raucher keinerlei Unterschied zwischen verschiedenen Zigarettenmarken feststellen können, wenn man die Etiketten entfernt oder ihnen die Augen verbindet. Dennoch pflegen sie auf «ihre» Marke zu schwören. Sie haben gelernt, ihre Sinne zu vergewaltigen und lieber der Reklame zu trauen, die ihnen als Prämie für diese Selbstverdummung unhaltbare Versprechungen macht. Noch viel ausgeprägter ist das beim Essen.

Da Homo consumens der Reklame, selbst wenn er über sie schimpft, mehr Glauben schenkt als seinen Sinnen, ist es für die Produzenten, die seine künstlich geschürten Bedürfnisse befriedigen, gar keine Frage mehr, welchen Weg man einschlagen muß, wenn man vor der Alternative steht, mehr zu werben, aber die Qualität zu verschlechtern oder weniger zu werben, aber die Qualität zu verbessern. Deshalb werden Unsummen in neue Packungen investiert, eben weil Homo consumens in seinem Fortschrittsglauben den neuen Fruchtsaft allein deshalb für gut hält, weil er neu ist, und dafür auch eine geringere Menge und einen etwas erhöhten Preis in Kauf nimmt.

Nicht anders als durch eine fortschreitende Verdummung kann man es auch erklären, wenn immer wieder für überteuerte Konsumgüter geworben werden darf – was ja dafür spricht, daß sie auch verkauft werden –, von denen jeder wissen sollte, daß sie auf gar keinen Fall erfüllen können, was die Reklame verspricht. Da gibt es Salben, die einen schlaffen Busen «straffen», «Super-Sauna-Anzüge» oder eine «Spezial-Schlankheitskosmetik-Creme extra stark», von der Homo consumens offensichtlich tatsächlich glaubt, sie ziehe die Fettpolster aus der Haut hervor. Was den «Sauna-Anzug» angeht, so nimmt Homo consumens offenbar an, der Mensch könne Fett ausschwitzen wie ein Spanferkel am Spieß.

Die Reihe solcher Beispiele ließe sich lange fortsetzen. Besonders unerfreulich ist, daß die ärmsten Sozialschichten mit dem geringsten Bildungsniveau den verdummenden Einfluß einer von Homo consumens beherrschten Gesellschaft am stärksten spüren. Sie, die am ehesten haushälterisch mit ihrem geringen Einkommen umgehen müßten, schenken selbst den dümmsten Versprechungen Glauben, weil für sie jeder Zweifel an den Massenmedien einer Majestätsbeleidigung gleichkommt und sie gar nicht mehr fähig sind, zwischen Reklame und Nachrichten zu unterscheiden. Besonders krasse Beispiele dafür habe ich in Italien gesehen, wo heute auch die ärmsten Halbpächter ein Fernsehgerät in der Wohnküche stehen haben, mit einer Plastikhülle gegen hereintropfenden Regen geschützt. Wenn man sie nach den Motiven für bestimmte, absurde Einkäufe fragt (etwa eine nagelneue Nähmaschine, obschon die alte ebensogut funktionierte), dann antworten sie mit genau den Sprüchen, die sie aus der Fernsehwerbung kennen. Ob es um Kunstdünger geht oder um Kaffee, immer wird gekauft, was im Fernsehen, das man offensichtlich für unfehlbar hält, angepriesen wurde.

Weitere Gründe für die Verdummung von Homo consumens haben wir schon angedeutet. Die immer mehr abnehmende Bindung an schöne, gut gearbeitete und erhaltenswerte Dinge verhindert, daß Homo consumens sich für die Gegenstände, mit denen er umgeht, wirklich interessiert und sie erforscht. Er kennt nicht nur keine Vögel,

Blumen oder Bäume mehr, sondern er weiß auch nicht mehr, wie ein Radio funktioniert, wie man die Kohlen eines Elektromotors erneuert oder ein Türschloß repariert. Konsumartikel, die ja um ihres Absatzes und der Massenproduktion willen normiert, der Mode unterworfen und leicht ersetzbar sein müssen, ermutigen nicht dazu, sie eigenhändig reparieren zu lernen. Solche Reparaturen «lohnen sich nicht mehr» — für die produzierende Firma, die am Absatz eines neuen Geräts mehr verdient, auch wenn am alten nur ein winziger Defekt vorliegt, den ein geschickter Mechaniker in zwei Minuten beheben könnte. Aber der Mechaniker wird sich entmutigt abwenden, denn man hat ihm die Arbeit so schwer wie möglich gemacht. Das Kunststoffgehäuse etwa ist verschweißt, so daß man es gar nicht öffnen kann, ohne es zu beschädigen. Die Metallverbindungen sind genietet, nicht geschraubt, so daß es nicht möglich ist, ein Einzelteil auszuwechseln. So hat, wer sich ein solches Gerät kauft, ein Stück Verschwendung erworben. Homo consumens achtet zuallerletzt auf reparaturgünstige Konstruktion. So kommt es, daß zwar Fahrwerk und Motor unserer Autos immer leistungsfähiger werden, die Wagen aber auch immer schwieriger zu reparieren sind. Wegwerf- und Austauschteile beginnen zu dominieren. Die Dinge, mit denen sich Homo consumens umgibt, sind oft sehr rasch defekt, aber ihre Konstrukteure scheinen an diese Möglichkeit gar nicht gedacht zu haben. Hinter den glatten, gefälligen, lackierten oder polierten Oberflächen verschundet die Produktion. Die Dummheit des Käufers, seine blinde Verschwendungssucht sind ja eingeplant. Indem man voraussetzt, daß er ohnedies nichts reparieren will, hindert man ihn, es zu erlernen, sein Wissen zu erweitern, seine Fertigkeiten zu üben. So wird der Prothesengott nach seinen Hilfsmitteln süchtig: unabhängig von ihnen kann er nicht mehr leben.

Man könnte einwenden, daß es für den Menschen noch nie so leicht gewesen wäre, sich umfassend zu informieren, wie heute im Zeitalter von Homo consumens, in dem ein Drittel der Weltbevölkerung fast 90 Prozent der irdischen Güter produziert und verbraucht.[13] Man könnte etwa den Pop-Propheten und begeisterten Bewunderer von Werbespots, Marshal McLuhan, zitieren, der die elektronischen Medien als Erweiterung des menschlichen Nervensystems über den ganzen Planeten ansieht. McLuhan glaubt, jeder nehme durch den ständigen Fluß von Informationen über den ganzen Erdball hin ständig am Schicksal zahlreicher anderer Menschen teil. Die Welt sei zu einem Eingeborenendorf geworden. Aber der Medienforscher — mehr Essayist als

Empiriker – übersieht, daß dieser Informationsfluß Homo consumens nicht aktiviert, sondern ihn passiv macht. Die ständig von überallher auf ihn eindringenden Sensationen haben keine universelle Teilnahme, sondern weit eher eine allgemeine Teilnahmslosigkeit produziert. Zudem wollen die Massenmedien es dem Zuschauer so bequem wie möglich machen. Sein künstlich erweiterter Horizont ist aus den leeren Fassaden Potemkinscher Dörfer zusammengesetzt. Niemand ermutigt ihn, etwas weiter nachzuforschen, denn morgen steht schon wieder etwas Neues auf dem Programm. Und indem Homo consumens jeden Tag die Stunden seiner Freizeit mit dem Verbrauch eines schwachen Aufgusses vielfältiger Eindrücke ausfüllt, wie ihn das Fernsehen frei Haus liefert, verliert auch sein eigenes Leben die Tiefendimension. Er gewöhnt sich unmerklich daran, seine Umwelt so zu betrachten, wie sie ihm der Bildschirm gewöhnlich zeigt: oberflächlich, konsum- und fortschrittsgläubig (was in Ländern mit kommerziellem Fernsehen wohl noch ausgeprägter ist als in denen mit staatlichen Fernsehanstalten). Der Ehemann, der zuerst eine langbeinige Brünette heiratet und nach sechs Jahren eine vollbusige Blondine wünscht, spiegelt diesen Prozeß sehr deutlich wider; das Publikum, das einen blutig ernsten Bankraub, von Fernsehberichten angelockt, mit Pfiffen, Gejohle und Beifallklatschen feiert, als handle es sich um eine Fernsehshow, nicht minder.

Schon immer sind die Menschen mit vorfabrizierten Lebensschicksalen und Leitbildern konfrontiert worden. Selbst die urtümlichsten Kulturen der Jäger und Sammler verfügten über eine reiche Mythologie, in der typische Verhaltensprogramme niedergelegt und in allen ihren Konsequenzen durchleuchtet wurden. Die Griechen der Antike beobachteten vorgeformte Denk- und Erlebnisformen in ihren Schauspielen, die Christen in Liturgie und Legende. Aber die Konfrontation mit diesen das Verhalten prägenden Bildern dauerte immer nur kurze Zeit; die Konsequenzen mußten vom einzelnen selbst gezogen und erarbeitet werden. Im Fernsehen aber werden die Leitbilder in einer solchen Dichte und unerschöpflichen Fülle angeboten, daß der Verbraucher sie passiv konsumieren kann, ohne auch nur einen Augenblick über sein eigenes Leben nachzudenken und es gegenüber dem breiten Angebot an Cowboys und Detektiven, Kommissaren und Playboys, schönen Frauen und Showmasters abzugrenzen oder zu verwirklichen.

Marx hat von dem entfremdeten Industriearbeiter seiner Zeit gesagt, er sei in der Arbeit außer sich und nur außerhalb der Arbeit wirklich bei sich. Das stimmt für Homo consumens nur noch teilweise. Seine Arbeit mag bequemer, die Zeit, die er für sie aufwendet, kürzer geworden sein. Aber nicht nur seine Arbeit ist entfremdet, sondern auch der größte Teil seiner Freizeit, den er ja vor dem Fernsehgerät verbringt. Mit Neuigkeiten überfüttert, wird Homo consumens allmählich so abgestumpft und verdummt, daß er, den man auffordert, sich für so vielerlei zu interessieren, endlich für gar nichts mehr (sein unmittelbares Wohlergehen ausgenommen) Interesse aufbringt. Wer heute wirklich etwas verändern und nicht nur über Veränderungen reden will, der muß sich überlegen, ob er sein Anliegen durch die Massenmedien verbreiten sollte. Ist es erst einmal in eine eingängige Form gebracht, so mag Homo consumens sich vielleicht ein wenig davon beeindrucken lassen. Morgen aber wendet er sich wieder einem anderen Thema zu und wird, auf das erste angesprochen, müde abwinken: «Kenne ich schon.» Da die Massenmedien einfach gezwungen sind, Banalitäten zu Sensationen aufzublasen, glaubt Homo consumens sehr rasch, man setze ihm auch bei der Behandlung wirklich ernster Probleme wie etwa dem Umweltschutz ebenso Unwichtiges vor. Da es unmöglich ist, ein Thema wirklich stets seiner Bedeutung entsprechend zu gestalten (was von den Massenmedien, die ja vorwiegend Anzeigen unter die Leute bringen und nicht objektiv berichten wollen, meist auch gar nicht versucht wird), führt das ständige Aufblähen von Unwichtigem (Treuer Hund stirbt am Grab seines Herrn; Playboy X läßt sich scheiden, neuer Weltrekord im Goldfischverschlucken, Bankraub, Flugzeugentführung, Geiselnahme) endlich dazu, daß es für Homo consumens nichts Wichtiges mehr gibt.

Indessen produzieren die Massenmedien eben die Erscheinungen, die sie emphatisch beklagen. Bankraub mit Geiselnahme, Flugzeugentführung, Rauschgiftsucht und andere «modische» Delikte. Wie viele Kidnapper gäbe es ohne die sensationell aufgemachten Zeitungs- und Fernsehberichte? Wie viele Flugzeuge werden entführt, wie viele Banken beraubt? Welcher Jugendliche würde sich mit Haschisch und Opiaten zugrunde richten, wenn man nicht unaufhörlich über die künstlichen Höllen und Paradiese durch diese Drogen in der verlogensten Form berichtet hätte?[14]

Je dümmer ein Mensch ist, desto bereitwilliger konsumiert er blindlings. Dummheit betrifft hier nicht nur Intelligenzschwäche, sondern vor allem auch mangelnde Kritikfähigkeit, Schubladendenken, fehlendes Vertrauen in die eigenen Sinne. Je ausgeprägter diese Dummheit von Homo consumens ist – und sie wird sich, wenn nichts geschieht, von Generation zu Generation verstärken –, desto schwieriger wird es auch sein, klügere Lösungen zu entwickeln und durchzusetzen. Schon heute glauben viele Menschen, es sei Ausdruck eines sozialen Verantwortungsgefühls zu konsumieren, denn sonst ginge die Wirtschaft zugrunde. Daß heute die Produktion überflüssiger Güter die miserabelste Art ist, sichere Arbeitsplätze zu haben, sehen sie gar nicht mehr.

Der Formel «verdummen durch konsumieren» kann und muß man die Formel «lernen statt kaufen» entgegensetzen. Was Erziehung, Schulen und Gesundheitswesen angeht, sind die Industriestaaten in vieler Hinsicht unterentwickelte Länder. Hier gäbe es Arbeitsplätze, die weder den Menschen verdummen noch dazu beitragen, durch die Produktion von Schund unsere Umwelt zu zerstören. Und wenn dumme Menschen besonders viel konsumieren, so besteht auch die Hoffnung, daß mit dem Wachsen von echter Bildung, von Wissen um natürliche Zusammenhänge die rapide Vermehrung von Homo consumens eingeschränkt wird und Homo sapiens wieder die Oberhand gewinnt.

Konsumverzicht zu leisten ...

... fällt vielen Menschen schwer. Zu verlockend sind die Angebote unserer Überflußgesellschaft. Haste was, biste was, denken viele, und was sie haben, wollen sie dann auch zeigen.

Wie zweifelhaft und kurzlebig diese sichtbaren Statussymbole sind, zeigt sich spätestens, wenn ein neues Modell herauskommt.

Weniger ist immer dann mehr, wenn man seinen Besitz gewinnbringend anlegt.

II Die Erziehung zum Konsumenten

Leistungsdressur und Konsumverhalten

Weshalb eigentlich hält Homo consumens an einem Verhalten fest, das seine Umwelt und ihn selbst zu zerstören droht? Warum erkennt er die Unmoral nicht, die darin liegt, die Rohstoffquellen der Erde zu erschöpfen und das Überleben seiner Kinder aufs Spiel zu setzen, um seine künstlich angestachelten Bedürfnisse nach Überflüssigem zu befriedigen? Wenn Homo consumens in seinem Überfluß, in seinem Komfort wirklich glücklicher wäre als die Armen der Dritten Welt! Aber ist er das?

Das Konsumverhalten hat sehr viele Wurzeln. Wir wollen hier vorwiegend seine psychologischen Ursachen untersuchen. Seine ökonomischen Bedingungen hat John Kenneth Galbraith in seiner Arbeit über die Überflußgesellschaft bereits bloßgelegt.[15] Wie bedrohlich die Situation sich entwickeln würde, hat Galbraith in den fünfziger Jahren, als seine Untersuchung entstand, noch nicht absehen können. Globale Vergiftung und drohende ökologische Katastrophen zeichnen sich erst seit etwa zehn Jahren am Horizont der Welt von Homo consumens ab. Unsere Studie über die psychologischen Motive des menschlichen Konsumverhaltens versucht eine Synthese sozialgeschichtlicher, lernpsychologischer und psychoanalytischer Erkenntnisse zu geben. Jedes menschliche Verhalten ist ja durch viele Faktoren bestimmt.

Als erste Wurzeln des Konsumverhaltens müssen wir die Leistungsgesellschaft sehen, deren immense technische Forschritte zur industriellen Produktion geführt und damit die wichtigste Voraussetzung für den Massenkonsum geschaffen haben. Weiterhin spielen grundlegende menschliche Eigenschaften eine wichtige Rolle, vor allem die Lernfähigkeit, deren Resultate man «Gewohnheiten» nennt. Sie dient insbesondere dazu, einen einmal erreichten Konsumpegel zu erhalten und binnen weniger Jahre den Verzicht auf zuvor unbekannte Annehmlichkeiten zu einer scheinbar schwierigen Aufgabe zu machen. Eine weitere bedeutsame Ursache des süchtigen Konsumverhaltens ist die vitale Frustration – was das ist, soll später erläutert werden –, die Homo consumens durch materielle Scheinbefriedigung zu kompensieren sucht.

Die Kenntnis dieser drei Aspekte des Konsumverhaltens – des historischen, des lernpsychologischen und des psychoanalytischen Aspekts –, die im folgenden untersucht werden sollen, macht auch die wichtigsten Mechanismen der Verführung zum Konsum durch Reklame und den bis zum Konsumterror gesteigerten sozialen Druck durchschaubar. Als Grundprinzip der Reklame wird dabei deutlich, daß stets Wesentliches – Glück, Liebe, Jugend, Gesundheit, Zufriedenheit, Sozialprestige, Erfolg – als verkäuflich hingestellt, tatsächlich aber Unwesentliches verkauft wird, das oft das Versprechen sogar in sein Gegenteil verkehrt, indem es Einsamkeit, Erfolglosigkeit und Krankheit einbringt.

Ein zusammenfassendes Modell der Erziehung zum Konsumenten, in dem viele Züge von Homo consumens kraß und übersteigert zutage treten, ist die Entstehung der Rauschgiftsucht. Rauschgift ist ein geradezu ideales Konsumgut, das deutlich macht, worauf es bei der Erziehung zum Konsumenten ankommt und auf welche Schwierigkeiten die Selbst-Entwöhnung von Homo consumens stößt.

Prinzip Leistung

Man muß sich hüten, Homo consumens als passives Wesen zu sehen, das nur an sein Vergnügen und seine Bequemlichkeit denkt. In seinem verschwenderischen Gehabe steckt etwas von Grund auf Unfrohes, eine Art Zwang, den man vielleicht auf die Formel bringen kann: «Hast du was, bist du was.» Wer sich mehr leisten kann, wer mehr konsumiert, der ist auch mehr wert, eben weil in seinem Konsum deutlich wird, daß er mehr geleistet hat, daß er «besser» war als ärmere Leute. So gesehen ist Homo consumens eine folgerichtige Weiterentwicklung des von der Prädestination überzeugten Kapitalisten, dessen ideologische Prägung durch die protestantisch-puritanische Ethik Max Weber gezeigt hat. Wer annimmt, daß Gott die Auserwählten bereits durch irdische Güter auszeichnet, der wird in seinem Konsum ein gottgefälliges Werk sehen. So theologisch denken aber nur mehr die wenigsten Menschen. Bezeichnend genug glauben sie heute, dem großen Götzen Mammon – der Wirtschaft – zu dienen, wenn sie konsumieren.

Doch scheint es notwendig, diesen Zusammenhang tiefenpsychologisch zu interpretieren. Nur dann werden die zwanghaften, kollektiv-neurotischen Wurzeln des Konsumierens in der Überflußgesellschaft deutlich. Sie aufzudecken ist notwendig; denn wer sich vom Konsum emanzipieren will, muß erst einmal die eigenen Motive genauer kennenlernen. Es kann kein Zufall sein, wenn ausschließlich von einer christlich bestimmten Moral geprägte Gesellschaften den Typ des Homo consumens hervorgebracht haben, wie wir ihn kennen. Besonders fesselnd an diesem Zusammenhang scheint, daß die Ethik des Evangeliums ja ausdrücklich freiwillige Armut und Besitzlosigkeit verlangt. Die frühen Christen haben diese Forderungen auch akzeptiert. Als die Kirche hingegen nicht nur selbst zu einer staatstragenden Kraft wurde, sondern auch ihrerseits eine strenge Hierarchie aufbaute, mußte diese Haltung offensichtlich aufgegeben werden. Geblieben ist eine weitgehend triebfeindliche Moral, die den Menschen als leibliches Wesen zu unterdrücken versucht.

Man kann diese Moral – die mit der Lehre Christi selbst nur sehr wenig zu tun hat, aber offensichtlich dazu beitrug, das organisierte Christentum zu einer außerordentlich erfolgreichen Religionsform zu machen – dadurch charakterisieren, daß den Menschen zunächst einmal ein massives Schuldgefühl eingeimpft wurde, indem man ihnen ihre natürlichen Wünsche und Bedürfnisse als unmoralisch, minderwertig, als Ausdruck von Perversion und Erbsünde schilderte. Da jeder Mensch die entsprechenden Wünsche und Bedürfnisse hat, konnte kaum einer dem Schuldbewußtsein entrinnen, das ihm von Kindheit an eingeimpft wurde. Wenn man will, hat die Kirche hier zum erstenmal in großem Maßstab ein Bedürfnis künstlich produziert, um den Menschen zu bestimmten Verhaltensweisen zu zwingen. Indem sie einerseits ein massives Schuldgefühl weckte und dem Gläubigen als Folge seiner natürlichen Triebhaftigkeit die ewige Verdammnis ankündigte, schaffte sie den idealen «Konsumenten», den zwanghaft-getreuen Abnehmer für ihre «Gnadenmittel», für Beichte, Absolution, Ablaß. Nun ist es für den Menschen sehr schwierig, ständig mit einem Schuldgefühl zu leben, das jedoch in der triebfeindlichen Erziehung schon von Kindheit an produziert wird. Die Psychoanalyse spricht von einem «Über-Ich», das als «Erbe des Ödipus-Komplexes» gilt. Weniger verschlüsselt gesprochen: Das Kind macht sich die Verbote der Eltern zu eigen, die es mit den verschiedensten Drohungen (Liebesentzug, Strafe, Kastration) dahin bringen, seine sexuellen, seine Macht- und Geltungswünsche zu verleugnen. Die Gebote werden «verinnerlicht», zu einer seelischen Instanz erhoben. Nicht mehr die Mahnung von außen bringt das Kind nun zu «moralischem» Verhalten, zum Verzicht auf Triebbefriedigung, sondern die innere Stimme des Gewissens. Was aussieht wie ein Freiheitsgewinn – denn mit dem Erwerb des Über-Ich «braucht» das Kind die elterlichen Verbote nicht mehr –, ist zugleich auch ein Freiheitsverlust. Die äußeren Einflüsse der Eltern (und der ganzen Erziehungswelt) sind zwar überflüssig geworden; dafür aber ist der betreffende Mensch sein Leben lang an den verinnerlichten Einfluß gekettet. Immer wird er, auch der eigenen Einsicht zum Trotz, etwa die Sexualität als schuldbelastet erleben, selbst wenn er aus Protest zwanghaft geschlechtliche Kontakte sucht und äußerlich «hypersexuell» erscheint.

Das von einer triebfeindlichen Moral geprägte Über-Ich ist ein Kompromiß, den man nur deshalb nicht erkennt, weil in unserer Kultur, so der Schweizer Psychoanalytiker Harold Lincke, sein Fehlen noch weit nachteiligere Folgen hat als sein Vorhandensein. Der so geprägte Mensch lebt nicht glücklich mit diesem Kompromiß. Oft gerät er in Konflikte mit seinem Über-Ich und sieht sich gezwungen, nach einer möglichst reibungslosen Lösung dieser Konflikte Ausschau zu halten. Diese Lösung soll vor allem dazu dienen, die aus den trieb- und lebensfeindlichen Verboten des Über-Ich erwachsenden Ängste und Schuldgefühle abzuwehren.

Psychoanalytisch gesehen, dient das intensive Erfolgs- und Leistungsdenken, wie es auch Homo consumens auszeichnet, von früher Kindheit an (genauer mit der Überwindung des Ödipus-Komplexes etwa ab dem sechsten Lebensjahr in der sogenannten «Latenzzeit») dazu, mit Über-Ich-Ängsten fertig zu werden. Menschliches Leistungsstreben ist zunächst eine durchaus gesunde und natürliche Ichleistung. Sie wird erst sekundär in den Dienst der Abwehr von Schuldgefühlen gestellt und erhält dadurch den zwanghaften Charakter der Leistungshaltung des typischen Zivilisationsmenschen westlicher Prägung.

Harold Lincke [16] hat noch auf eine zweite Möglichkeit, solche Ängste abzuwehren, hingewiesen: Das Ich des erfolgsorientierten Bürgers paktiert mit dem Über-Ich, es wird mit den leibfeindlichen moralischen Postulaten gewissermaßen identisch. Dieses Bündnis gibt der betroffenen Kultur eine Stärke und Überlegenheit, die sie höchst erfolgreich machen muß. Es bringt Menschen hervor, die ihre Aufgabe über alles stellen, die sich nicht durch das Streben nach Lust und Bequemlichkeit zurückhalten lassen – Erfinder, Entdeckungsreisende, ausdauernde

Soldaten, kalte Planer, die sich mit rücksichtslosem Ehrgeiz durchsetzen. Erkennen wir hier nicht ein gesellschaftliches Ideal, wie es noch immer vorherrscht?

Diese Form der Abwehr koppelt sich mit den beiden anderen, schon von den Psychoanalytikern Anna Freud und Erik H. Erikson beschriebenen Abwehrmechanismen der Initiative und des Leistungsstrebens zu dem sehr starken Drang, die Umwelt zugunsten der eigenen Forderungen zu unterjochen. Wenn Herbert Marcuse dem Realitätsprinzip, das Freud als wichtigste Richtschnur für das angepaßte menschliche Verhalten bewertete, als «vorherrschende historische Form» das Leistungsprinzip gegenüberstellte[17], so ist die Welt von Homo consumens zusätzlich vom Prinzip des Sichleistenkönnens beherrscht. Darin liegt eine Paradoxie, die in mancher Hinsicht die bereits von Karl Marx im *Kommunistischen Manifest* ausgesprochene Prognose bestätigt, daß die kapitalistische Bourgeoisie nicht existieren kann, «ohne die Produktionsinstrumente, also die Produktionsverhältnisse, also sämtliche gesellschaftlichen Verhältnisse fortwährend zu revolutionieren».

Eben jener von einer triebfeindlichen Moral geprägte Zwangstyp, der «anale Charakter», wie ihn Freud nannte, hat die Überflußgesellschaft geschaffen. Nun soll er nicht mehr verzichten und hart gegen sich sein, sondern er muß sich möglichst viel Bequemlichkeit kaufen. Freud hat in einer Studie über «libidinöse Typen» diesen Anal- oder Zwangscharakter so geschildert: «Er zeichnet sich durch die Vorherrschaft des Über-Ichs aus, das sich unter hoher Spannung vom Ich absondert. Er wird von der Gewissensangst beherrscht an Stelle der Angst vor dem Liebesverlust, zeigt eine sozusagen innere Abhängigkeit anstatt der äußeren, entfaltet ein hohes Maß an Selbständigkeit und wird sozial zum eigentlichen, vorwiegend konservativen Träger der Kultur.»[18]

Eben durch ihre verinnerlichten Normen, ihre Fähigkeit zu angestrengter, selbständiger Arbeit, um derentwillen unmittelbare Befriedigung (das «Lustprinzip») zugunsten des Leistungsprinzips aufgeschoben wird, haben die Ahnen von Homo consumens jene Welt aufgebaut, in die er nun hineingeboren wird. Wir sehen uns hier unter einem etwas veränderten Blickwinkel mit eben dem Vorgang konfrontiert, den bereits Marx und Engels geschildert haben. Der Kapitalismus, der diesen verinnerlichten Normen, diesem anal-zwanghaften Charaktertypus als vorherrschender Persönlichkeitsstruktur seinen Aufbau verdankt – die Geschichte fast jedes der großen «Selfmademen» in den Vereinigten

Staaten ist ein Beweis dafür –, wird durch den Aufbau der Überflußgesellschaft in einen inneren Widerspruch gedrängt, der eben das Ende dieser Produktionsform herbeizuführen droht oder verspricht, je nachdem, von welcher Seite her man die Situation betrachtet. Aber während Marx noch glaubte, daß durch die entstehenden, sich immer weiter vertiefenden Widersprüche des Kapitalismus diesem selbst ein Ende gesetzt würde – durch die immer zunehmende Akkumulation des Kapitals auf der einen, die positiv beschleunigte Verelendung der Arbeitermassen auf der anderen Seite –, verlief die tatsächliche Entwicklung ganz anders. Homo consumens wurde «entdeckt».

Die Entwicklung der Sozialdemokratie zeigte die Kompromißbereitschaft der zum Kleinbürgerstatus emporsteigenden Proletarier, während andrerseits die Söhne und Enkel der hartgesottenen Frühkapitalisten einsahen, daß Armut und Not der breiten Massen ihre Position nicht stärkten, sondern gefährdeten. Wesentlich ist dabei, daß mit der zunehmenden Verbürgerlichung des «entwurzelten Proletariats» in der klassischen Epoche des frühen Marxismus alle Sozialschichten von eben jenen verinnerlichten Normen erfaßt wurden, die in der Anfangszeit der Industrialisierung nur die Ober- und Mittelschicht beherrschten. Reinlichkeit, Sauberkeit, autoritärer Zwang in der Erziehung, diese Merkmale breiteten sich in der sozialen Hierachie immer weiter nach «unten» aus. Je mehr die Industrie dabei mechanisiert und automatisiert wurde, desto notwendiger war es auch, daß die Arbeiter selbständig handeln lernten, ohne stets einen Aufpasser im Rücken zu haben.[19]

Die industrielle Produktion hat rasch ihr natürlichen Märkte erschöpft und die natürlichen Bedürfnisse der Menschen weitgehend befriedigt. Um ihre Zuwachsrate aufrechtzuerhalten, mußte sie neue Märkte erschließen, indem sie neue Bedürfnisse produzierte. Dabei wurde das auf zwanghafte Selbstkontrolle ausgerichtete Ideal des klassischen «Bürgers» umgewandelt: Schuldgefühle durften nicht mehr nur durch Leistung, sondern auch durch Konsum beschwichtigt werden.

Ein Prozeß setzte ein, den Marcuse die «kontrollierte Entsublimierung» nennt. Unter Sublimierung versteht die Psychoanalyse eine Abwehr der vom Ich nicht akzeptierten Wünsche (vor allem sexueller Natur), die in sozial annehmbare Form übersetzt werden. Goethe, der den *Werther* schreibt, statt die Verlobte seines Freundes zu verführen, wäre ein Beispiel. Die kontrollierte Entsublimierung stellte nicht die spontane Freiheit der menschlichen Antriebe wieder her, wie sie sich etwa in den urtümlichen Gesellschaften von Jägern und Sammlern äußern, auf deren Kultur das menschliche Triebleben in seiner biologischen Konstruktion zugeschnitten ist[20], sondern sie führte zu einer Pseudobefreiung. Nur jene Teil-Antriebe (Partialtriebe in der psychoanalytischen Lehre) werden «losgelassen», die den neuen Aufgaben von Homo consumens dienlich sein können. Die «Härte gegen sich selbst», wichtige Wertvorstellung der asketischen Heroen des Frühkapitalismus, wird nicht etwa ganz abgebaut. Auch die Über-Ich- oder Gewissensangst des Zwangscharakters bleibt bestehen. Aber beide Eigenschaften werden in ihrem Geltungsbereich beschränkt. Nur während der Arbeitszeit muß Homo consumens «das Letzte aus sich herausholen». Nachher hat er sich zu entspannen, er muß seine Freizeit genießen, hier und jetzt[21], keineswegs – wie der frühkapitalistische Selfmademan – erst wenn er sich «durchgesetzt» hat oder wenn er das sorglose Leben des Rentiers führen kann.

Die typische Erziehung zum Zwangscharakter, wie sie lange Zeit im Mittelstand vorherrschte, gehorchte dem von Lothar Hack beschriebenen Prinzip des «rigiden Funktionalismus», der strengen Forderung nach einem nachweisbaren Nutzeffekt. Unmittelbarer Lustgewinn wird stets gegenüber aufgeschobenen Formen der Befriedigung zurückgestellt – nicht bei schönem Wetter spazierengehen, sondern erst seine Hausarbeit in Englisch schreiben, sich nicht aus dem Kühlschrank bedienen, sobald man Hunger hat, sondern bis zur Essenszeit warten, ein Buch nicht lesen, weil es einem gefällt, sondern weil es auf der Bestsellerliste steht und man sonst nicht mitreden kann. Diese Form der Erziehung ist also ein ständiges «um-zu»-Training. Immer werden Punkte gesammelt, Zweckrelationen eingeübt. Alles muß sich lohnen, es muß etwas «herausspringen», vor allem auf lange Sicht hin. Für Konsumaufschub und Investition – etwa in eine «solide Ausbildung» – ist diese Haltung sehr nützlich. Aber sie erweist sich für Homo consumens als hinderlich, dem man suggeriert: «Kauf jetzt, zahle später», ein Motto, das dem Ideal der Sparsamkeit und dem Vorsatz, nicht über seine Verhältnisse zu leben, widerspricht. Mit dem Umschwung zur Konsumgesellschaft mußten hier die Zügel lockerer werden. Das geschah aber nicht dadurch, daß man die triebfeindliche Erziehung abbaute oder das Über-Ich weniger betonte. Sondern zu den Abwehrmechanismen gegen Über-Ich-Ängste trat neben Initiative und Leistung, die mitgeholfen hatten, die Konsumgesellschaft aufzubauen, eine dritte Abwehrform: das Konsumieren.

Damit werden für uns einige sonst schwer erklärbare Eigenheiten von Homo consumens verständlicher. Vor allem wird seine Bereitschaft einsichtig, einem sozialen Konsumzwang bis hin zum Konsumterror zu gehorchen, mit der wir uns noch beschäftigen werden. Wer gewohnt ist, sich selbst zu beobachten, der wird herausfinden, daß er in Zeiten trauriger Verstimmung (Depressionen sind eine sehr typische Folge von Über-Ich-Ängsten) besonders viel und besonders unnütze Dinge kauft. Der unfrohe, teilweise zwanghafte Charakter des Leistungsstrebens ist durch die Konsumlizenz keineswegs aufgehoben. Das Sparsamkeitsgebot wird nur durch ein ebenso zwanghaftes Konsumgebot ersetzt. Dazu kommt, daß wiederholte Inflationen das Vertrauen in den Wert des Sparens ohnedies erschüttert haben und andererseits die Sicherheit, die die Sozialversicherung bietet, die eigene Sorge um ein ausreichendes Einkommen im Alter überflüssig erscheinen läßt. Später, in unserer Untersuchung der Zusammenhänge zwischen Sucht und Konsumverhalten, werden wir eine weitere Parallele aufdecken; denn auch Rauschgiftsucht ist sehr oft ein Abwehrmechanismus gegen Gewissensangst und depressive Zustände.

Das Wesen der kontrollierten oder repressiven Entsublimierung liegt also darin, daß nicht etwa die Antriebe befreit werden, indem man die strengen Verbote des Über-Ich mildert. Vielmehr kanalisiert man das Triebleben in den engen Bahnen des sozial tolerierten Konsumierens und macht dadurch den scheinbar befreiten Menschen auch noch in einem Bereich manipulierbar, der sich bisher dem Zugriff solcher Zwänge entzog.[22]

Arno Plack hat sehr anschaulich geschildert, wie trotz aller Schein-Befreiung im «Klima der herrschenden Moral» das Konkurrenzstreben unerbittlich geblieben ist. «Der Zwang mitzumachen, um sich nicht vereinsamt zu fühlen, läßt einen jeden das Glück dort suchen, wo man es allgemein vermutet: im Erfolg vor anderen. So ist noch der böse Wille, den anderen eines auszuwischen, indem man sie überflügelt, motiviert von der Angst, von ihnen an den Rand der Gesellschaft bugsiert zu werden.»[23] Auch das Konkurrenzstreben wird unmittelbar in den Dienst des Konsumverhaltens gestellt, indem man vor den anderen mit den eigenen «Statussymbolen» protzt.

Es ist nicht zu leugnen, daß auch heute noch die weit überwiegende Mehrzahl der Kinder in hohem Grad sexualfeindlich erzogen wird. Wenn wir bedenken, daß noch in 80 Prozent der Familien die Prügelstrafe für angemessen gilt, wird deutlich, wie wenig sich psychologische Erkenntnisse in Erziehungsfragen durchgesetzt haben. Die kindliche Sexualität wird fast immer abgelehnt, offen oder aber auf verschwiegenere Weise, indem die Eltern «gewisse Dinge» bei den Kindern ganz einfach mit Schweigen übergehen. «Die sittenstrenge Erziehung», sagt Plack, «treibt so erst das ‹Böse› hervor, das zu verhüten sie erklärt: die permanente ‹Sexualisierung› des Lebens.» Zwar gelingt es ihr nur selten, dem Menschen seinen Geschlechtstrieb «auszutreiben», aber sehr oft produziert sie ein dauerndes schlechtes Gewissen, so daß der Betroffene erotisch nie völlig befriedigt ist und deshalb auf verkappte oder offene Sexualität in der Reklame willig anspricht, ständig auf der Suche nach «uneigentlicher» geschlechtlicher Befriedigung.

Wir werden in unserer Betrachtung der oralen Frustration noch sehen, wie durch einen ernährungstechnischen Pseudofortschritt (den Ersatz der Mutterbrust durch künstliche Nahrung, «damit's ein Prachtkind wird») eben jener «Prachtmensch» herangezogen wird, der nach den Scheinbefriedigungen süchtigen Konsumierens strebt. Da nur die Mutterbrust dem Mund des Säuglings angemessene Befriedigung schenkt – die Psychoanalyse spricht von der «oralen Phase», ethologische Beobachtungen an Tieren bestätigen diese Gesetzmäßigkeit –, kann man auch in dieser zunehmenden oralen Frustration ein Stück leibfeindlicher Erziehung sehen.

Sehr deutlich wird die leib- und triebfeindliche Haltung bei einer näheren Analyse der sogenannten «Sexwelle», die angeblich die Befreiung der Sexualität zum Ziel hat. Hier wird nicht befreit, sondern ein bisher vom Leistungsprinzip verschonter Bereich des Lebens künstlich in dieses mit einbezogen. Im hektischen Konsumieren des ausgefeilten Liebesspiels, im Orgasmus-Zwang und auch noch im Sich-Rühmen des Mannes oder der Frau, wie viele Partner man schon erprobt habe, spricht sich diese Haltung aus. Wer so auf Höhepunkte pocht, ist nicht befriedigt; Besessenheit zeigt an, daß ein Mangel besteht.

Triebdynamisch gesehen, erfährt das menschliche Konsumverhalten seine erste Gestaltung während der oralen und analen Phase der geschlechtlichen Entwicklung. Man sollte solche psychoanalytischen Einsichten, die vor allem aus der gründlichen Rekonstruktion des frühkindlichen Schicksals neurotisch Kranker gewonnen sind, weder über- noch unterbewerten. Sicherlich wird der menschliche Charakter während der ersten sechs Lebensjahre entscheidend geformt. Da das Konsumverhalten ein sehr wichtiger Zug der Persönlichkeit des Zivilisationsmenschen ist, müssen Einflüsse aus dieser Zeit ebenfalls wirksam werden. Allerdings darf man hier keine strenge Beziehung zwischen Ursache und Wirkung erwarten. Spätere Einflüsse können ebenfalls prägende Kraft gewinnen. Angesichts eines so vielschichtigen Phänomens wie dem Konsumverhalten ist es kaum möglich, eine einheitliche, immer gegebene und ausschließlich wirkende Ursache zu finden. Die Anerziehung eines strengen Über-Ich, das Gewissensangst bewirkt und durch die Abwehr-Trias von Initiative, Leistung und Konsum beschwichtigt wird, spielt sicherlich eine wichtige Rolle. Aber in einer Konsumgesellschaft konsumieren auch Menschen ohne starken Leistungsehrgeiz und Gewissensangst, ganz einfach, weil die Möglichkeit dazu besteht.

Auch die orale Frustration, die den Teiltrieb des «Habenwollens» weckt und verstärkt, beeinflußt das menschliche Konsumverhalten. Und doch haben die Erfahrungen mit dem Kontakt zwischen verschiedenen Kulturen gezeigt, daß auch voll gestillte, gewiß nicht oral frustrierte Menschen Konsumgüter leidenschaftlich begehren können. Der primitive Papua ist sicher nicht oral frustriert, und doch kann der Kontakt mit den Konsumgütern des weißen Mannes seine Kultur vollkommen aus dem Gleichgewicht bringen, seine religiösen Traditionen zerstören und die Entstehung von sogenannten «Cargo-Kulten» begünstigen. In diesen Kulten wird den Formen der alten Religion ein neuer Inhalt gegeben. Nicht die faulen Weißen, die niemand je arbeiten sah, haben die schönen Konsumgüter, das «Cargo» produziert, sondern die Ahnen der Eingeborenen selbst. Die Weißen haben nur die Transportwege «besetzt», sie leiten Schiffe und Flugzeuge in ihre eigenen Häfen und stehlen die kostbaren Güter. Durch religiöse Reformen – etwa kollektiven Übertritt zum (dann sehr eigenwillig interpretierten) Christentum, Keuschheit, besondere Opferriten, den Bau von «Flugplätzen» und «Hafenanlagen» – muß man die Ahnen beschwichtigen und wird dann erreichen, daß das Cargo wieder in die Hände der Eingeborenen fließt und ein Goldenes Zeitalter anhebt.

Selbst auf eine Gesellschaft, die nicht dem Leistungsprinzip gehorcht, können also Konsumgüter sehr anziehend wirken. Wird dadurch der von uns postulierte Zusammenhang zwischen Leistungsprinzip und Konsumverhalten widerlegt? Keineswegs. Es zeigt sich nur, daß es sich auch hier nicht um eine strenge Kausalität handelt, sondern um ein Bedingungsgefüge. Nur in einer Gesellschaft, die dem Leistungsprinzip huldigt, kann das Konsumverhalten sich zu wirklich virulenten Auswüchsen steigern. Denn nur diese Gesellschaft wird in der Lage sein, einerseits eine Konsumgüterindustrie aufzubauen und andererseits ihre Mitglieder dazu zu bringen, daß sie sich für überflüssige Güter abrackern.

Ähnlich wie in der Sexwelle das Leistungsprinzip auf ein Gebiet übertragen wurde, auf dem es bisher nicht wirksam war, so wird in der Leistungsgesellschaft das Konsumverhalten zum Zwang gesteigert, sich bestimmte Dinge «zu leisten». Wie verständnislos begegnen leistungsfähige, erfolgreiche Exemplare von Homo consumens dem Neapolitaner, der auf die Frage, warum er denn nicht arbeiten wolle, sagt, «ich habe heute schon gegessen». Entrüstet beobachten sie auf Orientreisen den Schmutz und die «Faulheit» der Bewohner: «Die können ja zu nichts kommen!»

Man könnte sich endlich fragen, ob nicht Leistungs- und Konsumprinzipien auch recht eng mit den klimatischen Verhältnissen zusammenhängen. Im Zeitalter der Soziologie sind solche Zusammenhänge anscheinend weniger aktuell. Aber nur ein kaltes bis gemäßigtes Klima, das – interessant genug – dem Menschen biologisch an sich nicht gemäß ist, da seine Wiege in den Tropen und Subtropen stand, ermöglicht jenes konstante Leistungsverhalten, das Vorsorge für einen langen, unfruchtbaren Winter erzwingt. Ist es ein Zufall, daß sich die puritanische Moral nur in einem gemäßigten Klima durchsetzen konnte? Daß die Industrialisierung nur in ihm begann und auch die Konsumgesellschaften weitgehend auf dieses Klima beschränkt sind?[24]

Wer viel leistet, muß sich viel leisten – auf diese Formel ließ sich der Zusammenhang zwischen dem Leistungsprinzip, das die Konsumgesellschaft schuf, und dem Konsumverhalten, das sie aufrechterhält, bringen. In einem nächsten Schritt wollen wir die Grundlage der Konsumgewohnheiten untersuchen, die wie das Sperrad im Aufzug einer Uhr verhindern, daß ein einmal erreichtes Konsumniveau wieder unterschritten wird: Wer sich ein Motorrad kaufte, wird nur auf ein Auto umsteigen, nicht aber zu seinem Fahrrad zurückkehren.

Konsumgewohnheit und Gewohnheitskonsum

«Gewohnheit ist ein eisern Pfeid (Hemd),
wer es auszieht, tut sich Leid.»

Sprichwort

Man hat den Menschen ein «Gewohnheitstier» genannt und erkennt nur selten, wieviel an Richtigem, aber auch Gefährlichem in dieser Aussage steckt. Relativ wenig von Instinkten gesteuert, die in praktisch allen Verhaltensbereichen von Lernvorgängen überformt und umgestaltet werden, ist der Mensch Herr über und Opfer seiner Gewohnheiten zugleich. William James, einer der Begründer einer biologisch-empirisch orientierten Psychologie, hat zuerst die Gewohnheit gepriesen. Gewohnheiten ersetzen dem Menschen die Instinkte, übertreffen sie aber auch. Denn während instinktives Verhalten nur im Verlauf langer Folgen von Generationen verändert werden kann, vermag sich der Mensch hier und jetzt rasch an eine neue Situation zu gewöhnen. Der Eskimo wird nach einem halben Jahr in einer zivilisierten Großstadt den Autos mit der gleichen Selbstverständlichkeit aus dem Weg gehen wie in seiner ursprünglichen Umgebung den Eisschollen.

Die Gewohnheit, sagte James, bildet gewissermaßen die Ausgangsbasis höherer geistiger Leistungen. Nur indem sehr viele Kulturtechniken zu Gewohnheiten wurden, die automatisch ablaufen, ohne den ordnenden und kontrollierenden Eingriff bewußter Aufmerksamkeit zu benötigen, sind höhere seelische Leistungen überhaupt möglich. Nur weil er beim Lesen selbst nicht mehr «denken» muß, kann der Gelehrte den Sinn des Gelesenen rasch erfassen und über ihn hinaus denken. Wenn die vielen Leistungen, die wir gewohnheitsmäßig verrichten, alle Konzentration, Aufmerksamkeit, volle Zuwendung unserer geistigen Spannkraft benötigten, wäre es um unsere Produktivität sehr schlecht bestellt. Nur weil ich automatisch Auto fahren kann, ist es möglich, daß ich mir dabei die Pläne für einen Artikel zurechtlege, den ich erst morgen schreiben will. Wenn ein Mensch, etwa durch einen Schlaganfall oder eine Gehirnverletzung, jene Gehirngebiete verliert, in denen die Verhaltensprogramme seiner Gewohnheiten gespeichert waren, sehen wir auf einmal, wie unendlich mühsam ein Leben ohne sie ist. Dann muß der Betroffene in angestrengter Arbeit, mit winzigen, kaum merklichen Fortschritten neue Gewohnheiten aufbauen: mit Messer und Gabel zu essen, zu sprechen, zu gehen, zu rechnen.

Von der Gewohnheit, die durch Lernprozesse erworben wird, muß man die Gewöhnung unterscheiden, die automatisch abläuft. Ihr ist es etwa zu danken, daß uns die Temperatur in einem lauen Raum sehr warm erscheint, wenn wir aus der Kälte kommen, kühl hingegen, wenn wir uns vorher in einem überheizten Zimmer aufhielten. Gewöhnung spielt auch mit, wenn etwa der Heroinsüchtige immer größere Mengen des Giftes braucht, um den erwünschten Effekt zu erzielen und die Entzugssymptome zu unterdrücken. Sein Organismus hat sich an das Betäubungsmittel gewöhnt und reagiert nun negativ auf die durch den Entzug verursachte Störung in seinem inneren Gleichgewicht.

Gewöhnung und Gewohnheit, passiv-körperliches Geschehen und Lernprozeß wirken in der Produktion von Konsumgewohnheiten zusammen. Das zentralgeheizte Haus, das klimatisierte Büro, wärmende, gut schließende Winterkleider, Ventilatoren im Sommer, die Klimaanlage im Straßenkreuzer – sie alle bauen Konsumverhalten auf Gewöhnung auf und machen Homo consumens abhängig. Sie lassen ihm einen Verzicht, wie er auf Grund seiner natürlichen Anlagen unschwer möglich wäre (denn schließlich hat der Mensch 99 Prozent seiner Evolution ohne solche Hilfsmittel überstanden), unmöglich erscheinen. Der sehr wesentliche, umsatzstarke Teil der Konsumgüterindustrie, der mit Hilfe suchtähnlicher Mechanismen seinen Absatz sichert, nutzt ebenfalls die Gewöhnung aus. Alkohol und Tabak, Kaffee und Tee werden bald unentbehrlich, auch wenn noch lange keine Abhängigkeit im Sinn eines krankhaften Alkoholismus oder einer Kaffee-Sucht besteht (die es durchaus gibt; ein Mädchen, das ich in einer Nervenklinik untersuchte, pflegte am Tag zwanzig Tassen extrem starken Bohnenkaffee zu trinken).

Feste Konsumgewohnheiten werden aus solchen Gewöhnungsprozessen aufgebaut und wirken auf diese zurück. Ein Mensch kann entdecken, daß ein bestimmtes Maß von Alkohol seine ängstliche Gespanntheit beseitigt. Er wird eine Trinkgewohnheit entwickeln, die nach dem Prinzip des bedingten Reflexes aufgebaut ist. Ursprünglich nur gegen einen Typ seelischer Spannung gerichtet, wird der Alkoholkonsum «generalisiert», er richtet sich gegen Spannungen schlechthin, endlich auch gegen die, welche durch das Trinken bedingt sind. «Warum trinkst du?», fragt Saint-Exupérys Kleiner Prinz den Säufer. «Weil ich mich schäme!» – «Warum schämst du dich?» – «Weil ich trinke!»

Es gibt zwei grundlegende Lernprozesse, durch die Gewohnheiten entstehen können. Der erste ist der bedingte Reflex, über den wir eben gesprochen haben. Vorgegebene körperliche Reaktionen erfolgen nicht mehr auf den «unbedingten» Reiz hin, der sie obligat auslöst (Futter-Speichelsekretion in dem berühmten Versuch Iwan P. Pawlows), sondern treten bereits nach einem «bedingten» Reiz auf, der mehrmals zusammen mit dem unbedingten gegeben wurde (Glockenton, Summer; ein Tier, das auf einen Glockenton reagiert, wird auch auf einen Gong oder Blasmusik antworten, freilich in etwas abgeschwächtem Ausmaß). Während beim bedingten Reflex («klassisches Konditionieren») die Reaktion schon von Anfang an bestand, aber der Reiz, auf den hin sie erfolgte, «ausgewechselt» wurde, ist es beim «operanten Konditionieren» anders. Hier werden neue Verhaltensweisen aufgebaut, indem man sie ganz oder in einzelnen Verhaltensschritten «verstärkt». Wie das klassische Konditionieren mit dem Namen Pawlows verknüpft ist, so das operante mit dem Namen B. F. Skinners, der zwar nicht zum erstenmal, wohl aber am eindrucksvollsten zeigte, wie sich durch schrittweise Verstärkung bestimmter Reaktionen sehr komplizierte Verhaltensmuster aufbauen lassen. Man kann dabei etwa Tauben dazu bringen, daß sie eine ganze Reihe von Knöpfchen durch Anpicken in einer bestimmten Folge einschalten (Skinner hat deshalb vorgeschlagen, dressierte Tiere in der Raumfahrt zu verwenden).

Konsumgewohnheiten werden meist durch eine Kombination dieser beiden grundlegenden Lernvorgänge schrittweise erworben. Später schleifen sie sich ein, automatisieren sich, werden durch Gewöhnung sekundär fixiert. Der Sechzehnjährige raucht gelegentlich, weil ihn dann die Kameraden, die ebenfalls rauchen, als ihresgleichen akzeptieren: Ihre Anerkennung ist der «Verstärker», der ein operantes, das heißt aktives Verhalten aufbaut. Dieses Verhalten beeinflußt nun den Gleichgewichtszustand des Organismus. Oft genug wiederholt, wird es zu einem spannungsmildernden Zug, der auch ohne äußere Verstärkung, ja allen Vernunftsgründen zum Trotz – Lungenkrebs, Gefäßschäden, Herzinfarkt, unnütze Geldausgaben – beibehalten wird. Das Prinzip des bedingten Reflexes, der angeborenen Ansprechbarkeit für bestimmte Reize, die sich umfunktionieren läßt, spielt etwa in der mit sexuellen Attrappen arbeitenden Reklame eine wichtige Rolle: Die «Beine Ihres Autos» – Reifen einer bestimmten Firma – stehen neben Mädchenbeinen, Whisky wird von verführerischen Mädchen kredenzt.

Unheilvoll an der menschlichen Gewohnheitsbildung ist für unsere heutige Situation, daß viele dieser Prozesse unmerklich ablaufen und so selbstverständlich scheinen, daß sie gar nicht mehr bewußt werden. Eine Plastiktüte im Supermarkt mit Bierdosen, PVC-Milchflaschen, Joghurtbechern, Konservendosen vollzupacken, den Abfalleimer, der sich immer rascher füllt, in die Mülltonne zu entleeren, das ist so alltäglich, so gewöhnlich und selbstverständlich, daß man kaum auf den Gedanken kommt, daß es anders sein sollte. Jedes dieser Dinge bedeutet eine winzige Bequemlichkeit mehr, es ist einmal «verstärkt» worden. Einwegflaschen muß man nicht mehr spülen, ebensowenig die Joghurtbecher aus Kunststoff; die Plastikflaschen können nicht zerbrechen. So geht das mit allen Dingen, mit den überflüssigen Kleidungsstücken etwa, die angeschafft werden, «weil ich mir schon zwei Jahre keinen neuen Mantel gekauft habe». Einkaufen ist immer ein kleiner Lustgewinn; das Geld verleiht eine gewisse (ärmliche, begrenzte, trügerische) Macht über den Verkäufer. Das alte Ich, mit dem man nicht ganz zufrieden ist, wird neu ausstaffiert und deshalb auch ein wenig «besser» – Selbstbetrug, aber ein «Verstärker» für das entsprechende Konsumverhalten, für die Konsumgewohnheit, die sich nun aufbaut. Fernsehen wird zur Gewohnheit – wie sehr, das wissen die cleveren Mechaniker, die ähnlich einem Notarzt sofort ins Haus kommen, wenn das Gerät streikt. Autofahren, der Skiurlaub, der eigene Swimmingpool, teure Delikatessen, der Whisky am Abend, das Bündel Illustrierte zum Wochenende – Dinge, deren Genuß «gewöhnlich» wurde, deren Fehlen aber schmerzt. Wie wir gesehen haben, unterstützt oft Gewöhnung die Gewohnheit. Die Haut der kosmetikbewußten Frau paßt sich an Make-up und Reinigungsmilch, an Tonic lotion und Gesichtswasser, an Nähr- und Feuchtigkeitscreme an. Wenn diese Frau dann irgendwo liest, daß Kosmetika überflüssig, ja schädlich sind, wird sie denken: Was für ein Unsinn, ich weiß noch, neulich hatte ich auf dem Wochenendausflug nach Venedig mein *beauty-case* vergessen, die Haut trocknete aus, gräßliche Falten und Flecken, ich sähe um fünf Jahre älter aus... Es nützt nicht viel, hier zu versprechen, daß die Haut nach einigen Monaten deutlicher Entzugssymptome ihre natürliche Elastizität wieder zurückgewinnt, ebenso wie man einem Süchtigen hundertmal versichern kann, er werde sich nach dreimonatigem Verzicht auf das Opiat prächtig fühlen, ohne daß er imstande ist, das zu glauben. So scheint es wichtig, Konsumgewohnheiten erst gar nicht entstehen zu lassen. Das ist fast immer einfacher, als bereits vorhandene wieder abzubauen. Nichts ist leichter, als das Rauchen gar nicht erst anzufangen. Es sich abzugewöhnen erfordert ein Maß an Willenskraft, das viele Menschen nicht aufbringen. Die Berichte aus Gefängnissen, wo sich Raucher die Goldplomben ausbrachen, um Zigaretten einzuhandeln, oder aus Gefangenenlagern, wo sie – selbst zu Skeletten abgemagert – ihre Eßration gegen Tabak eintauschten, reden eine deutliche Sprache.

Menschliche Gewohnheiten neigen dazu, automatisch zu werden und sich zu verselbständigen. Sie verhindern jede Suche nach neuen, besseren Lösungen. Die auf früheren Stadien der menschlichen Evolution lebenserhaltende Fähigkeit, erlerntes, nicht instinktives Verhalten auf eine Weise zu routinisieren, wie sie bisher angeborene Anpassungen des Verhaltens (die Erbkoordinationen und Instinkte) ermöglichten, wird in einem späteren Stadium der Evolution zu einer tödlichen Gefahr. Homo consumens wird vielleicht daran zugrunde gehen, daß er sich von seinen liebgewordenen Gewohnheiten nicht trennen kann, während er auf der anderen Seite fähig ist, sich allmählich an die immer schlechtere Qualität seiner Lebensbedingungen zu gewöhnen.

Im Januar 1972 sah der französische Meeresforscher Jacques Cousteau[25] das Ende fast allen Lebens in den Weltmeeren für das Jahr 1990 voraus, wenn die Pollution nur im bisherigen Umfang anhält, wobei die Entwicklungsländer mit ihrer rapiden Bevölkerungszunahme und ihrem wachsenden Industrialisierungsgrad gar nicht in die Rechnung einbezogen sind. Homo consumens liest diesen Bericht in seiner Zeitung mit einiger Anteilnahme. Sehr ernst aber nimmt er derlei nicht, denn er weiß ja ganz genau, daß in den Zeitungen immer alles übertrieben wird, und zwischen seriösen Wissenschaftlern und Pseudo-Futurologen zu unterscheiden, hat er nicht gelernt. Aber es ärgert ihn doch, daß schon heute an der Riviera die Strände sämtlich verseucht sind, daß man in Marseille dreihundert Meter weit ins offene Meer schwimmen muß, um den menschlichen Darmbakterien zu entfliehen, daß am römischen Strand von Ostia, im Golf von Neapel und an anderen Küsten das Baden eigentlich verboten werden müßte, weil es gesundheitsgefährlich ist (die ansässigen Behörden verbieten es nicht, weil diese Orte von Badegästen leben).

Als Hauptquellen für die Verseuchung des Mittelmeers gelten heute die Großstädte, die menschliche Exkremente und Waschmittellaugen fast durchweg ungeklärt und ungereinigt ins Meer leiten, die Schwerindustrie, die Textilwerke, Färbereien, holzverarbeitenden Betriebe, die chemische Industrie, Papierfabriken, Putzmittelproduzenten, Werften, Tanker, Zementfabriken, die Landwirte, die Kunstdünger auf ihre

Felder streuen und die Schädlingsbekämpfungsmittel spritzen. Homo consumens liest es in der Zeitung und trauert über seine Ohnmacht. Anonyme Übermacht ist es, die sein sommerliches Strandleben bedroht. Sie hat absolut nichts mit der Partei zu tun, die er wählte, mit dem neuen Auto, das er kaufte, mit den modischen Kleidern, die ihm unentbehrlich scheinen, obschon die vom letzten Jahr noch gut erhalten sind, mit den zahllosen Werbeprospekten, die er überall bestellt oder mitnimmt, mit den Illustrierten, die er liest, mit den in Einwegflaschen, Plastikbehältern und Konservendosen verpackten Waren, die er kauft. Das eine sind seine vertrauten Konsumgewohnheiten, das andere sind eben diese Konsumgewohnheiten, multipliziert mit den fast zweihundert Millionen Bewohnern von Deutschland, Italien und Frankreich. Dieses Produkt aber erlaubt den kurzsichtigen oder profithungrigen Industriellen, jedes Jahr mehr giftige Abwässer in das Mittelmeer oder die Nordsee zu leiten, mehr Tonnen Staub und Giftgas in die Atmosphäre zu blasen.

Weil die eigene Konsumgewohnheit vertraut und alltäglich ist, ihre multiplizierten Folgen jedoch neu, ja sensationell, verliert Homo consumens diesen Zusammenhang völlig aus den Augen. Und keine der Instanzen, die heute Ethik «unter die Leute bringen», weist ihn auf diesen Irrtum hin, weder die Kirchen, noch die Philosophen. Die Politiker streiten sich um ganz andere Dinge und wollen auf keinen Fall die Industrie oder die Konsumenten vergrämen; die Arbeiterführer können zwar die Unternehmer nicht sonderlich leiden, möchten aber ihre Anhänger nicht kränken, indem sie jener beherrschenden, tödlichen Macht den Kampf ansagen, zu der unsere kaum mehr bemerkten, alltäglichen Konsumgewohnheiten geworden sind.

Die falsche Mutterbrust

Während vor fünfzig Jahren noch praktisch alle Kinder mehrere Monate gestillt wurden, geht seitdem die Zahl natürlich ernährter Säuglinge rapide zurück. Heute werden in den meisten Industriestaaten nur noch wenige Kinder ausreichend gestillt; nach Studien aus den Vereinigten Staaten waren es gegenüber 38 Prozent im Jahr 1946 nur noch 18,9 Prozent der Säuglinge im Jahr 1967. Man kann davon ausgehen, daß der Mensch weit über 99 Prozent seiner Evolution gestillt wurde und daß er auf eine noch näher zu erläuternde Weise in seiner seelischen

Entwicklung von dieser frühen Befriedigung abhängt. Homo consumens mißachtet diese Tradition. Weil man Säuglinge mit der Flasche aufziehen *kann*, glaubt er, daß das auch *richtig* ist. Obschon sich die zuständigen Fachleute – vor allem Kinderärzte und Psychotherapeuten – immer wieder leidenschaftlich für das Stillen eingesetzt haben, konnten sie sich nicht durchsetzen. Es scheint praktisch unmöglich, Homo consumens vom Wert einer Sache zu überzeugen, für die nicht Reklame gemacht wird, die nichts kostet, gesund ist und keine komplizierte Bedienung erfordert.

Wir hätten den Konsum von Säuglingsnahrung schon an einer früheren Stelle abhandeln können, ist er doch ein typischer Beweis dafür, wie ein natürlicher, gesunderhaltender Vorgang, an dem niemand verdienen kann, in der Welt von Homo consumens gegen den künstlich geweckten Bedarf nach schädlichen Ersatzmitteln ausgetauscht wird. Aber die orale Frustration, wie sie durch Flaschenaufzucht von Säuglingen fast notwendig entsteht, ist nicht nur ein Beleg für törichtes Konsumverhalten, sondern zugleich eine seiner Ursachen. Zufällig – wirklich zufällig? – arbeitet so die Werbung für schnell lösliche Kunstmilch und den völlig natürlichen Muttermilchersatz jenen Leuten in die Hände, die Homo consumens später mit Zigaretten, Alkoholika und anderen Ersatzbefriedigungen versorgen.

«Die Mutter ist so ‹modern›, daß sie alles mitmacht, was als ‹sportlich› gilt und jugendliches Aussehen garantiert. Sie zieht, schon aus Sorge um ihre ‹Figur›, die Kinder mit der Flasche auf und gewährt ihnen – dafür – später jede Art von Ersatzbefriedigung. Das Kind, das nur immer Wünsche äußert – und sie auch erfüllt bekommt, ist das gerade Gegenteil von dem im triebpsychologischen Sinne nicht frustrierten: Als Säugling gleich mit der Flasche ernährt oder früh entwöhnt, ist ihm von Anfang an jede erfüllte, leibhafte Beziehung zu einem anderen Menschen versagt, von der stillschweigenden Unterdrückung früher sexueller Impulse im engeren Sinn ganz zu schweigen. Ein so zur Autoerotik gedrängtes Individuum, dem schon die orale Phase keine sinnliche Befriedigung gewährt, muß zeitlebens auf orale Wünsche fixiert bleiben und selbstbezogen alles, was es bei anderen sieht, in einem weiteren Sinn ‹sich einzuverleiben› trachten. Der Klinikarzt, der zur hormonalen Stillegung der Milchdrüsen ‹rät›, fügt sich so zwanglos in das Bild einer leibfeindlichen Kultur, einer Kultur, die zugleich dem einzelnen ein sogenanntes gesundes Erwerbsstreben eingibt. Es ist hier auch kein Zufall, daß zu einer derart rüden biologischen Pervertierung die

Institutionen schweigen, die es übernommen haben, sonst jede uneingeplante Regung eines natürlichen Triebes als Perversion zu verdächtigen oder als ‹Unsittlichkeit› zu verfolgen.» [26]

Soweit Arno Plack, der als einer der wenigen zeitgenössischen Ethiker die *moralische* Seite des Stillens erkannt hat. Einige Korrekturen und Ergänzungen sind aber noch nötig. Der oral frustrierte Mensch bleibt nicht nur an orale Wünsche «fixiert», also krankhaft gebunden, sondern er leidet auch sehr häufig an leichten Depressionen, die er nun durch Konsum beheben möchte, eben indem er sich «etwas gönnt». Es gibt eine Reihe von Forschungsresultaten, die das bestätigen. Fettsüchtige Kinder wiesen, wie B. Kujatt [27] feststellte, durchweg schwere Störungen in der Säuglingszeit auf. Keines von ihnen wurde richtig gestillt. Hier wird deutlich, daß sich aus der oralen Frustration ein Antriebsüberschuß des «Haben-Wollens» entwickeln kann, der zunächst nur das süchtige Essen betrifft, sich später aber durchaus auch auf andere Dinge erweitern wird.

Solche Vorgänge sind triebdynamisch gar nicht so schwierig zu verstehen. Der Säugling bleibt an der Flasche unbefriedigt, weil er biologisch auf die Brust «programmiert» ist. Nur sie bietet ihm nicht allein die nötigen Mengen von Eiweiß, Kohlehydraten und anderen Aufbaustoffen, sondern auch den angemessenen Umweltreiz für die Entwicklung seiner Antriebe. Man weiß seit längerer Zeit, daß viele Säuglinge auf solche Reize angewiesen sind, wenn sie eine normale Triebentwicklung durchmachen sollen. Rhesusaffen etwa brauchen – nach den Studien der Harlow-Gruppe – unbedingt den Kontakt mit einem Muttertier [28] während der ersten Lebensmonate. Fehlt er, dann gedeihen sie zwar äußerlich ganz gut, wenn man sie richtig ernährt, aber sie entwickeln später krankhafte soziale Verhaltensweisen: Sie fliehen ängstlich vor Artgenossen oder greifen Schwächere rücksichtslos an und können sich nicht paaren. Man erklärt das damit, daß ein heranwachsendes Äffchen nur dann zur rechten Zeit Angst zu haben lernt, wenn es sich in den ersten Lebensmonaten an seine Mutter bindet. Fällt diese Bindung aus, dann ist das Tier der Angstreaktion, die sich vom dritten Lebensmonat an entwickelt, schutzlos preisgegeben.

Beim Menschen sind diese Zusammenhänge komplizierter, obschon man weiß, daß auch er unbedingt die individuelle Zuwendung mindestens eines anderen Menschen braucht. Das haben die Schäden, die durch Massenpflege in Säuglingsheimen auftreten, sehr deutlich gezeigt: Kinder ohne Mutterperson bleiben geistig zurück und zeigen im späteren Leben Gefühlsausfälle, die sie etwa zur Kriminalität disponieren.[29] Die künstliche Aufzucht ruft in vielen Fällen keine offenkundigen Schäden hervor. Aber sie ist mit einer Reihe erhöhter Risiken belastet, da die stillende Mutter dem Kind ganz von selbst gibt, was es an Hautkontakt- und Mundreizen braucht, während die nicht stillende sich besonders darum bemühen muß und es oft nicht tut. Wenn etwa das Loch des Flaschensaugers zu groß ist, so daß der Säugling sehr schnell seinen Magen füllt, während seine angeborene Saugtriebhaftigkeit dabei nicht befriedigt wird, dann kann es zu massiven Antriebsstörungen im späteren Leben kommen. Während der natürliche Saugvorgang das Baby befriedigt und über die (sehr enge) nervöse Verbindung zwischen Mundzone und Stammhirn offensichtlich die Grundlage für eine harmonische Entwicklung des Trieblebens legt, wird durch das Füttern mit dem Flaschensauger dieser wichtige Entwicklungsreiz gestört. Die Antriebe der Nahrungsaufnahme, die ja möglicherweise an der Wurzel des menschlichen Haben-Wollens und damit auch des Konsumverhaltens generell liegen (der Psychoanalytiker Harald Schultz-Hencke spricht von einem «oral-kaptativen Antriebsbereich»), können auf diese Weise hypertrophieren, sich ins Unmäßige, Wahllose steigern. Anders ausgedrückt: In der natürlichen Ernährung ist der Säugling genau dann «satt», wenn er genügend lange gesaugt hat, um seinen Magen zu füllen. In einer Millionen Jahre dauernden Evolution haben sich Mutterbrust und Sauginstinkt aneinander angepaßt. Es handelt sich ja, wie wir seit den grundlegenden Forschungen von Niko Tinbergen, H. F. R. Prechtl, A. Peiper[30] und anderen wissen, beim Saugen nicht um einen «Reflex», das heißt eine isolierte automatische Reaktion, sondern um ein Instinktverhalten, das eine spezifische Antriebsenergie zur Verfügung hat und diese auch «aufzehren» muß, wenn Befriedigung eintreten soll.

Das ist nun an der Flasche schwer möglich, und deshalb wird der flaschensatte Säugling im Gegensatz zum brustsatten nicht die sprichwörtliche Zufriedenheit zeigen, sondern weiter schreien und an seinen Fingern oder am Bettzipfel lutschen. (Das «Leerlauflutschen» kann man schon an Kälbern beobachten, die nicht saugen dürfen, sondern aus dem Eimer getränkt werden und deshalb zwanghaft ihren Körper oder Eisenketten zu belutschen beginnen.) Die Antriebsspannung wird also im Bereich der Nahrungsaufnahme dauernd überhöht sein. Viel spricht dafür, daß hier eine sehr wesentliche Ursache süchtiger Konsumwünsche zu finden ist. Der Wunsch nach Essen ist schließlich für das menschliche Überleben sehr wichtig; auf einer archaischen Kulturstufe dürfte – im Gegensatz zur Zivilisation – nicht der Sexualtrieb, sondern der Hunger die wichtigste Rolle im Triebleben spielen. Wenn wir uns überlegen, wo die biologische Wurzel des Triebes zu konsumieren liegen könnte, dann müssen wir wohl in diesem Bereich suchen. Und nicht zuletzt deshalb ist es recht glaubwürdig, wenn man eine schier diabolische Konsequenz darin erkennen will, daß Homo consumens seine Kinder oral frustriert und auf diese Weise die geeignete Triebgrundlage herstellt, die für seine soziale Fortpflanzung notwendig ist.

Man unterscheidet in der dynamischen Psychologie zwischen primären und sekundären Antrieben. Die primären sind allen Menschen gemeinsam und ruhen auf einer angeborenen Grundlage wie Hunger, Durst, Sexualtrieb, Ausscheidungstriebe und wohl auch Neugier. Die sekundären sind erlernt, und zwar in der Regel durch kulturelle Tradition, etwa der Wunsch, sich ein Buch zu kaufen, fernzusehen, einen guten Posten zu finden. Primäre und sekundäre Bedürfnisse stehen in einer engen Beziehung zueinander, das Fernsehen und Bücherlesen befriedigen die Neugier, die Arbeit dient dazu, Geld für die Erfüllung primärer Bedürfnisse – essen, trinken, Sexualität – zu erwerben. Die primären Triebe sind gewissermaßen die «Lokomotiven», die eine wechselnde Anzahl von «Wagen» sekundärer Bedürfnisse ziehen. Je stärker die Lokomotive, desto mehr Wagen kann man an sie hängen. Die orale Frustration dient nun dazu, eine besonders starke Lokomotive aus dem Antriebsbereich der Nahrungsaufnahme zu gewinnen, die viele sekundäre Bedürfnisse mit genügend Energie versorgen kann. Der Wunsch, an Zigaretten und Zigarren zu lutschen, ist dabei der eigentlichen Lokomotive noch recht nahe, während andere Konsumbedürfnisse weiter von ihr entfernt sein können. Hauptsache, man «läßt sich nichts abgehen».

Entsprechende Umformungen der Triebwelt lassen sich sogar bei Tieren experimentell provozieren. Wie William Thorpe[31] nachgewiesen hat, wird auch bei Ratten, die man als Jungtiere hungern ließ, die Antriebsspannung in diesem Verhaltensbereich dauernd überhöht. Der Drang entwickelt sich, gieriger als Vergleichstiere Nahrungsmittel und andere Objekte zu horten; er kann lebenslang erhalten bleiben. Wie der oral frustrierte Mensch sind diese Tiere offensichtlich immer in einer «Hungerstimmung».

Befragt man Mütter, warum sie ihre Babies nicht stillen wollen, dann findet man eine ganze Reihe von Argumenten. So wird immer wieder das unsinnige Gerücht unterstrichen, das Stillen ruiniere den Busen. Das ist sicher nicht richtig; ob eine Frau einen Hängebusen bekommt oder nicht, hängt keineswegs davon ab, ob sie nun ihre Kinder stillt oder sie mit der Flasche großzieht. Die Festigkeit des Bindegewebes ist ein weitgehend konstitutionelles Merkmal. Viele Frauen, die noch gar kein Kind hatten, haben schon eine schlaffe Brust, während andere auch nach längerem Stillen eine formschöne Brust behalten. Wenn man in solchen Fällen aber etwas genauer nachfragt, wird nicht selten deutlich, daß die befürchtete Entstellung des Busens nur ein Vorwand ist, hinter dem sich ganz andere Bedenken verstecken. Eine Frau sagt dann etwa: «Ich habe eine Zierbrust, keine Stillbrust», oder sie gesteht, daß es ihr widerlich ist, ein Baby an ihrem offensichtlich vorwiegend als erotische Attrappe gedachten Busen saugen zu lassen. Hier wird wieder deutlich, wovon wir schon oben gesprochen haben. Trotz aller Sexualisierung, ja gerade in dieser aufgeblähten «Sexwelle» sprechen sich leibfeindliche, triebfeindliche Haltungen aus. Der Busen wird als genormtes Sexualorgan erlebt, seine ursprüngliche Benutzung weckt Schuldgefühle. Biochemie und Hormonforschung konnten die psychologischen Resultate bestätigen. Einmal nimmt das Baby mit der Muttermilch nicht nur genau richtig temperierte, sterile und optimal zusammengesetzte Nahrung auf – diese Einzelheiten kann man zur Not auch imitieren –, sondern es erhält auch unersetzliche Immun-Stoffe, sogenannte Antikörper, die Brustkinder ganz erheblich widerstandsfähiger gegen Infektionen machen als Flaschenkinder. Zum zweiten bildet sich der von der Schwangerschaft her ausgeweitete Uterus bei stillenden Frauen viel schneller zur Normalgröße zurück. Endlich bedeutet Stillen einen vermehrten Schutz gegenüber Brustkrebs. (Er ist in Japan oder bei den Eskimos, wo alle Kinder ausreichend lange gestillt werden, erheblich seltener.) Dennoch wird, wie mir verschiedene Mütter bestätigt haben, in kaum einer Klinik etwas getan, um den Stillwillen zu wecken und zu fördern. Die Neugeborenen trennt man gleich nach der Geburt von der Mutter – eine ganz und gar «unnatürliche» Maßnahme – und bringt sie später in regelmäßigen Abständen zu ihr. Hat die Mutter nicht genug Milch, dann füttert man sofort mit der Flasche nach. Auf diese Weise wird schon von Anfang an der selbstregulierende Mechanismus des natürlichen Stillaktes schwer gestört. Durch das Saugen an der Warze wird normalerweise ein die Milchsekretion förderndes Hormon in der Hypophyse produziert. Je mehr das

Baby saugt, desto mehr Milch «schießt ein». Wenn man es aber mit der Flasche befriedigt, vermindert sich die Milchsekretion bald, und die ohnedies nicht sehr stillwillige Frau sagt mit Recht, «ich habe ja keine Milch». Tatsächlich hätten mindestens 95 Prozent aller Frauen genug Milch. Das zeigen nicht nur die Primitivkulturen, sondern es erwies sich auch in Konzentrationslagern, in denen alle Mütter ihre Kinder ausreichend stillen konnten, sobald deutlich wurde, daß andernfalls die Lagerleitung die Babies hätte verhungern lassen.[32]

Die nicht stillenden Mütter sind Opfer ärztlicher Gleichgültigkeit auf der einen Seite, massiver Reklame auf der anderen. So finden sie ihre leibfeindliche, unsichere Haltung gerechtfertigt, der Busen bleibt als Sexualattrappe erhalten. Die Abwehrhaltung von Homo consumens gegen biologische Regelungen, wie sie das natürliche Zusammenspiel von Milchproduktion der Brust und Saugverhalten des Babys darstellt, hat wieder einmal den Sieg davongetragen. Und während die ihrer eigenen Leiblichkeit entfremdete Mutter das Stillen ablehnt, «weil man da ja nie weiß, wieviel das Kind bekommen hat», schlägt sie wie selbstverständlich den technisch rationalisierten Weg ein: An der durchsichtigen Flasche mit Grammeinteilung läßt sich prächtig ablesen, wieviel das Baby «gehabt hat». Und während sie sich insgeheim vor der eigenen Muttermilch ekelt, während sie vor den sexuellen Empfindungen beim Stillen Angst hat, kann sie nun selbstsicher und beruhigt vor ihrem Gewissen die Werbesprüche aufsagen, mit denen man sie schon in der Klinik versorgt hat (in der gleich nach der Geburt freundliche Damen mit Prospekten und Pröbchen der verschiedensten Nährmittel auftauchten).

In prächtig aufgemachten Werbeschriften vergrößern die Hersteller von Babynahrung die Unsicherheit der Mütter geschickt: So behaupten sie, ein Säugling müsse schon vom vierten Tag nach der Geburt an zunehmen, wogegen an der Brust ernährte Kinder das erst von der dritten oder vierten Woche an tun. Wiegt die Mutter nun ihr Baby, wird sie rasch feststellen, daß sie das Stillen aufgeben *muß*, weil das Kind ja nicht so zunimmt, wie es der Kunstmilchproduzent verspricht. Sie ahnt nicht, daß die aufgeschwemmten, fetten Flaschensäuglinge krankheitsanfälliger sind und oft auch an Stoffwechselschäden (Fettsucht, Diabetes) leiden. Mütter, werft die Waagen weg!

Wer kennt die Warenzeichen, nennt die Namen – Humana, Milumil, Pelargon, Lactana, Multival, Aptamil, Milfarin, «aus Liebe zum Kind», «damit's ein Prachtkind wird». Da gibt es den «neuen Playtex

Baby-Stiller», der «so selbstverständlich ist wie natürliches Stillen», weil das Baby keine Luft mehr mitschluckt. Die Ernährung ist «sicher, naturnah», sie «legt den Grundstein für eine gesunde, natürliche Entwicklung», mit «wertvollen Vitaminen und Aufbaustoffen». Da weiß die Mutter wenigstens, was sie hat. Bei ihrer eigenen Milch weiß sie es nicht, denn über die verliert niemand ein Wort. Und wenn der oral frustrierte Säugling am eigenen Daumen sucht, was ihm die Mutterbrust verweigerte, dann kann man sich auch hier Abhilfe kaufen: «Dann hilft Daumexol, lokales Entwöhnungsmittel für hartnäckige Daumenlutscher ... Durch den Geschmack seiner Bitterstoffe wird dem Kind ab 1. Jahr das Daumenlutschen bald verleidet.»

So einfach ist das; bis heute kann man Geld mit Dingen verdienen, die zu nichts anderem nütze sind, als Kinder seelisch krank zu machen. Wieder wird das widersprüchliche Verhalten von Homo consumens deutlich: Diese Eltern, die ihrem Kind mit bitterem Lack die Lust an der Ersatzbefriedigung Daumenlutschen verleiden, werden es später vielleicht wohlgefällig, sicherlich aber doch mit mehr Toleranz zur Kenntnis nehmen, wenn die orale Frustration durch das «Belutschen» einer Zigarette befriedigt wird. Der innere Sinn dieses Verhaltens liegt darin, daß der Daumen «von Natur vorhanden ist» und nichts kostet; deshalb darf er kein Bedürfnis befriedigen, das auch auf kostspieligere (und nebenbei erheblich gesundheitsschädlichere) Weise befriedigt werden kann.

Während im Ersten Weltkrieg die typische, kampfuntauglich machende Neurose das «Grabenzittern» war, gab es im Zweiten Weltkrieg auf beiden Seiten eine beträchtliche Anzahl Magenkranker. Das Ulkusleiden gehört zu den Musterbeispielen seelisch bedingter Krankheiten. Streßsituationen, äußere Belastungen, die Geborgenheitswünsche wecken, führen bei Menschen mit einer bestimmten «Begabung» zur vermehrten Magensaftausschüttung dazu, daß sich der Magen gewissermaßen selbst verdaut. Wenn nun im Zweiten Weltkrieg sehr viele Magenkranke in die Lazarette kamen, so läßt sich das möglicherweise (so vermutet Arno Plack) damit erklären, daß bereits damals sehr viele Kinder unzureichend gestillt wurden.

Fassen wir zusammen: Wird die orale Entwicklungsphase, die Zeit, in welcher der Mund besonders lust- und triebbesetzt ist, nicht befriedigend erlebt, dann bleibt der Mensch seelisch in ihr stecken, an sie fixiert. Er entwickelt typische Verhaltensweisen von Homo consumens: Kettenrauchen, Eßsucht, Naschsucht, Trunksucht. Die zugrunde liegenden Antriebe sind recht komplex: Die orale Frustration wird einerseits direkt – eben im Mundbereich – ausgeglichen; andrerseits hat die frühe Versagung eine verborgene Depression ausgelöst, die ihrerseits nach «Heilmitteln» ruft – etwa der entspannenden Wirkung von Alkohol, von Haschisch, von Opiaten. «Der vollkommene Genuß des oral ‹Regredierten› aber ist die Verbindung von Sitzen und Trinken mit passivem Schauen und Hören: beim Fernsehen. Es ist schon phylogenetische Regression: Polypen gleich sitzen allabendlich Millionen angewurzelt auf dem Grunde der Nacht. Die Taucherglocke der Television flimmert lustig vor einem jeden. Und er bewegt sich. Aber nur die Fangarme kreisen zur unausgesetzten Versorgung des Mundes ...»[33]

Wenig Zeit – viel Konsum

Ganz allgemein gehört es zu den typischen Merkmalen von Homo consumens, daß er wenig Zeit hat und deshalb seine scheinbar zeitsparenden Prothesen unbedingt braucht. Lieber nimmt die junge Mutter eine Halbtags- oder Ganztagsstellung an, als auf Waschmaschine, Geschirrspüler, ein schickes Auto, ein Farbfernsehgerät zu verzichten. Die alternative Lösung, nämlich weniger zu verdienen und dank der gewonnenen Zeit auch weniger zu konsumieren, erscheint Homo consumens lächerlich, altmodisch, seinem Emanzipationsstreben zuwider, das offensichtlich von den Frauen verlangt, sich noch mehr abzuhetzen als die Männer (während eine menschenfreundlichere Lösung doch gewiß darin läge, daß beide nur halbtags arbeiten, um Kind und Haushalt abwechselnd zu betreuen).

Sehr früh bekommt das Kind schon zu spüren, daß es in der Welt von Homo consumens, in die es hineinwächst, alles eher haben kann als Zeit, als geduldige Zuwendung, lange Gespräche. Schon das Stillen ist ja bei der modernen Mutter nicht zuletzt deshalb unbeliebt, weil es langsamer vor sich geht als das nachprüfbare Einfüllen von Nahrung in den Säugling mit Hilfe der Flasche. Christa Meves[34] hat einen Jungen mit schweren neurotischen Störungen behandelt, dessen Mutter selbst das Saugen an der Flasche noch zu lange dauerte. Sie hatte als Schwester gelernt, wie man Babies mit Hilfe einer Sonde füttert, und praktizierte das nun bei ihrem eigenen Kind, weil es «so schön schnell ging».

Aber später wird dieses Merkmal in der Erziehung von Homo consumens noch viel deutlicher. Er liebt seine Kinder, gewiß, und sie dürfen ihn viel kosten – doch eines nicht, nämlich Zeit; denn die braucht er ja, um ihnen ihren Lebensstandard zu sichern und ihnen die vielen teuren

Geschenke zu finanzieren, die das Kinderzimmer füllen «müssen». Die Art dieser Geschenke ist ebenfalls typisch: Sie liefern eine Miniaturausgabe der Prothesenwelt von Homo consumens, die noch viel schundiger ist als die Wirklichkeit, noch erheblich schneller kaputtgeht und so den Kleinen schon recht deutlich ankündigt, was da auf sie zukommt. Die Modelleisenbahn, die Autorennbahn, der ferngesteuerte Straßenkreuzer, die drahtlos über Funk bediente Planierraupe, die vielen kuscheligen Stofftiere, die Mondlandeausrüstung mit Astronautenhelm und Funksprechgerät, die Puppe mit der Schallplatte im Bauch («Hab mich lieb», piepst sie) und den vielen, vielen Kleidern zum Wechseln — das ist die Ersatzwelt, mit der die Kinder von Homo consumens heranwachsen und an die sie sich notgedrungen halten. «Verantwortungsbewußte» Eltern kaufen zusätzlich noch «etwas Didaktisches», um die Intelligenz des Nachwuchses zu fördern, mit dem sie sich selber nicht abgeben möchten. Und dann das Meer klebrigen Zuckers, der die Zähne ruiniert, die nach Pappe schmeckende Schokolade von Hasen und Weihnachtsmännern, mit denen man die Kinder abspeist, weil man ja keine Zeit mehr hat, mit ihnen zu reden. So wird ihnen der Mund gestopft. Kein Wunder, daß die fettsüchtigen Kinder immer mehr zunehmen und den Kinderärzten ernstlich Sorge machen, denn vier Fünftel von ihnen haben auch als Erwachsene Gewichtsprobleme.

Von zwei Seiten her prägt dieser Mangel an Zuwendung die Kinder. Einmal werden sie in ihrer vitalen Triebhaftigkeit frustriert, die ja auf jenes «steinzeitliche» Zusammenleben programmiert ist, in der ein Kind mehr als die Hälfte seiner Zeit in physischem oder Gesprächskontakt mit seinen Eltern, anderen Erwachsenen oder Spielgefährten verbringt.[35] Darüber hinaus lernen die Kinder schon sehr früh, gebieterisch nach Ersatzbefriedigungen zu verlangen, mit deren Hilfe sie die unausgefüllte Zeit «totschlagen» können. Beide Faktoren multiplizieren sich: Je ausgeprägter die Frustration, desto stärker wird auch das Verlangen nach Ersatzbefriedigung. So kommt es, daß heute schon Kinder eben jenem Konsumterror unterworfen sind, der auch Erwachsene sich abplagen läßt. Wehklagend kommen sie zu ihren Eltern und erzählen von dem luxuriöseren Spielauto («mit echtem Motor») des Nachbarkindes, das sie unbedingt auch haben müssen. In diesem Alter hat sich dann das kindliche Konsumverhalten schon weitgehend verselbständigt. Eine wirksame Vorbeugung müßte sehr viel früher einsetzen; sonst wird es Homo consumens nicht mehr möglich sein, die Geister, die er rief, wieder loszuwerden.

Konsumverhalten und Sauberkeitszwang

Nach den Auffassungen der Psychoanalyse folgt auf die «orale Phase», die Zeit der Munderotik, eine «anale Phase», in der die sexuelle Lust des Kleinkindes an den eigenen Ausscheidungen auf den Widerstand der Erzieher stößt. Heute wird immer deutlicher, daß diese von Freud und anderen Analytikern noch als naturnotwendig aufgefaßte «anale Phase» ein sozio-kulturelles Kunstprodukt ist. In Kulturen, die wenig Wert auf eine frühe Sauberkeitsdressur legen, ist sie praktisch unbekannt. Sie ergibt sich wohl nur aus dem Gegensatz zwischen kindlicher Selbstregulation (auch wenn man gar keine Maßnahmen zur «Reinlichkeitserziehung» trifft, werden Kinder mit zwei bis drei Jahren spontan sauber) und sozialem Druck, der dem Kind eine Leistung abverlangt, zu der es noch nicht imstande ist.

Jedenfalls zeigen Kinder, denen man selbst überläßt, wann sie nicht mehr in die Windeln machen wollen, nie Freude am Kotschmieren oder daran, den Stuhl zurückzuhalten. Das Interesse, vielleicht auch die gesteigerte Lust an Ausscheidungsvorgängen ist sozial, durch eine prüde Haltung, bedingt. Erich Fromm hat es durch ein anschauliches Experiment illustriert. Verbietet man einem kleinen Kind strikt, sich mit einem kleinen dunklen Fleck an der Wand zu beschäftigen, dann steigert sich das Interesse an diesem Fleck so, daß nach wenigen Tagen ein Loch im Putz ist. Verbietet man einem Kind strikt, sich mit seinen Geschlechts- und Ausscheidungsorganen zu beschäftigen – dann produziert man eine Reihe jener Erscheinungen, die Freud (weil sie in seiner Epoche wohl bei allen Neurotikern auftraten) für allgemein menschliche Gesetze der Sexualentwicklung hielt. Da aber Sauberkeit und Reinlichkeit zu den wesentlichsten Werten von Homo consumens gehören, gibt es auch in seiner sexuell scheinbar befreiten Welt noch eine anale Phase. Wie nicht anders zu erwarten, werden die in ihr erworbenen, offenkundig oder latent neurotischen Züge für das Konsumverhalten nutzbar gemacht.

In der analen Phase bringt man den Kindern bei, daß schmutzig böse und sauber gut ist, daß reine Menschen auch eine reine Seele haben, daß Liebe nicht durch den Magen, sondern vor allem durch Waschmaschine und Badewanne geht. Während das natürlich heranwachsende Kind von selbst das Interesse an Urin und Kot verliert – offenbar ein stammesgeschichtliches Erbe, da auch Schimpansen ihren Kot meiden und sich bei Durchfall mit Blättern reinigen –, entwickelt das verfrüht oder hart zur Sauberkeit gezwungene Kind zunächst ein heftiges Interesse für seine Exkretionen (denn wenn sie nicht sehr wertvoll und bedeutsam wären – warum würden sich die Erzieher so bemühen, daß es seinen Kot und Harn auf dem Töpfchen «hergibt»?). Dafür bestraft, mit Liebesentzug bedroht, beginnt es nun, Schmutz zwanghaft zu fürchten, vor allem wenn in der Pubertät diese Antriebe noch einmal verstärkt auftreten und einen zweiten Verdrängungsschub erfordern. Die Angst vor Schmutz, vor Unreinheit, vor allem, was nicht blitzblank aussieht, dient nun der Abwehr unbewußter Fixierungen an die Lust am Kot, die sich in Verhaltensstörungen wie Kotschmieren, Kotspielen, dem Trinken des eigenen Urins aussprechen kann. Während für das auf eine natürliche Weise «sauber» gewordene Kind im Erwachsenenalter das Interesse an den Exkrementen vorbei ist, sobald es das Klosett verlassen hat, bleibt das sauberkeitsdressierte in seiner Phantasie den ganzen Tag im Klosett und muß nun durch zwanghafte Reinlichkeit diese unbewußte «Sünde» wiedergutmachen. Selbst wenn die unbewußten Phantasien keine Rolle mehr spielen, können solche Verhaltensweisen bestehen bleiben. Sie sind quasi selbständig geworden. Wenn es dann in der Welt von Homo consumens nicht mehr blitzt und blinkt, werden Ängste wach.

Diese Ängste haben zweierlei Funktion. Einmal führen sie dazu, daß Homo consumens für die Illusion der Sauberkeit viel Geld ausgibt, zum anderen verewigen sie sich selbst. Denn der sauberkeitsbewußte, reinlichkeitssüchtige Bürger wird seine Kleinkinder, die ihn ja an seine verdrängte anale Phase erinnern, so erziehen, daß sie zwangsläufig – wie er selbst – in eine anale Phase getrieben werden und endlich ebenso willige Opfer des vor den Konsumkarren gespannten Sauberkeitszwanges sind.

So geprägt, übersieht Homo consumens völlig, daß er längst in seinem Kampf um Sauberkeit einen falschen Weg eingeschlagen hat. Möglicherweise ist es nur dank dieser trieb- und leibfeindlichen Erziehung, die eine ständige, krampfhafte Abwehr analer Wünsche produziert, möglich, daß immer noch unter dem Vorwand, Sauberkeit zu produzieren, die Umwelt verschmutzt und teilweise für immer zerstört wird. Daß die Unmengen an Waschmittelrückständen, die täglich in unsere Gewässer eingeleitet werden, aus klarem Wasser eine Algenbrühe machen, haben wir schon erwähnt. Aber allenthalben steckt der Schmutzteufel Pollution hinter der weißen Schürze von Frau Saubermann. Ihre Putzsucht, die viele Frauen hindert, sich ihrer inneren Leere bewußt zu werden, tobt sich jeden Tag stundenlang aus. Dabei wird eine Unmenge elektrischer Energie verbraucht, werden massenhaft Chemikalien in den Scheuereimer geschüttet. Die Waschmaschine läuft in vielen Haushalten nicht nur jeden zweiten Tag, sondern jeden Tag zweimal. Und natürlich schüttet Frau Saubermann die «richtige» – von dem Produzenten angegebene – Menge Waschpulver hinein. Denn die Wäsche soll doch fasertief weißgemacht werden, nur dieses Weiß, das strahlendste eines Lebens, zaubert Lachen auf alle Gesichter, bringt Erfolg für Mann und Kind.

«Unser Verhältnis zum Schmutz und Dreck ist gestört. Die meisten Menschen sind unaufrichtig, ja tief verlogen in ihrem vermeintlich notwendigen Kampf gegen den Dreck und für die Sauberkeit. Sie meinen etwas ganz anderes, wenn sie Staub, Sand, Erde, Farbe, Blut – was sonst noch alles Schmutz sein kann – verfolgen ... Dieses Bedürfnis nach Sauberkeit und Reinheit bezieht sich in Wirklichkeit gar nicht auf unsere Körperoberfläche, sondern auf unser Inneres», sagt Rolf Grigat.[36] Er glaubt, daß es das widersprüchliche, von Schuldgefühlen besetzte Verhältnis dieser Menschen zu sich selbst ist, das sie dauernd an ihrer geistigen und seelischen Sauberkeit zweifeln läßt. Solche Zusammenhänge werden dem Beobachter des Zeitgeschehens sehr oft deutlich: Wenn der Bürger Gammler oder antiautoritäre Kindergärten ablehnt, dann taucht in der Begründung regelmäßig das Wort «ungewaschen», «dreckig» auf. Wer weiß, welche Erwartungen psychologischer Art sich hinter den geheimnisvollen «Tiefenwirkungen» verstecken, hinter Märchennamen wie dem Elfenkönig Ariel, dem übermächtigen weißen Riesen, den Rittern auf einem frischgewaschenen Schimmel? Das andressierte und mit Schuldgefühlen belastete Reinlichkeitsstreben setzt jene Erziehungsmaximen fort, in denen ja auch das unbefangen mit Schmutz umgehende Kind «böse», «schlecht», seelisch unsauber ist.

Eben weil solche Zwänge hier eine wichtige Rolle spielen, ist Homo consumens nicht fähig zu erkennen, daß seine Angst vor Schmutz und sein Sauberkeitsfanatismus zu immer mehr Schmutz führen. Ein unheilvoller Teufelskreis wird in Gang gebracht: Die Pollution vermehrt die Waschzwänge, und die Waschzwänge steigern die Pollution. Das fängt bei den Waschmitteln, den Scheuerhilfen und Spülmitteln an, hört aber mit ihnen noch lange nicht auf. Die Energie, welche Wasch- und Geschirrspülmaschine fressen, fliegt quasi als Ruß und Staub auf Hemdkragen und Fensterbretter zurück.

Nicht genug damit. Die zwanghafte Schmutzangst von Homo consumens schlägt sich in einer ganzen Reihe von Konsumverhaltensweisen nieder, die wohl noch unheilvollere Folgen auslösen. Das gilt etwa für die allgemeine Abneigung gegen gebrauchte Waren, für die große Liebe zum «hygienisch» in Plastikfolien, Pappschachteln, PVC-Behältern, Klarsichthüllen geborgenen Konsumgut, das die Müllberge heute so anschwellen läßt. Wenn man ausrechnet, was heute allein Verpackungen kosten, kommt man auf die erschreckende Summe von allein 16 Milliarden Mark pro Jahr – nur in der Produktion, die Müllabfuhr nicht mitgerechnet. Jede dieser Wegwerfpackungen trägt dazu bei, daß ein wenig mehr Quecksilber die Meeresfische vergiftet, daß ein Wald mehr abgeholzt wird, daß die Atmosphäre mehr vergiftet wird.

Die Marktforscher wissen längst, daß Homo consumens daran nicht denkt, sondern gern bereit ist, für eine hygienische, werbetechnisch gut gemachte Packung mehr Geld auszugeben. Selbst für einsichtige Menschen ist es heute sehr schwer geworden, noch einzukaufen, ohne eine Menge überflüssigen, fast unzerstörbaren Kunststoff mit nach Hause zu schleppen. Verteidiger der Ex-und-hopp-Artikel sagen manchmal, man spare auf diese Weise Umweltschäden durch Spülmittel. Das ist eine typische Form von Pseudoökologie, die sicherlich parallel zum Wachstum des ökologischen Bewußtseins immer üppigere Blüten treiben wird: Konsumgüter mit «umweltfreundlichem Image». Es paßt zu den charakteristischen Verdummungsprozessen, wenn sparsame Autos, biologisch abbaubare Waschmittel und umweltfreundliche Plastiktüten vermarktet werden, als seien sie ein «aktiverer» Beitrag zum Umweltschutz als *kein* Auto, *kein* Waschmittel, *kein* Umweltschutzpapier, *keine* Plastiktüte.

«Lächerlich und grotesk» hat Grigat die unerbittliche Strenge gegen schmutzige Kinderhände und verschmierte Kindergesichter angesichts verschmutzter Luft, verseuchter Flüsse und Meere genannt. Aber diese Strenge ist nicht nur lächerlich, sondern sie ist auch in einem höchst unheilvollen Sinn konsequent. Durch sie wird die schmutzige Sauberkeit von Homo consumens von einer Generation auf die nächste weitergegeben, kann ein Menschentyp gedeihen, der im Gefühl reinster Unschuld, mit weißer Weste und blanken Manschetten veranlaßt, lästige Abwässer doch lieber gleich in den Rhein zu pumpen und nicht erst den Umweg in die Nordsee anzutreten. Wir können sicher sein, daß der Generaldirektor, der die Abfälle seiner Fabrik in einen Fluß leitet, sich durch das tägliche Wannenschaumbad ebenso die Illusion reinlicher Frische verleiht wie die schönheitsbewußten Frauen, die seine Produkte kaufen.

Der Sauberkeitszwang, mit dem Homo consumens die Ängste vor seiner aus der analen Phase stammenden Schmutzlust ausgleicht und doppelt ungeschehen macht, hat noch einige weitere Konsequenzen. Dem Kleinkind wird durch böse Worte für sein naives Interesse an Schmutz und durch Prügel für sein daraus erwachsendes Kotspielen die Sauberkeit eingetrieben. Die Erwachsenen erwerben dadurch die allen Werbetechnikern willkommene Gleichsetzung von neu und rein. Nur neue Dinge sind sauber; wer in der Welt von Homo consumens auf sich hält, benutzt kein Ding, das zwar noch voll funktionstüchtig ist, aber abgeschabt, gebraucht, verbraucht aussieht.[37]

Man könnte hier noch etwas tiefer nachforschen. Das Streben von Homo consumens, nicht mit den Dingen zu altern, die ihn umgeben, weist auf verdrängte Todesangst hin. Indem er periodisch seine Möbel, sein Auto, seine Kleider (noch ehe sie deutliche Gebrauchsspuren erkennen lassen) wechselt, hofft er, der eigenen Sterblichkeit ein Schnippchen zu schlagen. Und so kauft er in immer hektischerem Wechsel Güter, die nicht alt werden dürfen, während er die natürlichen Alterungsprozesse in seiner Umwelt maßlos beschleunigt. Von allem, was ihn umgibt, verlangt Homo consumens eine Ausstrahlung von Frische, Hygiene, Unmenschlichkeit. Selbst die Toten werden noch geschminkt. Die Reklame hat diesen Trend erkannt. Fast nie wirbt sie mit den Bildern älterer Menschen. Strahlende Jugend soll den Produkten das geben, womit sich der Käufer dann betrügen läßt. Vor allem in der Zigarettenwerbung ist diese Neigung sehr deutlich und zugleich besonders heimtückisch. Denn indem der Konsument Jugend kaufen möchte, zahlt er für den «Glimmstengel», den er tatsächlich bekommt, mit einem Stück Jugendfrische, ja mit Gesundheit und Leben.

Wo der schnell alternde Konsumartikel, den man nach Gebrauch – noch lange vor dem wirklichen Verbrauch – auswechselt und wegwirft, das tägliche Leben zunehmend bestimmt, färbt etwas von diesen Eigenschaften auf die Menschen selbst ab. Homo consumens weiß mit den alt gewordenen Exemplaren seiner Art nichts mehr anzufangen. Da er aber selbst schicksalhaft altert, sucht er diesen Prozeß durch kosmetische und Kostümhilfen aufzuhalten, gebärdet sich jugendlich, solange es eben gehen will.

«Produkte altern mit den Menschen, die sie kaufen. Produkte werden jünger durch junge Käufer! Sprechen Sie sie heute an – damit Sie auch morgen mit ihnen rechnen können.» Mit diesen Worten warb die Zeitschrift *Bravo* in der *Frankfurter Allgemeinen Zeitung* im Dezember 1967 um Inserenten. Dies zeigt sehr deutlich, wie eng hier die Beziehung zwischen Homo consumens und Konsumgut gesehen wird. Die jüngste, repräsentative Jugend-Untersuchung in der Bundesrepublik hat ergeben, daß sich «die klassischen Pubertätskonflikte ... nicht mehr offen oder dem Bewußtsein zugänglich abspielen. 87 Prozent der befragten Zehn- bis Neunzehnjährigen ‹finden es zu Hause sehr gemütlich›. An erster Stelle der ‹Leitbilder› ... stehen gepflegtes Aussehen, schicke und moderne Kleidung, höfliches Benehmen. Die Zehn- bis Vierzehnjährigen können spontan Namen von Haut- und Handcremes nennen, kleine Jungen sogar mehrere Lippenstiftmarken. Selbst die Versuche, die Jugendlichen zu positiven Staatsbürgern im Sinne des Systems zu erziehen, sind gescheitert. Je älter die männlichen Jugendlichen werden, desto weniger positiv ist beispielsweise ihre Einstellung zur Bundeswehr. Für sie sind sämtliche ‹Ideale›, auch die institutionell gepflegten, mit zu großem Risiko verbunden; nur die Anpassung an die unmittelbare Umgebung ist sicher und gewinnbringend. Dafür funktionieren sie als Konsumenten um so besser, wie schon das Lippenstift-Ergebnis zeigt. Ab der frühesten Jugend haben sie ein Käufer-Bewußtsein; ihre soziale Identität scheinen sie hauptsächlich über dieses Bewußtsein zu beziehen.» [38]

Hier zeigt sich also die andere Seite der Prägung des Konsumierenden durch das Konsumierte. Wenn die Wortneubildung Homo consumens irgendwann noch unberechtigt schien – hier erweist sie sich als treffend. Diese jungen Leute erwerben ihre Identität im Konsum. Die Zigarette, der dunkle Anzug, das Moped ersetzen den Reiferitus der Primitiven; der alternde Mercedesfahrer, der auf ein «jugendliches» Kleinauto umsteigt, sucht vergeblich, solche sozialen Prozesse umzukehren. In der Welt von Homo consumens, in der der Mensch sich selbst in ein Konsumgut verwandelt und sich magisch mit seinen Käufen zu verjüngen sucht, ist das Alter ohne echte Würde. Es wird zum rein negativen Zustand, zum Fehlen der Jugend, die in der Reklame gefeiert, millionenmal zum Sekundenideal aufgeputzt erscheint. Abseits von den Städten entstehen Heime für jene Alten, die nicht mehr als billige Kinderhüter dienen müssen. Man läßt ihnen Blumen schicken, man tröstet sich: Sie haben ja einen Fernsehapparat. Und wie die Liebenden früher beschlossen, zur selben Zeit den Mond zu betrachten und so eine Brücke zueinander zu schlagen, so ist alt und jung vor allem eines gemeinsam: das Fernsehprogramm.

Der «zufriedene Käufer» ist meist ein vital unbefriedigter Mensch. Er lebt in einer ständigen Spannung von oraler Frustration, Gewissensangst (als deren wesentliche Ursache wir die Sauberkeitsdressur in der analen Phase erkannten), mangelndem Vertrauen in seine Mitmenschen. Er hungert nach Lösungen, nach Erlösung. Die werden ihm auch geboten. Man verspricht ihm alles, füllt aber seine Hände, seine Taschen, seine Häuser mit Ersatz. Indem man ihm ständig die Möglichkeit bietet, im Konsumieren die eigene Misere zu vergessen, hindert man ihn, sein Elend zu ändern oder zu überwinden: neurotisches Elend, das aus traumatischen Prägungen in der oralen und analen Phase stammt, soziales Elend, wie das der entfremdeten Arbeit, um überflüssige und nutzlose Dinge zu produzieren. Mit der inneren Mechanik dieser Versprechen, in denen Homo consumens ständig Scheinlösungen für seine Probleme angeboten werden, beschäftigen wir uns im nächsten Kapitel: mit der Reklame.

Verführung zum Konsum

Weil die Reklame das geräuschvollste Element der Konsumgesellschaft ist, hat man sie oft auch für das wichtigste gehalten. Selbst Menschen, die ihrem eigenen Konsumverhalten völlig unkritisch gegenüberstehen und sich den Teufel darum scheren, wieviel sie zur Umweltverschmutzung beitragen, werden hellhörig und mißtrauisch, sobald von den «geheimen Verführern» die Rede ist. Die Werbeleute, deren Aufgabe es ist, das Image von Produkten zu schaffen und zu polieren, haben selbst das schlechteste soziale Bild. Ihr Prestige ist das geringste unter den gehobenen Berufen. Deshalb ist die Gefahr groß, die Werbung zum Sündenbock zu machen, als Ursache hinzustellen, was nur ein wichtiges Symptom ist. Wenn Vance Packard «das schwerste Verbrechen, das viele Triebmanipulatoren begehen», in dem Versuch sieht, «in unsere geheimsten Gedanken einzudringen»[39], dann müßte man unbedingt einen Schritt weitergehen und sich fragen, warum denn diese Gedanken so geheim sind. Gemeint ist bei Packard natürlich in erster Linie die Sexualität. Wenn es nun hier eine Reihe von Verdrängungen, von Fixierungen an die (unbefriedigende) Vorlust gibt, dann muß nicht die Reklame verantwortlich gemacht werden, sondern die trieb- und leibfeindliche Moral, deren Folgen sich die Reklame zunutze macht. «Die moralisch eingefärbte Entrüstung über die geheimen Verführer tut so, als werde der in seinem Unterbewußtsein belauschte Konsument eben dadurch in seiner Seele geschädigt, daß man seinen verklemmten Neigungen ein Ventil öffnet, für das er blechen muß.» [40]

Wir haben deshalb die Frustration vitaler Triebe, vor allem der frühkindlichen Bedürfnisse, bewußt an den Anfang gestellt. Aber wenn man die Reklame als Motor des Konsumverhaltens nicht überbewerten darf, so muß man sich auch unbedingt davor hüten, sie zu unterschätzen. Sie hat zwar die orale Gier nicht geschaffen, wie sie bei früh frustrierten Kindern entsteht, aber sie gibt ihr einen Inhalt – den «tröstenden» Konsum. Und in mancher Hinsicht trägt sie auch ihr Scherflein dazu bei, daß die Kinder oral frustriert werden, etwa indem sie für künstliche Ernährung der Säuglinge wirbt.

Hier wird auch die grundlegende ethische Problematik der Werbung deutlich. Als reiner Fachidiot und Manipulationstechniker stellt sich der Werbespezialist jedem Anliegen zur Verfügung. Er entwirft Reklame für Zigaretten und solche gegen Zigaretten, er preist den Alkohol oder die Enthaltsamkeit, je nachdem, wer ihn anwirbt und bezahlt. Wie kaum ein Exemplar von Homo consumens prägt ihn, was er tut. Sein Streben im Beruf ist, «sich selbst möglichst gut zu verkaufen», dafür zu sorgen, daß «sein Typ gefragt» ist. Verärgert darüber, daß ihn Produzenten und Konsumenten gleichermaßen verachten, gewinnt er seine innere Befriedigung zurück, indem er den ersten das Geld aus der Tasche holt und die zweiten manipuliert. Wie könnte er jemals einen Zusammenhang zwischen den 20 000 Lungenkrebstoten pro Jahr in Westdeutschland, den 64 000 Lungenkrebstoten [41] in den Vereinigten Staaten und seiner geschickten Zigarettenreklame sehen! Während er sich als Diener des Fortschritts, als Vorkämpfer der Massenproduktion erlebt, fühlt er sich ebenso wie Homo consumens ganz und gar unschuldig an der verseuchten Luft, den stinkenden Strömen, den wachsenden Müllbergen.

Macht und Ohnmacht der Werbung

Homo consumens wird in zweierlei Hinsicht von der Reklame manipuliert: Einmal schafft sie neue Bedürfnisse, zum anderen trägt sie dazu bei, daß deren Befriedigung zu einem festen Bestandteil des Konsumentenverhaltens wird. Man muß dabei genau zwischen offener und ver-

steckter Reklame unterscheiden. Die versteckte ist besonders heimtük-
kisch. Sie besteht etwa darin, den Frauen einzureden, Intimsprays seien
«hygienisch», oder Müttern zu versichern, ein Säugling müsse bereits
nach einer Woche das Geburtsgewicht wieder erreicht haben.

Versteckte und deshalb besonders unerfreuliche Reklame sind auch
die Gebrauchsanleitungen für viele Konsumgüter. Da wird Verschwendung zum Prinzip. Die Hälfte der empfohlenen Menge von Zahnpasta,
Schaumbädern, Haarwaschmitteln würde ihren Zweck fast immer
ebensogut erfüllen. Da aber die Werbeprospekte Homo consumens
versichern, es sei in *seinem* Interesse, möglichst viel zu verbrauchen, tut
er das willig. Von einer Flut tendenziöser Informationen überschwemmt, hat er längst verlernt, den eigenen Sinnen, der eigenen Erfahrung zu vertrauen.

An dieser Stelle wird auch deutlich, wie sehr Reklame auf die Dauer
den Menschen psychologisch schädigt. Indem sie fast immer eine
pseudoobjektive Information gibt, entweder versteckt lügt oder doch
in jedem Fall die ganze Wahrheit verschweigt (wie die, daß Waschmittel
Flüsse verschmutzen und Zigaretten die Bronchien schädigen), füllt sie
die Welt von Homo consumens mit «Nebel».

Der Mensch ist in seiner körperlichen und seelischen Grundstruktur
vom Leben in einer Gruppe aufeinander angewiesener Jäger und
Sammler geprägt. Dieses Leben bestimmte 99 Prozent seiner Entwicklungsgeschichte, eine Zeit sehr intensiver genetischer Auslese, mit der
verglichen die heutige Auslese nur noch äußerst langsam wirkt. Die
menschliche Sprachfähigkeit dankt ihr Entstehen dem Überlebensvor-
teil, den genaue und differenzierte Kommunikationen innerhalb einer
Gruppe von Jägern und Sammlern bieten können. Deshalb ist die erste,
die spontane Reaktion eines Menschen auf eine sprachliche oder sym-
bolische Kommunikation, *ihr Glauben zu schenken*. Wenn der steinzeitliche Jäger und Sammler erst überlegt hätte, ob der Warnruf seines
Gefährten ein schlechter Scherz sei – der Säbelzahntiger wäre schon
über ihn hergefallen. Hätte er daran gezweifelt, daß die Wurzeln und
Beeren, die ihm seine Mutter als eßbar empfahl, auch wirklich eßbar
seien, hätten sich seine Überlebenschancen merklich verschlechtert. So
ist Homo sapiens biologisch auf Leichtgläubigkeit programmiert, und
nicht zuletzt deshalb war es so einfach, ihn in Homo consumens zu
verwandeln.

Seine erste Reaktion ist es, auch den unsinnigsten Versprechungen
gläubig zu vertrauen. Der Mensch ist nicht dafür geschaffen, dauernd

den widersprüchlichen und – genaugenommen – verlogenen Botschaften der Reklame standzuhalten. Ständig in seinem Vertrauen frustriert, glaubt er am Ende gar nichts mehr «wirklich», behält stets eine innere Reserve – «wird schon nicht so schlimm sein», «ist ja doch immer alles übertrieben» –, auch wenn er mit echten Problemen, echtem Elend konfrontiert wird. Weil die Reklame dauernd dafür sorgt, daß allein Waren wahrgenommen werden, entsteht der Eindruck, die Konsumwelt sei die einzig wirkliche. Über die Jugendlichen, die heutzutage ihre Identität hauptsächlich im Kauf bestimmter Konsumgüter erleben, haben wir schon gesprochen. In dieser Welt müssen alle Dinge zu kurz kommen, für die niemand Reklame macht: erfüllte Liebe, Selbstdisziplin und Verzicht, Bergsteigen, Wandern um des Wanderns willen (nicht so: «Ich geh meilenweit für eine Camel-Filter!»), Meditation, Hausmusik, jede produktive im Gegensatz zur konsumptiven Tätigkeit. Zusammen mit der Flut nebensächlicher, aber sensationell aufgeputzter Informationen, welche die Werbung durch ihren Bedarf nach Anzeigenträgern erst ermöglicht, führt die Reklame zu einer geradezu ungeheuerlichen Verschundung mitmenschlicher Kommunikationen. Wo so viel als bedeutungsvoll und wertvoll hingestellt wird, wo sich so viel scheinbare Unentbehrlichkeit spreizt, ist endlich gar nichts mehr wichtig und wertvoll. Homo consumens, der jede Mordgeschichte, jeden Flugzeugabsturz, jeden Gesellschaftsskandal, jede Bettgeschichte eines Filmstars mit hungrigen Augen verfolgt, der sich tagaus, tagein anhören und ansehen muß, daß ein Waschmittel fasertiefer wäscht als das andere, daß eine Hautcreme porentiefer eindringt als die nächste, daß eine Zigarettenmarke mehr Jugend und Abenteuer verspricht als die andere – er wird endlich so gelangweilt, so gleichgültig, daß ihn auch die Nachricht nur noch eine halbe Minute beschäftigt, das Mittelmeer stehe kurz vor dem biologischen Tod oder ein Hund, der zehn Stunden Großstadtluft einatme, erleide eine ernstliche Bleivergiftung.

So schafft es eben die Reklame, die das Konsumverhalten in Gang halten hilft, daß warnende Stimmen, daß Kritik an diesem Konsumverhalten, am blinden Glauben an den Nutzen dauernden Wirtschaftswachstums konsumiert wird wie andere Pseudosensationen auch, daß der Blick des Illustriertenlesers nur noch hurtiger weitergetrieben wird zu jenen Anzeigen für Zigaretten, Whisky, Weinbrand und schnelle Autos, die noch eine heile Welt vorgaukeln. Die Reklame ist nichts anderes als Innenweltverschmutzung. Sie hat die Umweltverschmutzung erst ermöglicht und verstärkt sie zugleich.

Nun pflegen Werbeleute, die ihren Kunden gegenüber sehr gern auf die Macht ihrer Suggestionen pochen, die Konsumenten nicht selten zu trösten, indem sie mit ihrer Ohnmacht kokettieren. Ein Musterbeispiel ist etwa der von Edgar Schubert, dem Public-Relations-Mann der Gesellschaft der Werbeagenturen publizierte Artikel, in dem als eigentliche Ursache einer Kritik an der Werbung, wie kaum anders zu erwarten, der Wunsch nach einer Planwirtschaft erkannt wird. Wer hier gleich die Gespenster von Enteignung und Kommunismus an die Wand malt, der zeigt nur, daß es ihm gar nicht um Logik und Objektivität zu tun ist. Die These, die einzige Alternative zu einer offenkundig ruinösen Freizügigkeit sei der Zwang nach sowjetischem Vorbild, ist eine reine Zweckbehauptung. Daß man auch einen Mittelweg finden kann, wird in solchen Argumenten überhaupt nicht in Betracht gezogen, weil man ja nur darauf abzielt, Emotionen zu wecken, die dann jeder Veränderung des gegenwärtigen Zustands entgegenwirken.

Schubert weist zunächst darauf hin, daß für Werbung «gar nicht so viel» Geld ausgegeben werde. Sie mache «nur» ein Zehntel der Vertriebskosten und in den meisten Branchen lediglich ein Prozent der Produktionskosten aus, in manchen freilich fünf bis sechs Prozent. Dazu hätten kritische Studien in den letzten Jahren übereinstimmend gezeigt, daß der Umsatz einer bestimmten Firma nicht eindeutig von ihrem Werbeaufwand abhänge. Auch der Zusammenhang zwischen Werbeintensität und Preissteigerung sei nicht nachzuweisen. Besonders werbeintensive Produkte wie Toilettenartikel und kosmetische Produkte hätten sogar geringere Preissteigerungen durchgemacht als wenig werbeintensive Produkte wie Fleisch und Brot.

So einfach ist das also. Wohlweislich erwähnt Schubert gar nicht, daß diese werbeintensiven Konsumgüter ohnedies überteuert sind. Die Grundstoffe für einen Kosmetikartikel kosten im Chemikalienhandel oft nur ein bis fünf Prozent des Endpreises. Auch die Prozentangaben (ein Hundertstel der Produktionskosten für Werbung) sind Augenwischerei, da die gesamte Produktion vieler Konsumartikel nach werbetechnischen Gesichtspunkten konzipiert ist und die «unreinen» Werbekosten deshalb die reinen oft um den Faktor Zehn übertreffen: Verpackung, Vertreternetz. Bei vielen Kosmetikartikeln kostet das Fläschchen in der Produktion ebensoviel wie sein Inhalt und die Schachtel womöglich mehr als beide zusammen. Es sind immer nur Pfennigbeträge; denn die höchsten Unkosten verursacht, wie gesagt, der Vertrieb.

Heute würde ein Werbefachmann, der auf die Ohnmacht seiner

Branche verweisen möchte, das kürzlich in den Vereinigten Staaten ausgesprochene Verbot der Zigarettenwerbung im Radio und Fernsehen erwähnen. Seit Januar 1971 durfte die bisher mit rund 200 Millionen Dollar dotierte Fernsehreklame nicht mehr ausgestrahlt werden. Der Erfolg: Zum erstenmal seit 1966 stieg in den Vereinigten Staaten der Pro-Kopf-Verbrauch von Zigaretten wieder an. Jeder über 17 Jahre alte Bürger rauchte im Jahr des Verbots durchschnittlich 3989 Zigaretten, und 64 000 Bürger starben an Lungenkrebs. Die Zigarettenfirmen waren einfach auf andere Werbeträger, vor allem Zeitschriften, ausgewichen. Sie hatten auch durch Tricks die Verbote umgangen und ihre Markennamen weiter im Fernsehen präsent gehalten: Da gab es auf einmal (die Beispiele sind erfunden) Lucky-Strike-Kaugummi oder Marlboro-Orangensaft. Das Schicksal der amerikanischen Anti-Zigaretten-Kampagne zeigt einmal mehr, daß man mit vereinzelten Maßnahmen niemanden von seinen selbstzerstörerischen Verhaltensweisen abbringen kann. Wirksame Wege – etwa ein völliges Verbot der Zigarettenreklame und einschneidende Preiserhöhungen – ist man in den USA nicht gegangen; das Fernsehverbot hatte nur eine Alibifunktion. Auch in Westdeutschland gibt man lieber Millionen für Anti-Zigaretten-Reklame aus, statt den einzig effektiven Weg der massiven Steuererhöhung zu beschreiten. Wir haben hierzulande ja «nur» 20 000 Lungenkrebstote im Jahr. Grundsätzlich sollte man sich überlegen, ob man die Vernunft mit eben jenen Mitteln durchsetzen kann, die heute fast durchweg der Unvernunft dienen: mit Hilfe der Reklame. Es scheint mir sehr fragwürdig, ob durch «werbewirksame» Anti-Zigaretten-Propaganda etwas ausgerichtet werden kann. Wer sich auf diese Ebene begibt, handelt sich von Anfang an das Mißtrauen von Homo consumens ein, der sich zwar von der Reklame manipulieren läßt, ihr aber eben deshalb nicht wohlgesinnt ist.

Ehe wir auf die spezifischen Techniken der Reklame zu sprechen kommen, mit denen Homo consumens einer dauernden Gehirnwäsche unterzogen wird, noch ein Blick auf einen besonders raffinierten (und heimtückischen) Reklametrick, mit dem wir sicherlich in nächster Zeit zunehmend rechnen müssen. Eine ganze Reihe amerikanischer Großunternehmen hat sich unter dem Eindruck des wachsenden Interesses an Umweltschutz durch betont umweltfreundliche Anzeigen ein strahlendes Image verschaffen wollen. Doch zeigte sich in sehr vielen Fällen, daß dieses Bild erlogen war. Während die Manager in Anzeigen und Werbespots beteuerten, die Umwelt liege ihnen sehr am Herzen, wurde die Öffentlichkeit bewußt in die Irre geführt. Der Stahl-Gigant Bethlehem Steel, zweitgrößter Produzent der USA, stellte etwa in einer Anzeige stolz fest, seine aufgelassenen Kohlengruben würden zu umweltfreundlichen Fischteichen. In Anzeigen sah man verträumte Jungen mit der Angel am Ufer sitzen. Aber genauere Nachforschungen ergaben, daß die in das verseuchte Wasser ausgesetzten Fische gestorben waren und die örtlichen Behörden nicht einmal Badeerlaubnis erteilen wollten. Eine Elektrizitätsgesellschaft wirbt mit einem stattlichen Hummer für die Sauberkeit der Abwässer ihres Atomkraftwerks: «Er mag unser Werk» — freilich, weil er es nie kennengelernt hat, sondern von einem Meeresbiologen entliehen wurde. Die Firma Potlach, als Unternehmen der holzverarbeitenden Industrie für die weltweite Quecksilber-Pollution mitverantwortlich, zeigte ein prächtiges Farbfoto mit dem Text: «Es kostet uns ein Vermögen, aber dafür fließt der Clearwater-River immer noch klar dahin.» Das Bild war echt; es hatte nur einen Schönheitsfehler: Man hatte es *flußaufwärts* von der Potlach-Fabrik aufgenommen. In *Scientific American* warb die Ölgesellschaft Texaco damit, daß sie seit Jahren streng verboten habe, Öl ins Meer abzulassen. Aber es waren 800 000 Liter Texaco-Dieselöl, die im April 1971 den Puget-Sund im Staat Washington mit der Ölpest überzogen.

Inzwischen haben bereits einzelne Werbeagenturen entdeckt, daß Umweltschutz auf keinem Weg rascher, billiger und einträglicher erreicht werden kann als durch die freundliche Hilfe gefälschter Fotos und halbwahrer Daten. Die New Yorker Agentur von Joseph A. Viverito Ass. garantiert jedem Interessenten für 1,2 Millionen Mark Werbeaufwand einen umweltfreundlichen Imagewandel in wenigen Monaten.[42]

Man darf gespannt sein, welche Blüten das Streben der Werbeleute noch treiben wird, sich als Bannerträger des Fortschritts aufzuspielen, sobald sich die Einsicht verbreitet, daß Konsumverzicht einer der wichtigsten Wege ist, um aus der gegenwärtigen (und sich in Zukunft immer mehr steigernden) Misere herauszukommen. Vielleicht werden sie dann behaupten, X-Pralinen oder Y-Sekt würden uns den Konsumverzicht versüßen und erleichtern, oder uns versichern, sie wären schon immer eigentlich dafür gewesen, den Konsum von Kinkerlitzchen einzuschränken, aber man müßte doch Ausnahmen machen. Es sollte uns jedenfalls hellhörig machen, daß in der Reklame bereits die Hauptverantwortlichen für die Umweltverschmutzung als wahre Unschuldslämmer hingestellt werden. So gesehen, könnte sich diese pseudo-umweltfreundliche Reklame als gefährlicher Bumerang erweisen. Sie tröstet Homo consumens, der wieder einmal glaubt, daß die «verantwortlichen Stellen» bereits etwas unternehmen. Sie gibt ihm ein neues Gefühl der Selbstsicherheit und liegt genau «auf seiner Wellenlänge», so wenn etwa Potlach behauptet: «Es kostet uns ein Vermögen, aber deshalb ist dieser Fluß noch sauber.»

Nicht das Konsumverhalten soll eingeschränkt und damit die ruinöse Verschwendung von Rohstoffen und Umweltreinheit vermindert werden, sondern durch zusätzliche Ausgaben, zusätzliche Maßnahmen, zusätzlichen Konsum sollen die bisher angerichteten Schäden beseitigt werden. Das paßt in das eingleisige «Fortschrittsdenken» von Homo consumens, für das Fortschritt heißt, daß es immer in der gleichen Richtung weitergehen muß wie bisher. Heute aber liegt der wirkliche Fortschritt (und damit die einzige Chance, daß wir ohne große Katastrophen in einer menschenwürdigen Welt überleben) in einem Stopp ruinöser Pseudofortschritte, vor allem des Fetisches Wirtschaftswachstum auf Kosten der Lebensqualität. Und ich möchte daran festhalten, daß wir selbst, in jedem einzelnen Konsumakt, mindestens ebenso verantwortlich für die Zerstörung der Umwelt sind wie die Industriebosse und Manager, die Abwässer in die Flüsse pumpen und Staub in den Himmel blasen. Denn für diese Manager ist der Absatz gerade ihres Produktes viel wichtiger, als es für uns ist, eben dieses Produkt zu kaufen. Das darf uns keineswegs hindern, auch der Industrie die Abwässerkanäle mit allen Mitteln zuzustopfen. Aber die eleganteste und auch die einem neuen Menschenbild am meisten gemäße Methode muß hier Konsumverzicht oder mindestens eingeschränkter Konsum bleiben. Diese Einsicht wird sich ohnedies nur langsam durchsetzen, aber der Wandel sollte doch so deutlich und in seinem Fortschreiten so unerbittlich sein, daß die gesellschaftlichen Verhältnisse ihm durch Evolution folgen und daß einzelne Entwicklungsschritte unabdingbar werden.

Während die Werbespezialisten offensichtlich die ethische Seite ihrer Tätigkeit noch nicht erkannt haben, entwickeln einige Industrie-Formgestalter eine durchaus kritische Auffassung ihrer Arbeit. «Die Leute dazu zu bringen, daß sie mit nicht vorhandenem Geld überflüssige Dinge kaufen, nur um ihren Mitmenschen zu imponieren, ist wohl die schäbigste Art, sich heutzutage sein Geld zu verdienen», sagt Victor Papanek[43] von den Werbespezialisten. Nach ihnen gehören Designer, die durch Verantwortungslosigkeit und den Entwurf von überflüssigem Schund Schaden anrichten, zu den «gefährlichsten» Berufen. Papanek: «Heute ist, dank der Tätigkeit der Designer, der Mord in Serienfertigung gegangen. Man konstruiert kriminelle Autos, durch die jährlich nahezu eine Million Menschen auf dem Erdball getötet werden, ersinnt immer neue Arten von unverweslichem Abfall, die unsere Landschaft verschandeln, wählt Stoffe und Fertigungsprogramme, die unsere Atemluft verschmutzen.» Er befürwortet demgegenüber Entwürfe, welche die Umweltprobleme lösen helfen, den wirklichen Bedürfnissen des Menschen dienen, nicht der Ausbeutung des Konsumenten.

Prinzipien der Reklame

Die Werbung geht davon aus, daß menschliche Bedürfnisse formbar sind und sich ebenso produzieren lassen wie Glasaugen, Kühlschränke oder Autos. Sonderbarerweise sind sich die Werbepsychologen geraume Zeit dieser Tatsache, die sie so sehr ausnutzten, gar nicht bewußt gewesen. Noch 1971 sah sich der Altmeister der Motivforschung Ernest Dichter[44] veranlaßt, seine Kollegen vor einem grundlegenden Fehler zu warnen. Man dürfe sich das Gesamtgebiet menschlicher Wünsche und Bedürfnisse nicht als Kreis vorstellen, als eine Art Torte, aus der man einzelne Stücke herausschneiden könne. Das hieße etwa, daß die optischen Bedürfnisse durch das Fernsehen zu einem bisher nie dagewesenen Grad befriedigt werden und auf diese Weise anderen Bedürfnissen auf diesem Gebiet – etwa dem Kauf von Illustrierten, von Bildbänden oder von Heimkinos – Lebensraum weggenommen wird.

Tatsächlich ist das aber nicht der Fall. Die Heimkinoindustrie hat mit dem Fernsehen zugenommen, ebenso wie erheblich mehr Schallplatten verkauft wurden, seit jedermann ein Radio sein eigen nannte. Der Appetit kommt mit dem Essen: «Man kann die Motivationen des Menschen viel eher mit einem immer dicker werdenden Gummiball vergleichen, der niemals platzt», sagt Ernest Dichter.[45] Man sieht, wie ungebrochen der Optimismus in den Reihen der Werbepsychologen noch ist. 1971, als Dichter diese Aussage machte, haben viele namhafte Gelehrte – darunter der englische Biologe Sir Julian Huxley – eben diese Expansionsideologie schon beschuldigt, den Untergang der Erde greifbar nahezurücken. Freilich, den Zusammenhang zwischen dem geblähten Gummiball von Konsumwünschen und dem «Weltuntergangsprogramm» will man vielfach noch nicht sehen.

Wir haben schon einmal über den Unterschied zwischen primären, biologisch bedingten und sekundären, erlernten, kulturellen, er-worbenen (auch durch Werbung) Bedürfnissen gesprochen. Während alle Menschen in weitgehend ähnlichem Maß sexuelle Bedürfnisse haben, bestimmte Nahrungsmengen brauchen, trinken und atmen, sich entleeren müssen, ein Mindestmaß an Wärme und wohl auch an Lebensraum benötigen, beginnt außerhalb dieser grundlegenden Bedürfnisse das weite, manipulierbare Reich der sekundären Wünsche. An Essen, Trinken und Ausscheidungen wenden wir – Gourmets und Gourmands ausgenommen – wenig mehr als zehn Prozent unserer Zeit. Der Rest ist überwiegend mit kulturellen Bedürfnissen ausgefüllt, und zwar bereits auf einem recht primitiven Kulturniveau. Die steinzeitlichen Jäger und Sammler in der Kalahari-Wüste brauchen nach neueren ökologischen Studien etwa zwei bis drei Stunden pro Tag, um genügend Essen und Brennholz zu beschaffen. Der Rest ist schon bei den Buschmännern, die ein über zehntausend Jahre altes Modell menschlichen Zusammenlebens darstellen, mit erlernten sozialen Aktivitäten ausgefüllt – Klatsch, Jagdgeschichten anhören, flirten, spielen, tanzen, religiöse Mythen weitervermitteln, Besuche machen.

Manches spricht dafür, daß ein sekundäres Bedürfnis zumindest in seiner Entstehungsphase mit einem primären gekoppelt sein muß. Später kann es sich dann verselbständigen, seinen eigenen Energiehaushalt abzweigen, der nichts mehr mit den ursprünglichen Trieben zu tun hat. Ein Mann mag zur See fahren, um seinen Lebensunterhalt zu verdienen (primäres Bedürfnis). Es kann nun sein, daß er später eine Erbschaft macht und also auch ohne die Seefahrt genügend zum Leben hätte. Doch die See fasziniert ihn – das ursprünglich sekundäre Bedürfnis hat sich verselbständigt, ist «funktionell autonom» geworden, wie Gordon Allport gesagt hat. Nun stehen aber auch solche autonomen, sekundären Bedürfnisse innerhalb einer Hierarchie, an deren Spitze in der Regel die biologischen, die primären Bedürfnisse bleiben. Es gibt Ausnahmen, vor allem da, wo suchtartige Mechanismen eine Rolle spielen. Der halbverhungerte Raucher wird womöglich seine Brotration gegen Zigaretten vertauschen, und der Heroinsüchtige wird eine Injektion des Opiats dem Zusammensein mit dem attraktivsten Geschlechtspartner vorziehen, wenn er schon mehrere Stunden auf das Rauschgift warten mußte. Aber in der Regel erfüllt der Mensch primäre Bedürfnisse zuerst; sind sie befriedigt, wendet er sich den sekundären zu.

Diese hierarchische Ordnung der menschlichen Bedürfnisse kann nun aber noch auf einem anderen Weg umgewandelt werden. Gerade er scheint für Homo consumens typisch. Wenn ein oder mehrere primäre Antriebe frustriert werden, dann fließt ihre Energie in der Regel den sekundären Wünschen zu. Das Bild des harmonisch sich nach allen Seiten ausweitenden, nicht platzenden Ballons, den Dichter schildert, wird man in diesem Fall etwa durch den Vergleich mit üppig wachsenden Schößlingen (den sogenannten «Räubern») aus einem gekappten Baumstamm ersetzen müssen. Wir haben schon gezeigt, daß vor allem die sexuellen Antriebe des Menschen in der Leistungsgesellschaft nicht befriedigt werden. Aber auch andere primäre Bedürfnisse von Homo consumens sind frustriert: sein Bewegungsdrang (vor allem jener der Kinder in den engen Wohnungen, über die Frau Saubermann herrscht), seine Neugier, die der meist entfremdeten, sinnleeren Arbeit keinen Reiz abgewinnen kann und deshalb auf süchtigen Reizkonsum in der Freizeit angewiesen ist. Dabei wird eine solche Triebfrustration, die viel Energie für Konsumwünsche freisetzt, gerade deshalb besonders gefährlich, weil sie – in früher Kindheit, etwa im Säuglingsalter oder in der analen Phase ertragen – dem Betroffenen später gar nicht mehr zu Bewußtsein kommt. Er ist nur chronisch unzufrieden, ohne genau zu wissen, warum; er erlebt keine wirklich spannungslösende sexuelle Befriedigung und weicht eben deshalb in ein hektisches Konsumieren aus.

Das Verweilende, Ruhige, Gelöste der wirklichen Triebbefriedigung ist verlorengegangen; dieser Verlust nun kann eine Kultur besonders «erfolgreich», da aggressiv gegen die Umwelt und gegen die Mitmenschen, machen. Aber auch der Erfolg wird wie ein Rauschgift gebraucht. So ist auch bezeichnend, daß eben jene Länder, die in weltweiter kultureller Aggression Erdteile als Kolonien unterjochten, lange Zeit von einer triebfeindlichen «herrschenden Moral» geprägt wurden und daß gerade sie sich jetzt anschicken, die Erde selbst zu zerstören. Die Bevölkerungsexplosion in den früheren Kolonien ist ja in vieler Hinsicht auch eine Folge der Epoche des Kolonialismus. Der Zwang, sich zu «entwickeln» – wie selbstverständlich spricht man von «Entwicklungsländern» –, zerstörte das innere Gleichgewicht in jahrtausendelanger Geschichte entstandener Kulturen und weckte Bedürfnisse nach dem Lebensmodus von Homo consumens. Diese Schritte sind nicht mehr rückgängig zu machen; doch sollten wir nicht weiterhin an der billigen Überzeugung festhalten, die Weißen hätten Kultur und Zivilisation gebracht. Nein, sie haben ausgebeutet, beuten weiter aus und programmieren die «Entwicklungsländer» auf genau den Selbstmord,[46] den sie auch an sich vollziehen.

Wie die Verkrüppelung seines natürlich-leibhaften Trieblebens Homo consumens aggressiv nach außen macht, so führt sie auch dazu, daß die künstlich produzierten Bedürfnisse umgehemmt wuchern, daß sich im Konsumieren gerade die Energie austobt, die im Vitalbereich nicht zum Zuge kommen kann. Die Luft gelangt in den prall aufgeblasenen Gummiball der Bedürfnisse dadurch, daß man die natürlichen Auswege primärer Wünsche des Menschen verstopft hat. So bläht der Gummiball sich auf, bis er platzt.

Die Reklame beutet diese Situation sehr geschickt aus. Solange sie bescheiden bleibt, bietet sie nur Auswege an, schildert Ersatzbefriedigungen in freundlichen Farben, preist Vorzüge, scheinbare Erleichterungen. Viel öfter aber lügt sie versteckt. Sie stellt Wesentliches und Nichtkäufliches als käuflich hin, speist aber tatsächlich den Konsumenten mit einem minderwertigen Produkt ab.[47] Einige besonders häufige, typische Beispiele dieses Pseudoverkaufs von höchst schätzenswerten Dingen sollen nun untersucht werden. Aus diesen Formen der Reklame wird deutlich, welche primären Bedürfnisse frustriert sind und uns als Käufer manipulierbar machen.

Sexus und Pseudosexus
Die Technik, sexuelle Reize anzubieten, um dann etwas ganz anderes zu verkaufen, ist geradezu ein klassischer Werbetrick. Der nackte oder teilbekleidete weibliche Körper dient nicht nur als Blickfang, sondern er verspricht auch etwas: «Wenn du das und das kaufst, gehöre ich dir.» Darin steckt aber auch eine geheime Drohung: «Wenn du nicht kaufst, so bist du nicht begehrenswert.» Deshalb kann man mit sexuell aufreizenden Bildern nicht nur für Whisky oder Zigaretten, für Möbel oder schnelle Wagen werben, sondern auch für Frauenunterwäsche, Strumpfhosen oder Badezusätze. Denn die Drohung: «Du bist nicht begehrenswert!» richtet sich ja vor allem gegen die Frauen.

Mindestens ebenso wichtig ist die Rolle von Pseudosexus als Blickfang und Leseanreiz in den Massenmedien. Jede Illustrierte muß ja sehr darauf achten, für die Anzeigenkunden, die diese Blätter tatsächlich finanzieren, attraktiv zu sein. Auch hier dominiert der Pseudosexus. In deutschen Illustrierten wird über die freizügigen, sexuell rasch bereiten Schwedinnen berichtet, in schwedischen über die lose Moral der deutschen Mädchen. Unwägbare, unverkäufliche Dinge, wie sexuelle Lust,

Charme, Sex-Appeal werden als käuflich hingestellt und in Werbespots eindeutig käuflich erworben – die Seife mit dem X-Deodorant läßt das Mauerblümchen plötzlich aufblühen, die Zahnpasta Y gibt das Gefühl, «ganz sicher zu sein», wenn man sich dem Sexualpartner nähert (und verleiht auf dem Weg der Identifizierung die Illusion, die Zahnpasta selbst könne diese Annäherung beschleunigen, äußert die Drohung, wer nicht kaufe, müßte fürchten, abgelehnt zu werden). Neben dem sexuellen Zuckerbrot wirkt auch die Peitsche – die Angst, durch ungenügend weiße Wäsche, mißratene Frisur, ungenügendes Make-up, fettiges Haar jede Anziehungskraft einzubüßen.

Wo der Jugendliche im Medium solcher Manipulationen seine Identität findet und erst als Käufer sein Ich eigentlich entdeckt, bleiben Selbstsicherheit und Ichvertrauen sklavisch an den Konsum gebunden. Der Übertritt in die Glamourwelt der Mode, die dem fernsehsüchtigen Jugendlichen als «die Welt» schlechthin erscheint, wird durch den Erwerb von Konsumfetischen gesichert und bleibt zugleich an sie gefesselt. «Die Reklame», sagt Reimut Reiche, «schreibt ihm ja nicht nur die Kleidungsstücke vor und die durch sie bestimmten Foci der Partial-Erotisierung (Mini- oder Maxi-Rock), mit denen er und sein Partner sich schmücken müssen, um liebenswert zu sein. Sie schreibt ihm auch den Teint vor, die Haarfarbe und die Haarform (die dann seine natürliche Kopfform umformt), die Gestik, die er oder sein Partner anzunehmen hat, um spezifische Tätigkeiten, wie Zigarren- oder Zigarettenrauchen, tanzen, Whiskygläser halten, beischlafen, auf der Straße gehen, so zu verrichten, daß sein aktueller Identitätswert auf Kurshöhe erhalten bleibt.» [48]

Die individuellen Eigenschaften, die natürliche Farbe und Form der Haare, des Gesichts, um derentwillen man früher einen Menschen liebte, sinken in der Welt von Homo consumens zu Beiwerk, zu käuflicher Staffage ab. Dabei bleibt aber der Lohn für die Anpassung ebenso fiktiv wie die angedrohte Strafe. Wer sich modisch maskiert, kann in der Boutique und im Kosmetikshop keineswegs auch erotisches Glück kaufen. So kommt es, daß die Angst, für eine Gelegenheit nicht gerüstet zu sein, dazu führt, daß diese Gelegenheit selbst verpaßt wird. Wer Sexualität wollte und Pseudosexus kaufte, findet sich am Ende im Besitz von Kinkerlitzchen, die zu gar nichts taugen. «Hast du das denn nicht selbst gewollt?», fragen die Reklamemacher. Und um die aufsteigenden Gefühle des Ärgers, des Unbehagens zu beschwichtigen, verkaufen sie schnell ein neues, unerfüllbares Versprechen.

Jugend und Pseudojugend

Über das gebrochene Verhältnis von Homo consumens zu biologischen Gegebenheiten, wie dem natürlichen Altern des Menschen, haben wir schon gesprochen. So verheißt die Reklame auch stets geläufig ewige Jugend in einer freien, heiteren Welt von Cognac trinkenden Hippies und Künstlern, von Seglern, Cowboys, Piloten, Sportfischern – alle in einer freien, unberührten Natur. Jugendliches Aussehen, jugendliche Haut, eine jugendliche Figur – mit einer Unzahl jugendlicher Mannequins wird das unerfüllbare Versprechen haut- und augennah wiederholt demonstriert und endlich glücklich die Pseudojugend an den Mann gebracht: als Zigarette, welche die Herzgefäße schneller altern läßt und die natürliche Verkalkung der Adern beschleunigt, als Makeup, das die Falten vermehrt, indem es sie für kurze Zeit zudeckt, als Alkohol, der den natürlichen Verlust von einigen Millionen Nervenzellen pro Jahr immens beschleunigt und also ebenfalls das Versprechen ewiger Jugend nicht nur nicht erfüllt, sondern sogar in sein Gegenteil verkehrt.

Indem Homo consumens die jungen, neuen Produkte kauft, unter jungen, neuen Namen immer wieder denselben Schund, hofft er, die Zeit umzukehren und aus alt neu zu machen. Tatsächlich aber kommt es auf diese Weise dazu, daß er im Altern nur den Verlust sieht und nicht den Gewinn, und endlich, seelisch und in seiner Vitalität bankrott, das Rennen aufgibt, ohne auch nur einen Tag wirklich alt gewesen zu sein.

Erfolg und Pseudoerfolg

Da die Reklame alle sozialen Leitbilder von Homo consumens getreulich widerspiegelt, ist Erfolg vielfach der höchste Wert, den sie verspricht. Dieser Wagen, dieser Anzug, diese Krawatte, dieses Feuerzeug sind typisch für den erfolgreichen Menschen. Das Verhältnis von Ursache und Wirkung wird umgekehrt: Indem man dem Konsumenten weismacht, erfolgreiche Männer tränken, rauchten oder benützten das, was man ihm verkaufen will, scheint man ihm zu versprechen: Wenn du kaufst, dann bist du wie diese. Die Seife der Filmstars, das Autoputzmittel des berühmten Fußballspielers, die Uhr der Kaiser und Könige, der Orangensaft des Olympiateams – sie alle verkünden: Kaufe, dann bist du wie wir. Wie in vielen anderen Fällen spricht hier die Reklame das magische Denken an.

Wer die Seife oder den Lippenstift der Stars benutzt, wer durch sein Konsumverhalten dem weißen Riesen huldigt, der gewinnt Anteil an ihrer magisch verstandenen Übermacht. Und während Homo consumens auf das intellektuelle Niveau einer dressierten Ratte absteigt, schwingen sich seine Tagträume, von der Reklame magisch gespeist, in die Flitterhöhen der Kinoschönheiten, Erfolgssportler, gekrönten Häupter empor. Selbst gebildete Menschen fallen diesen Illusionen zum Opfer; denn wie sonst hätte eine Arzneimittelfirma jahrelang die Ärzte mit dem Bild eines von jubelnden Männern getragenen Weißkittels ködern können, «erfolgreich zu sein», indem sie das Rheumamittel dieser Firma verschrieben.

Freiheit und Pseudofreiheit

Wer erinnert sich nicht an den Schlager von dem Duft der großen, weiten Welt: Klingende Musik, klarer Himmel, Flugplätze, wehende Fahnen – die Pseudofreiheit, ein Geldstück in einen staubigen Automaten zu stecken und ein Päckchen Luftverschmutzung zu kaufen. Da ist der weite, freie, unberührte Landschaftstraum über den Schären vor Stockholm, vom tieffliegenden Flugzeug aus gesehen; endlich, Zigaretten anzündend, Menschen, die (vielleicht quecksilberhaltige) Fische über dem offenen Feuer braten. Freiheit, die unverkäuflich ist und durch das Kaufverhalten selbst eher zerstört wird als gewonnen, stellt die Reklame als käuflich hin. Ganz allgemein wird heute der Trend immer deutlicher, in der Reklame eine unzerstörte Landschaft abzubilden und dem Beschauer eben die Verhaltensweisen abzufordern, die diese Landschaft zerstören werden. Die Raucher, die sich in der Wildnis Alaskas, in Schottland und an anderen unberührten Plätzen der Erde niederlassen – Motto: «Mehr erleben» – spiegeln eben jene heile Natur wider, die sie dann prompt mit Zigarettenkippen und anderem Müll bedecken. Wieder eine Paradoxie: Homo consumens wird eine Welt grünender Pflanzen, klarer Gewässer, reiner Luft vorgespiegelt, um ihn zu Käufen zu verführen, die Luft, Wasser und Erde verschmutzen. Kaum ein Werbefotograf für neue Automodelle verzichtet darauf, weit hinauszufahren und das Vehikel auf die letzte grünende Wiese zu stellen, die noch nicht zubetoniert oder asphaltiert worden ist, um eben jene Automobile aufzunehmen, denen sie als Werbehintergrund dienen muß. Eine ganze Industrie vermittelt Pseudourwüchsigkeit, Freiheit im Umgang rauher Männer mit unverfälschter Natur. Was Homo consumens dann «angedreht» wird, ist ein Motorboot, das stille Flußufer in lärmerfüllte, von Ölschleiern überzogene und mit Müll beladene Wasserskiplätze verwandelt, ein Wohnwagen, auf Plätzen mit hundert seinesgleichen gedrängt. Kaufe, und du wirst frei sein, verspricht die Reklame. Und im Kauf versklavt sich der Konsument, denn Zeit ist zwar Geld, doch die Rechnung läßt sich nicht umkehren: Geld ist nicht Zeit. Die Freiheit, die uns der Konsum verspricht, ist immer nur Pseudofreiheit.

Schönheit und Pseudoschönheit

Die nivellierte, bis in ihren Teint, ihre Figur und die Form ihrer Brüste hinein angepaßte Modeschönheit wird in den Illustrierten, den Versandhauskatalogen und den Werbespots der Fernsehindustrie (ja selbst noch in Gestalt der Ansagerinnen, die ja sämtlich ebenfalls geschminkt und bemalt auftreten «müssen») als einzig möglicher Typus des «schönen Menschen» hingestellt. Unzählige Anzeigen, vom Schlankheitsmittel bis zum angeblich Hautunreinheiten heilenden Stift oder Make-up, von der Deo-Seife bis zu den zahllosen Kostümfesten der Modezeitschriften, versprechen Schönheit – eben die Sekundenschönheit des Mannequins, zurechtgezupft, mit Stecknadeln und Watte in die rechte Form gebracht, mit falschem Busen, falschem Wind im Haar und dem durch Aussprechen des Wortes «cheese» auf die Lippen gezauberten Lächeln.

Von einem Durchschnittsmenschen getragen, nicht mehr kunstvoll von Stecknadeln festgehalten, enthüllt sich das bezaubernde Versprechen modischer Schönheit oft schon nach einem Tag, gewiß aber nach dem ersten Waschen als Schund. Die Nähte platzen, der Stoff knittert, die Farben erbleichen. Was tut's, Homo consumens ist bereits auf der Jagd nach der Pseudoschönheit des nächsten Monats.

Gesundheit und Pseudogesundheit

Gesundheit rangiert neben Jugend und Erfolg an der Spitze der Wertskala von Homo consumens. Freilich faßt er sie recht eigentümlich auf. Er nimmt an, Gesundheit sei sein selbstverständliches Recht. Um sie zu erhalten, müsse er nichts tun, als seinen Beitrag zur Krankenversicherung regelmäßig zu zahlen. Wird er nun krank, so ist es Aufgabe des Arztes, Homo consumens, der die Behandlung passiv über sich ergehen läßt und allenfalls aufmuckt, wenn man ihm einen seiner selbstverständlichen Genüsse verbietet, wieder in Ordnung zu bringen, ganz ebenso, wie der Autofahrer die Hinterachse überholen oder die Hausfrau den Elektriker kommen läßt, um eine defekte Küchenmaschine zu reparieren. Eifrig werden Heilmittel gekauft, die den Körper wieder «in Schuß bringen» sollen.

Auf keinem anderen Gebiet hat wohl die typische Konsumentenhaltung schädlichere Folgen als auf dem der Gesundheit, die ja in der Welt von Homo consumens fast generell durch Verzicht eher erhalten werden kann als durch Verbrauch. Aber wenn Homo consumens abnehmen will, dann kauft er nicht weniger Essen, sondern zusätzlich ein Abführmittel oder einen Appetitzügler. Die Reklame für Zigaretten und Alkoholika zeigt immer und überall junge, glückliche, elastisch ausschreitende junge Leute; sie produziert die Illusion: «Kaufe, rauche, dann bist du wie wir», während doch die Botschaft eigentlich lautet: «Zahle, rauche, dann wirst du krank.»

Wenn man die Anzeigen auch nur einer einzigen Illustrierten durchblättert, findet man mindestens zehn Angebote von Pseudogesundheit, die echte Gesundheit versprechen. Da gibt es Psychotherapie im Versandhandel: Wenn sie, wie in fast allen Fällen, nichts nützt, ist natürlich der Käufer schuld, der die Vorschriften der «emotionalen Enthemmungsmethode» — «frei von Erröten, Schüchternheit, Sprechangst, Befangenheit» — nicht genau befolgt hat. Obschon es kaum mehr Neurosen gäbe, wenn sich jedermann durch die Lektüre psychologischer Broschüren oder das Anhören von Schallplatten kurieren könnte, wird für solchen Unsinn geworben. Mit dem Slogan: «Selbstvertrauen — Enthemmung im Schlaf», preist etwa ein mit Doktortitel geschmückter Mann seine Endlostonbänder an, die Homo consumens während seines Nachtschlafs von Angst und Hemmungen (Band I), von Schlaflosigkeit (Band II) und gar von Potenzschwäche (Band III) befreien sollen. So einfach ist es also, über Nacht (pseudo-)gesund zu werden, passiv und ohne Mühe.

Besonders aufdringlich und einträglich wird für die seelische Pseudogesundheit geworben. Homo consumens soll sich zwar im Wettlauf um Erfolg und Leistung weiter abstrampeln, um seinen Lebensstandard in neue Höhen zu treiben. Die nötige Entspannung kann er sich mit dem so erworbenen Geld kaufen — sei es als «brausende Spalt» («gegen Wetterfühligkeit, allgemeines Mißbehagen, Alkohol- und Nikotinkater»), sei es als Endlostonband, als Badezusatz («badedas befreit vom Alltag») oder als Zellaforte-Kur («Es gibt neue Vitalität, wirkt kräftigend auf das Allgemeinbefinden und hilft Ihnen, mit den Anforderungen unserer Zeit besser fertig zu werden … Zellaforte-plus wirkt auch gegen nervöse Magen- und Darmbeschwerden, allgemeine Abnutzungs- und

Schwächeerscheinungen … Altersbeschwerden … kräftigt Herz und Kreislauf … wirkt günstig bei allgemeiner Adernverkalkung … beugt Galle- und Leberfunktionsbeschwerden vor»). Auch diese versprochene Gesundheit ist Pseudogesundheit; jeder Pharmakologe weiß, daß es kein Mittel gibt, das diese Versprechungen erfüllt. Unter dem Titel «Alltagsnervosität fördert sexuelles Versagen» wird Pseudopotenz verkauft – ein Mittel, das entspannt und gleichzeitig kräftigt, den gesamten Organismus von Grund auf regeneriert und zu einer «Dauerkräftigung» des Körpers führt. Nichts davon ist bewiesen, aber solange die Reklame für solche wirkungslosen Mittel nur Stärkung und Vorbeugung (nicht gezielte Heilung bestimmter Leiden) verspricht, kann der Staatsanwalt nichts dagegen unternehmen.

Die Reklame für Pseudogesundheit führt oft zur Zerstörung der Gesundheit. Kopfschmerzmittel etwa können, wenn sie zu oft genommen werden, zu Nierenschäden führen, die ihrerseits Kopfschmerzen verursachen. So macht sich das Medikament, das Wohlbefinden verspricht, in einem ruinösen Teufelskreis selbst unentbehrlich. (Das gilt vor allem für phenazetinhaltige Schmerzmittel.) Ein anderes Beispiel für vielkonsumierte Medikamente, die sich – anfänglich überflüssig – durch ihre eigenen Wirkungen unentbehrlich machen, sind die Abführmittel. Durch von der Werbung raffiniert unterstrichene Warnungen vor dem «Gift im Darm» glaubt Homo consumens, er könne sich die natürliche Unregelmäßigkeit seines Stuhlgangs nicht erlauben und greift in eine physiologische Regelung mit Mitteln ein, die seinen «trägen Darm» ankurbeln sollen. Das ist sehr einfach, und der Darm antwortet damit, daß er sich an den zusätzlichen Reiz gewöhnt und nun tatsächlich das «Entschlackungsmittel» zu brauchen scheint. Wenn Homo consumens einmal sein Abführmittel nicht nimmt, stürzt ihn eine womöglich mehrtägige Verstopfung so in Sorge, daß er den Versuch schleunigst aufgibt. Dabei würde sich die natürliche Darmbewegung binnen weniger Tage wieder einspielen. Noch kein Mensch ist an einer solchen Verstopfung gestorben, aber an der Angst vor ihr wird viel verdient.

Ganz ähnliche Mechanismen machen viele Schlafmittel unentbehrlich. Immer verspricht die Reklame bequeme Hilfe gegen Störungen, deren Ursachen nur durch aktive Eigenleistung – Konsumverzicht (im Fall der Tabletten gegen Alkohol- und Nikotinkater), Kampf um reinere Luft, Vertrauen in den eigenen Organismus, Bewegung (bei Darmträgheit, Schlaflosigkeit), eine Umstellung der Lebensweise oder auch durch Psychotherapie (in der ja ebenfalls der Patient die aktive Arbeit des Sich-änderns leisten muß) – beseitigt werden können. Durch die symptomatische Hilfe aber, die der Konsum gewährt, können solche Störungen eingeschliffen und zu ernstlichen Gefahren für die Gesundheit werden.

Gefühle und Pseudogefühle

Jeder Reklamespezialist weiß, daß man bei Konsumenten mit dem Appell an Gefühle weit mehr erreichen kann als mit dem Appell an Einsicht und Vernunft. Der Kult des Irrationalen treibt oft sonderbare Blüten. Was im Leben mühsam und schwierig zu erreichen ist, wird zu billigen Preisen vermarktet: Heiterkeit und festliche Stimmung? X-Sekt und Y-Cognac zaubern sie herbei. Freundschaft? «Ihr guter Freund unter den Klaren», preist sich ein Schnaps an. Glück? An allen Ecken und Enden winken Glückskäufe. Wer Kölnisch Wasser verschenkt, der schenkt nicht Sprit mit Duftstoffen, maßlos überteuert und luxuriös verpackt, sondern er schenkt «Freude». Pralinen, nein, das ist kein oraler Trost, der Zähne und Magen verdirbt, sondern es sind Küsse, es ist die hübscheste Art, seine Liebe auszudrücken, kurzum ein Gefühlskonzentrat. Auf diese Weise wird Schund verkauft, werden Gefühle verschundet.

Fassen wir zusammen: Indem die Reklame Wesentliches als käuflich hinstellt, um Unwesentliches oder Überflüssiges, ja Schädliches zu verkaufen, wird auch das Wesentliche gefährdet: die Freiheit durch die Pseudofreiheit, die Schönheit durch die Pseudoschönheit, die Liebe durch die Pseudoliebe, die Gesundheit durch die Pseudogesundheit, das Gefühl durch Pseudogefühl. «Für den Verbraucher ist es selbstverständlich, daß er sozusagen alles bekommt, was er will, und daß er dafür nur Geld hinzugeben hat. Wie aber, wenn diese Einstellung übernommen wird in die Beziehung zwischen Ehegatten oder gar zwischen Eltern und Kindern?» hat E. Küng[49] gefragt und meint weiter: «Es ist leicht abzusehen, daß damit fundamental verstoßen wird gegen die Existenzgesetze derartiger Gruppen und daß ihr Zusammenhalt dadurch aufs schwerste gefährdet wird. Rechenhaftigkeit, Ausgleich von Leistung und Gegenleistung, Reduktion von Gefühlswerten auf Marktwerte, bloßes Nehmen, ohne zu geben, Bezahlung für geleistete Dienste – das alles sind Dinge, die den intimen zwischenmenschlichen Beziehungen zutiefst widersprechen. Wenn irgendwo, so hat die Verwirtschaftlichung des Lebens, zu dem die Konsumgesellschaft neigt, in diesem Bereich verhängnisvolle Spannungen zur Folge.»

Interessant ist noch, daß die Werbung nicht nur den Konsum steigert, sondern selbst ein sehr wesentliches Konsumgut darstellt. Eine Illustrierte ohne Reklame, ein Fernsehen, das völlig auf Werbespots verzichtet, würden Homo consumens wohl recht trist erscheinen. Man wird mir vorwerfen, daß ich die Werbung verteufle, die ja auch nüchtern-informativ sein könne und sicherlich viel zu unserem bequemen, reichen Leben beigetragen habe, da sie ja ein Schmiermittel im Welthandel, eine Amme des Massenproduktes und damit eines wesentlichen sozialen Fortschritts sei. Aber darum geht es hier gar nicht. Die Werbung mag für sich selber werben, sie kann das sicherlich besser, als ein einzelner gegen sie zu protestieren vermag. Werbung für überflüssige, gesundheitsschädliche und die Umwelt bedrohende Konsumgüter ist unmoralisch.

Ehe wir genauer untersuchen, wie viele Konsumgüter überflüssig und umweltschädlich sind, müssen wir uns zwei Extremen des Konsumverhaltens zuwenden: dem Konsumterror durch massiven sozialen Druck und der Rauschgiftsucht, die es vermag, das Konsumverhalten zum tödlichen Exzeß zu steigern.

Konsumterror und Konsumzwang

Wir leben in einer freien Gesellschaft, nichts und niemand kann uns zwingen, bestimmte Dinge zu kaufen!

Ach wirklich? Und wie glauben Sie, wäre es um Ihre Karriere als Geschäftsmann bestellt, wenn Sie zehn Jahre lang denselben Wagen fahren würden? Oh, das wußte ich nicht, würde es heißen, daß es mit Ingenieur Müller so schlecht steht. Ich glaube, ich muß mich doch nach einem anderen Partner umsehen, wer weiß, wie lange er noch durchhält ... Und schon bröckeln die Kontakte ab, der Verdienst sinkt. Müller, der sich dem Konsumzwang entziehen wollte, wird dadurch so arm, daß er zum Konsumverzicht gezwungen ist. Immerhin haben schon oft genug geringere Anlässe zu einem Bankrott geführt.

Es ist im Grunde auch nicht so wichtig, ob jeder Geschäftsmann, der seinen Erfolg nicht durch demonstrativen Konsum unterstreicht, wirklich Schaden leidet. Mindestens ebenso oft wird dieser Konsumzwang ja von Homo consumens vorgeschützt, um sich ein bescheidenes Image zu geben. «Ich hätte ja gerne den VW behalten», sagte mir ein zum Prokuristen aufgerückter Versicherungsangestellter. «Aber in meiner

Position kann ich mir das nicht leisten.» Und so kauft er einen «guten» Mittelklassewagen, etwa einen Peugeot, denn Mercedes – auch ein gebrauchter – wäre «zu hoch», das ist etwas für die Direktoren. Aber ein Zwang besteht, ob der Konsument ihn nun als selbstverständliche Pflicht empfindet oder ob er durch die Macht der Umstände brutal von außen ausgeübt wird. Der angehende Rechtsanwalt braucht eine «Adresse», der angehende Architekt einen schicken Wagen, wenn er den Kunden und den Handwerkern imponieren will. Narrenfreiheit haben allenfalls Künstler, denn niemand erwartet, daß sie viel verdienen (und keiner würde ihnen einen Kredit geben).

Konsumterror im Umgang von Reihenhaushalt A mit Reihenhaushalt B ist längst Thema von Kabarett und Rundfunkglosse geworden. Frau Müller, die ihren Mann so lange aufhetzt, bis er auch ein neues Auto, auch ein Brillantcollier, auch eine Geschirrspülmaschine kauft, findet sich dem öffentlichen Spott preisgegeben. So schlimm ist das doch nicht, sagt der Zuschauer, und wischt sich die Lachtränen aus den Augen. Es ist ja nicht, daß ich müßte ... aber neulich bei meinem Freund Alfred habe ich doch gesehen, daß es eine ganz andere Sache mit dem Farbfernsehen ist. Ich will doch zu Weihnachten ein Farbfernsehgerät kaufen!

Da Homo consumens in den Massenmedien fast ausschließlich Anreize zum Konsumieren findet, da man ihm die Zusammenhänge zwischen seinem Konsum und der ständigen Verschlechterung der Lebensqualität fast durchweg vorenthält, ist es ein sanfter Zwang, ein Terror mit Samthandschuhen, leise und unerbittlich wie die seidene Schlinge orientalischer Henker. Meist sind diese Zwänge schon ganz selbstverständlich, sie werden gar nicht mehr erlebt. «Man» kauft sich ganz von selbst zum rechten Zeitpunkt das neue Auto, wechselt die Adresse und die Clubsessel-Garnitur, sucht den gerade fashionablen Urlaubsort heim und dünkt sich der freieste Mensch in einer freien Gesellschaft. Ja, gerade weil er von den meisten Konsumenten längst verinnerlicht ist, ganz natürlich und selbstverständlich scheint, ist der Konsumzwang nahezu lückenlos. Wer da nicht mitmacht, findet niemanden, der sich auf seine Seite stellt. Ganz von selbst gehört er nicht mehr dazu, ein alberner oder bösartiger Wirrkopf, der eben nicht weiß, «wie man sich benimmt».

Wie aus raffinierter Berechnung läßt man dabei die Meinungsmacher selber aus dem Spiel – ihr Konsumieren ist wirklich freiwillig, sie leben in einer ökologischen Nische, in der man den Konsumströmungen teilweise entgehen kann. Politiker, Universitätsprofessoren, Schriftsteller, Journalisten, Funkautoren – sie können es sich leisten, wie Heinrich Bölls Dr. Murke mit dem Fahrrad das Studio aufzusuchen, demonstrativ zu Fuß zu gehen, die öffentlichen Verkehrsmittel zu benutzen. Der kleine und mittlere Geschäftsmann, der Vertreter, der Angestellte, ein Reihenhausbewohner kann das nicht, weil er zu wenig Prestige hat, um gegen die normierten Rangattrappen der Konsumgüterindustrie anzukämpfen. Als Teenager «muß» er ein Moped haben, als Angestellter einen Anzug und ein Hemd mit weißem Kragen, als Ehesuchender (die Heiratsannoncen beweisen es) ein Auto.

Man könnte sich an dieser Stelle fragen, warum die Menschen dem Konsumterror zum Opfer fallen. Die Ursachen dafür sind sicherlich vielfältig; wir haben bereits eine ganze Reihe von ihnen innerhalb dieser Analyse der «Erziehung zum Konsumenten» untersucht. Es wäre gewiß falsch, die Manipulation durch die Werbung als einzige Ursache hinzustellen. Leistungsethos, Angst vor der Zukunft, vitale Unzufriedenheit, orale Versagung in der frühen Kindheit, manipulative, unkontrollierte Werbung, sie alle wirken zusammen und verstärken sich gegenseitig. Indem er Lust zu spenden scheint, über die tägliche Hetze, die entfremdete Arbeit, den knappen Lebensraum hinwegtröstet, wird der Konsum zu demselben Zwang wie ein Rauschgift, das Vergnügen verspricht, aber Terror ausübt. Jeder Süchtige versichert, selbst wenn seine Abhängigkeit für Außenstehende überdeutlich ist, er könne aufhören, sobald er nur recht wolle – aber, so fügt er rasch hinzu, warum zum Teufel solle er denn wollen?

Dennoch wäre es verfehlt, nun ausschließlich im vital frustrierten, von der Leistungsgesellschaft geprägten, von der Reklame manipulierten Menschen den Konsumzwang zu beobachten. Er mag bei ihm zwar süchtig übersteigert, zum Ausgleich emotionalen Elends bitter nötig sein, doch gibt es auch so etwas wie eine konfliktfreie, grundsätzlich auch im keineswegs triebfrustrierten oder ichschwachen Menschen vorliegende Konsumbereitschaft. Allein das Vorhandensein vieler Konsumgüter macht sie begehrenswert.

Auch in einer leibfeindlichen, immer noch von der Lehre einer Erbsünde geprägten Gesellschaft gibt es glückliche Familien, in denen die Kinder weitgehend harmonisch heranwachsen, ohne oral frustriert, zwanghaft zur Sauberkeit angehalten, zur Leistung gedrillt zu werden. Dennoch gehen sie, erwachsen, nicht unberührt durch die Konsumparadiese moderner Warenhäuser, sondern greifen bald nach dieser, bald nach jener lockenden Frucht. Der Verzicht wird ihnen viel leichter fallen als den auf die Ersatzbefriedigung im Konsumieren zwanghaft angewiesenen Exemplaren von Homo consumens. Aber dieser Verzicht muß auch von ihnen durch Einsicht in die ökologischen Zusammenhänge erarbeitet werden, eine Einsicht, die sie leichter gewinnen werden, weil sie daran keine neurotischen Barrieren hindern.

Wir könnten uns fragen, warum eine solche offensichtlich angeborene Konsumbereitschaft beim Menschen besteht. Auch hier ist es nützlich zu überlegen, daß wir auf das Leben in einer kleinen Gruppe von Männern, Frauen und Kindern biologisch programmiert sind, die in einem weiten Areal als schweifende Jäger und Sammler leben. Die Angehörigen dieser Gruppe horten zwar keinen Besitz, der innerhalb ihres nomadisierenden Lebens nur eines wäre: eine Last. Aber sie sind es gewohnt, unbekümmert alles zu nehmen, was sich ihnen gerade bietet – Früchte, Wurzeln, Melonen, jagbares Wild. Es ist für unsere Überlegungen recht wichtig, daß ökologisches Denken für den «Naturmenschen» keineswegs typisch ist; er neigt, ebenso wie Homo consumens, zu einem unbekümmerten Raubbau. Das gilt allerdings nur für die Jäger und Sammler in Afrika, die nach neueren Studien praktisch im Überfluß leben. Buschmänner, Pygmäen und Hadza (ein Jägervolk in Tansania, Ostafrika) schöpfen die Nahrungsquellen in ihrem Gebiet bei weitem nicht voll aus. Sie essen nur die Hälfte der ihnen als eßbar bekannten Pflanzen, brechen unbekümmert Äste von Beerensträuchern. Räuchern sie wilde Bienen aus, um Honigwaben zu gewinnen, so geben sie sich keine Mühe, einen Teil der Waben zurückzulassen und so die Bienen zu ermutigen, ein neues Volk aufzubauen. Weibliche, auch trächtige Tiere werden ebenso geschossen wie männliche. Machen Jäger der Gruppe eine besonders große Beute, dann nehmen sie nur die näher gelegene und überlassen die unbequemer zu erreichende den Geiern (obschon in diesen Kulturen durchaus Techniken bekannt sind, Trockenfleisch herzustellen).

Ökologisches Denken ist also ein Kulturprodukt, das freilich oft schon auf steinzeitlicher Stufe gewonnen wird, wie bei den Eskimos, deren harte Lebensbedingungen – sie können, wenn die Jagderträge schlecht sind, nicht auf gesammelte Pflanzen ausweichen – eine viel sorgfältigere Verwertung ihrer Beute verlangen.[50] Es muß erlernt werden, während die natürlichen Anlagen des Menschen keine Hemmungen gegenüber dem Raubbau an seiner Umwelt enthalten. Das ist verständlich, denn den weit überwiegenden Teil seiner Entwicklungsgeschichte hatte der Mensch ja gar nicht die Möglichkeit, durch seine Begehrlichkeit seine Umwelt zu zerstören. Im Gegenteil: Die Begehrlichkeit selbst war es, die ihn gierig (auch neu-gierig) machte und auf diese Weise viel zu seinem biologischen Erfolg beitrug.

Wer nicht gewohnt ist, in den komplexen Bedingungsgefügen zu denken, mit denen sich die Verhaltensforschung auseinandersetzen muß, der wird nun in Versuchung kommen, die in den früheren Kapiteln erörterten Zusammenhänge zwischen Leistungsdenken, triebfeindlicher Erziehung, Gewohnheitsbildung und Konsumverhalten anzuzweifeln. Wenn der Mensch von Natur begehrlich ist und keine angeborenen Hemmungen gegen den Raubbau an seiner Umwelt hat, genügt das nicht, um die Verhaltensweisen von Homo consumens zu erklären?

In die Erziehung zum Konsumenten spielen sehr viele Faktoren hinein. Wer hier Verhalten ändern will, sollte möglichst viele Bedingungen überschauen. Nur in einer leistungsorientierten Gesellschaft kann es zu den Extremen des Konsumverhaltens kommen, die wir als Konsumzwang und Konsumterror beschrieben haben; nur in ihr ist auch die Produktivität so hoch, daß die Umwelt ernstlich bedroht wird. Aber auch eine wenig leistungsorientierte Kultur kann durch den Kontakt mit Konsumgütern einschneidend verändert, sogar zerstört werden. Praktisch überall hatten es die weißen Kolonisatoren nicht leicht, die Eingeborenen dazu zu bringen, für sie zu arbeiten. Denn die primitive Wirtschaft der unberührten Kultur befriedigte deren Bedürfnisse meist ohne große Mühe. Die Spanier halfen sich mit massivem Zwang; sie versklavten die Indios, folterten sie, wenn sie widerspenstig waren, importierten willigere Negersklaven, wenn sie die Ureinwohner ausgerottet hatten. Die Engländer wandten, vor allem in Melanesien, ein anderes System an. Sie setzten eine Kopfsteuer fest, die bar bezahlt werden mußte. Die einzige Möglichkeit der Eingeborenen, Bargeld zu erhalten, war die Kontraktarbeit. Es gibt aber auch noch eine dritte Methode, die im letzten Jahrhundert immer beliebter wurde. Man bot den Eingeborenen einfach eine Reihe von Konsumgütern, die ihnen gefielen. Nachdem sie sich mit ihnen vertraut gemacht hatten und sich nach dem schon geschilderten Prinzip der Gewöhnung an ihr Vorhandensein anpaßten, stieg auch ihre Bereitschaft, gegen Geld Arbeit anzunehmen.

Erst viel später erkannten die Eingeborenen, worauf sie sich eingelassen hatten. Ihre eigene Kultur war zerstört, und sie waren Proletariat in einer fremden Kultur, von der sie nur die Schattenseiten kennenlernten.

Selbst ein so fortschrittsbewußter Mann wie der Papua-Politiker Albert Maori Kiki gesteht in seiner Autobiographie: «Auch ich trauere um die vergangene Zeit. Wenn ich jetzt zurückdenke, scheint mir fast, daß wir damals gesünder und glücklicher waren … Das Leben in Orokolo (seinem Heimatdorf) ist trübe und langweilig geworden. Was haben unsere Menschen durch den kulturellen Kontakt gewonnen, der ihre Bräuche zerstört hat? … Natürlich gibt es jetzt auch bei uns das Christentum, aber es füllt die Lücke nicht, die die Zerstörung unserer eigenen Kultur hinterlassen hat.» [51]

Wir müssen also festhalten, daß tatsächlich in vielen Fällen die mildeste Form des Konsumzwangs allein durch das Angebot von Konsumgütern gegeben ist, dem die natürliche Begehrlichkeit des Menschen nicht zu widerstehen vermag. Ein Gegengewicht kann hier nur die Einsicht sein, daß die Konsequenzen des Konsums viel weiter reichen, als die ursprüngliche Begehrlichkeit ahnen läßt, und daß der angerichtete Schaden das Augenblicksvergnügen übersteigt. Dann wird der nicht süchtige Konsument verzichten können. Den süchtigen hingegen muß man zum Verzicht zwingen. Erst wenn er «entwöhnt» ist, wird er einsehen, daß dieser Zwang notwendig war.

Die Sucht zu konsumieren

Wie jeder Süchtige findet auch Homo consumens schöne und vernünftige Worte, die sein Verhalten freiwillig scheinen lassen und den geheimen Zwang verschleiern, unter dem er steht. Nur der Vergleich mit dem Gifthunger des Toxikomanen kann uns den ganzen Ernst der Situation begreiflich machen. Dabei ist es gewiß kein Zufall, daß heute gerade die Wohlstandsgesellschaften über eine Rauschgiftwelle klagen, die immer bedrohlichere Dimensionen annimmt. Rauschgift ist das ideale Konsumgut schlechthin: Es verspricht Erleichterung und Freude, so daß der erste Schritt für den Konsumenten leicht gemacht wird. Es verändert Psyche und Körper des Konsumenten so, daß es sich selbst unentbehrlich macht. Ein Stammkunde wird gewonnen. Der Entzug ist mit derart großen Opfern verbunden, daß normalerweise 95 bis 99 Prozent der Süchtigen rückfällig werden.

«Das Opium hatte schon lange aufgehört, seine Herrschaft auf den Zauber der Freude zu bauen, und allein durch die Qualen, die jeden Versuch, ihm zu widerstehen, begleiteten, behielt es seine Macht.» So schreibt Thomas de Quincey.[52] Der Süchtige nimmt seine Droge nicht, um sich besser als «normal» zu fühlen, sondern um einen unerträglichen Spannungszustand zu beseitigen. Die rauschgiftfreien Perioden quälen ihn. Nur eine neue Dosis kann diese Qualen dämpfen, auch wenn sie keine Euphorie, kein Glück mehr bringt. Der «Normalzustand» hat sich gewissermaßen auf der Drogenebene neu konstituiert. Wird sie verlassen, dann ist das, was der Nichtsüchtige als gewöhnlichen Zustand erlebt, für den Süchtigen eine Qual. Der Organismus hat seine körpereigenen Regelsysteme auf die ständige Gegenwart eines erregenden oder betäubenden Giftes eingestellt. Fällt dieses Gift fort, dann rächt sich diese Umstellung.

Es ist nicht nur deshalb notwendig, in ein Buch über Konsumverhalten ein Kapitel über Rauschgiftsucht einzufügen, weil viele Verhaltensweisen von Homo consumens den typischen Suchtmechanismen entsprechen. Die Rauschgiftwelle unter den Jugendlichen selbst zeigt, wie ganz typische Prägungen des Wegwerfmenschen auch noch in dem Versuch deutlich werden, die Konsumwelt zu verlassen, nicht im großen Wettrennen mitzulaufen – getreu der Formel des «psychedelischen» Propheten Timothy Leary: *Turn on, tune in, drop out* (verändere dein Bewußtsein mit Hilfe der Droge, schwinge ein in das kosmische Bewußtsein, fall aus der Gesellschaft heraus).

Die Hippies haben ihre schicke Garderobe verkauft und weitgehend auf Konsumgüter verzichtet. Sie richteten Läden ein, in denen man nicht kaufen, wohl aber tauschen (und sogar viele Dinge umsonst mitnehmen) konnte. Aber sie waren viel zu sehr von der Konsumwelt geprägt, um einige weitere Schritte zu tun. Der wichtigste wäre ein Verzicht auf die passive Selbstmanipulation mit Rauschdrogen gewesen. Indem die besitzlosen Hippies ihren inneren Kleinbürger, ihre Bindungen an die Leistungs- und Konsumgesellschaft mit Hilfe eines neuen, besonders zerstörerischen Konsumgutes – nämlich der Rauschdrogen von LSD und Marihuana bis zu Weckaminen und Opiaten – loswerden wollten, haben sie ihre eben gewonnene Freiheit auch schon wieder verraten. In gerade dem Verhalten, durch das sie ihre Eltern und die repressive Gesellschaft am meisten vor den Kopf stoßen wollten, zeigten sie ihre innere Abhängigkeit von dieser Gesellschaft und von den Prägungen durch ihre Eltern. Denn wirklich neu ist am Hippie dann nur noch die Art Rauschgift, die er nimmt. Es erweist seinen Protest als Versuch, mit einem neuen Konsumgut dieselben Verhaltensschemata auszufüllen, die ihm seine Eltern vorleben. Denn die schimpfen zwar über Haschisch und Opium, aber sie greifen zu Alkohol, zur Zigarette, zu Schlafmitteln, Tranquilizern, Aufputschpillen. Sie haben dem jugendlichen Rauschgiftkonsumenten die passive Selbstmanipulation durch Genußgifte schon vorgelebt. Er meint nun, gegen sie zu protestieren, indem er einfach das Gift austauscht, anstatt die zugrunde liegenden Verhaltensweisen zu erkennen und zu überwinden.

Die Vorgeschichte der Rauschgiftwelle zeigt, wie sich in der Welt von Homo consumens eine ursprünglich spirituell gemeinte, freilich schon von einem passiven Glücksstreben geprägte Mode zunächst unter Intellektuellen entwickelt und dann rapide um sich greift, von den Massenmedien gefeiert und verteufelt (beides hat ja, wie wir wissen, denselben Werbeeffekt). Die geistvollen, schwärmerischen Berichte von Aldous Huxley und mehr noch von Timothy Leary über verschüttete Bereiche der eigenen Innenwelt, mystische Visionen, kosmische Erlebnisse, buddhistische Erleuchtung weckten zunächst einmal Neugier auf Rauschgifte, vor allem auch auf das für Schüler und Studenten weit einfacher erhältliche Marihuana. Die sorgfältig vorbereitete, durch das Studium mystischer Literatur (wie des tibetanischen Totenbuches oder zen-buddhistischer Texte) spiritualisierte LSD-«Reise» wurde standardisiert und zum Konsumgut gemacht. Niemand durfte sie versäumen, zumal die in Zeitungen, Fernsehsendungen und Büchern geschilderten Rauschgiftvisionen immer viel schöner, bunter, aufregender waren als die selbst erlebten. Die wirksamste Substanz in der Verbreitung von Rauschdrogen ist die Druckerschwärze geblieben, wie ein amerikanischer Kritiker der Drogenszene gesagt hat. Wenn keine Zeitung, kein Fernsehsender, kein Magazin jemals über Rauschdrogen berichtet hätte, wir hätten heute auch keine 60000 bis 300000 – nach verschiedenen Schätzungen – Frührentner infolge von Rauschgiftsucht. Die sensationell aufgemachten Berichte ersetzten gewissermaßen die Reklame. Was gäbe etwa der Produzent einer Zahnpasta oder eines neuen Schnapses allein dafür, sein Produkt immer wieder auf den Titelseiten zu finden!

Erst einmal zum Konsumgut geworden, auf ein Massenpublikum zugeschnitten, mußten sich gerade jene Unterschiede zwischen den einzelnen Rauschmitteln nivellieren, die für Huxley oder Leary noch höchst bedeutsam gewesen waren. Während diese Alkohol durch synthetische, bewußtseinserweiternde Drogen ersetzen wollten, zeigte sich bald, daß die rauschgiftgefährdeten Jugendlichen keine mystischen Erlebnisse und geistige Befreiung suchten, sondern einen «Überschnaps» (so ein Student über LSD). Der Haschischwelle, die in vielen Intellektuellen freundliche Fürsprecher fand, folgte eine Opiatwelle, in der eben jener Unterschied verlorenging, den die Haschischfreunde für so wesentlich hielten, nämlich der zwischen harten und weichen, zwischen nicht süchtig machenden und süchtig machenden Drogen.

Die Fixer, die heute sagen: «Heroin hält, was Haschisch verspricht», zeigen vielleicht ein besseres Verständnis für die innere Verwandtschaft zwischen sämtlichen Formen der Selbstmanipulation durch Drogen als die geistigen Väter des Psychedelismus, die erwarteten, durch systematische Einfuhr «bewußtseinserweiternder» Rauschdrogen Alkohol und Heroin zu ersetzen.[53] Die tatsächliche Entwicklung scheint jedenfalls eher den Fixern recht zu geben. Wo man in den letzten Jahren Marihuana und LSD fand, findet man heute meist Opium, Weckamine, Heroin. Offensichtlich profitiert nur der *vor* dem Kontakt mit Rauschdrogen seelisch einigermaßen gesunde Mensch von einem gelegentlichen «Trip», einer Auflockerung seiner Abwehrmechanismen durch ein Halluzinogen wie LSD, Psilocybin, Meskalin oder in geringerem Maß Haschisch. Je öfter er eine Droge nimmt, desto eher droht die Gefahr, daß er auf ein «härteres» Gift umsteigt. Und wie beim süchtig konsumierenden Menschen ganz allgemein scheinen auch bei der Rauschgiftsucht gestörte Familienverhältnisse eine wichtige Rolle zu spielen. Alles dürfen diese Kinder haben, das teuerste Spielzeug, aber nicht die Zeit, die ungeteilte Zuwendung der Eltern. Der Drogenkonsum signalisiert, wie Jürgen vom Scheidt sagt: «Ich habe schon seit geraumer Zeit Probleme gehabt; nun aber müßt ihr mir endlich helfen!»

Nach einem unveröffentlichten Bericht, den der *Spiegel* zitiert hat, konsumierte jeder zweite Oberschüler in Hessen schon mehrmals ein illegales Rauschmittel (fast immer Haschisch). Jeder vierte war ernstlich gefährdet, von solchen Mitteln abhängig zu werden. Allein in diesem Bereich waren es über 20 000 Oberschüler (in anderen Bundesländern, wie in Hamburg, erbrachten solche Umfragen noch höhere Prozentsätze), die regelmäßig die verschiedensten Drogen nahmen. Immerhin 2740 Schüler (zwei Prozent) sind bereits auf Opiate umgestiegen; sie werden mit hoher Wahrscheinlichkeit zu jenen jugendlichen Dauerrentnern (eigentlich Sozialhilfefällen, das Recht auf Rente haben die wenigsten erarbeitet), die zu keiner geregelten Arbeit mehr fähig sind. Selbst in einer von Fachleuten betreuten, auf jugendliche Drogenkonsumenten spezialisierten Nervenklinik wie der Station von Mader und Sluga in Wien wurden von 36 Süchtigen, die 18 Monate behandelt worden waren, nur zwei wirklich geheilt. Die Zahl von mindestens 100 000 arbeitsunfähigen Süchtigen durch illegalen Rauschgiftkonsum mag gegenüber den 1 500 000 Alkoholikern in der Bundesrepublik gering erscheinen. Aber viele Alkoholiker suchen erst in höherem Alter, jenseits der vierzig, den Trost aus der Flasche. Bei den Rauschgiftsüchtigen, die sich durch ihr Fixen oder Kiffen kaputtmachen, handelt es sich um Jugendliche zwischen 14 und 24 Jahren.

Inzwischen haben in Amerika zumindest einige Hippie-Gruppen erkannt, daß man nur die inneren Zwänge der Konsumgesellschaft fortführt, wenn man ein parasitäres Dasein führt, Marihuana rauchend in städtischen Parkanlagen von Neugierigen bestaunt, die sich zum Dank für die Show anbetteln lassen. Sie sind hinaus aufs Land gezogen, gründeten «makrobiotische» Kommunen (von denen es allein in Kalifornien inzwischen an die 5000 gibt), in denen sie Gemüse und Obst ohne Kunstdünger und Insektengifte für den eigenen Gebrauch und auch für den Reform-Markt züchten. Indem sie sich wirtschaftlich unabhängig machen, haben diese Gruppen Jugendlicher eine echte Alternative zur Konsumgesellschaft aufgebaut; interessanterweise hört man seither in den Massenmedien sehr viel weniger von ihnen.

Die pittoresken Rauschgiftkonsumenten in San Franciscos Stadtteil Haight Ashbury waren eine Sensation. Die ernüchterten Gemüse- und Hühnerzüchter auf dem Land sind es nicht mehr, vielleicht deshalb, weil sie eine erheblich stabilere und deshalb auch gefährlichere Alternative zur Konsumgesellschaft gefunden haben. Mehr noch: Die Rauschgift konsumierenden Hippies machten Reklame für eine mächtige amerikanische Industrie, die im Jahr weit mehr umsetzt als der Autogigant General Motors (die umsatzstärkste «legale» Firma der Welt): die Mafia, die den internationalen Rauschgifthandel beherrscht. Man wird den Eindruck nicht los, daß die Gangs Amerikas ihre Hand in dem durch die Hippies eingeleiteten Drogenrummel hatten. Während die Blumenkinder glaubten, sich der Gesellschaft zu verweigern und noch im Rauschgiftkonsum ihren Protest zu formulieren, öffneten sie der übelsten Form des internationalen Kapitalismus Tor und Tür: dem organisierten Rauschgifthandel, in dem nicht ein Produkt an einen Käufer, sondern ein Käufer an das Produkt verkauft wird (wie William Burroughs gesagt hat).

Solange die Hippies Drogen nahmen, interessierten sich die Massenmedien Amerikas brennend für sie. Als ein Teil von ihnen damit aufhörte, konzentrierte sich die Aufmerksamkeit auf jene Unglücklichen, die von Haschisch zu Heroin übergegangen waren (ein Verhalten, das offensichtlich sehr eng mit dem Verbleiben in einer Großstadt zusammenhängt; allein in New York gibt es mindestens 200 000 Heroinsüchtige, unter ihnen etwa 50 000 Jugendliche).

Ob unfreiwillig oder zumindest teilweise absichtlich – die Massenmedien hätten dem organisierten Rauschgifthandel keine besseren Dienste erweisen können, als sie es durch ihre Berichte taten. Was da ablief, wirkte besser als die teuerste Werbekampagne. Nur was die Hippies als neues Konsumgut entdeckten – die Rauschdrogen – wurde aufmerksam verfolgt. Der zukunftweisende, erheblich wichtigere Teil ihrer Ideologie, der Konsumverzicht, ist fast immer mit Stillschweigen übergangen worden.

Es gibt kein Mittel, seelische Vorgänge zu verändern, das nicht zum Suchtmittel werden kann; die Persönlichkeit des Konsumenten macht aus, ob es ein Suchtmittel ist oder nicht. Von den vielen Menschen, die einmal in ihrem Leben eine bestimmte Rauschdroge kennenlernen, bleiben nur recht wenige «hängen». Selbst bei den schwersten Suchtgiften, wie Heroin und Morphin, ist es nicht die Droge selbst, die den Betroffenen süchtig macht. Sie wird benutzt, um unbewußte oder bewußte seelische Konfliktspannungen zu mildern, einer belastenden inneren oder äußeren Situation zu entfliehen. Dabei überwiegt in der heutigen Rauschgiftwelle die «innere» Belastung, während früher Rauschgiftsucht vorwiegend auf Grund äußerer Belastungen entstand (etwa die Opiumsucht des hungernden chinesischen Kuli, die Kokainsucht des peruanischen Lastenträgers, die Morphinsucht des von Schmerzen geplagten Kriegsverletzten.

In der Welt von Homo consumens gibt es legale und illegale Rauschmittel und endlich noch eine ganze Reihe von Verhaltensweisen, die sich ebenfalls suchtartig einschleifen können, obschon sie nur sehr selten unter diesem Gesichtspunkt betrachtet werden. Die legalen Rauschgifte fordern immer noch weit mehr Opfer als die illegalen. Alkoholisierte Fahrer töten jedes Jahr in Westdeutschland 5000 Menschen im Straßenverkehr und verletzen rund 50 000 weitere (man rechnet damit, daß in 25 bis 50 Prozent schwerer Unfälle Alkohol im Spiel ist; ich bin hier von dem geringeren Wert ausgegangen, so daß die tatsächliche Zahl wohl noch höher ist).

Das Genußgift Nikotin ist eine der wichtigsten Ursachen für jährlich 20 000 Lungenkrebsopfer und für einen wohl noch größeren Anteil der Opfer verschiedener Gefäßkrankheiten (Herzinfarkt, Durchblutungsstörungen, Schlaganfall); insgesamt schätzt man die Todesfälle durch Zigaretten auf 50 000 pro Jahr allein in Deutschland.

Wer sich ein wenig unter seinen Mitmenschen umsieht, beobachtet die verschiedensten Süchte. Dabei wollen wir alles hier einordnen, was als Beschwichtigungsmittel seelischer Spannungen unentbehrlich geworden ist und auf die Dauer den Organismus schädigt. Es gibt Arbeitssüchtige, die am Wochenende nervös und während eines längeren Urlaubs vollends unerträglich werden (weshalb sie entweder halb stolz, halb leidvoll versichern, seit Jahren keinen Urlaub gemacht zu haben, oder Berge von Arbeit an den Ferienort mitnehmen). Es gibt Fernsehsüchtige, die jeden Tag stundenlang die albernsten Programme verfolgen, nachher darüber jammern und am nächsten Tag wieder magisch von dem flimmernden Schirm angezogen dasitzen. Es gibt Hausfrauen, deren Sauberkeitsstreben zur Sucht geworden ist, die ein Fleck auf einem Möbelstück in Verzweiflung stürzt. Es gibt Autonarren, die lieber ihre Frau als ihren Führerschein verlieren würden, es gibt Lärmsüchtige, die noch auf einsamen Spazierwegen ihr Kofferradio oder ihren Kassettenrecorder mitschleppen und ohne Geräuschkulisse schrecklich nervös werden (obschon längst bekannt ist, daß dauernder Lärm das vegetative Nervensystem überreizt und schädigt). Überall in der Konsumgesellschaft lassen sich suchtartige Mechanismen beobachten, die sehr oft von Industrie und Reklame gefördert werden, weil sie den Absatz der Produkte steigern und die Produkte — wie Rauschgift auch — durch die Folgen ihrer Anwendung unentbehrlich machen. Die gesamte Konsumwelt ist eine Droge. Sie spendet uns scheinbar Lust, verschlechtert aber zugleich die Lebensqualität zunehmend, so daß uns dieser Trost immer unentbehrlicher wird, während zugleich die süchtige Abhängigkeit von ihm dazu führt, die Dosis des Suchtgiftes zu steigern, wodurch die Lebensqualität sich weiter herabmindert. Und wie alle Süchtigen ist Homo consumens überzeugt, er könne entweder immer so weitermachen oder doch notfalls sofort aufhören.

III Konsumverzicht

Eine realistische Utopie

Viele Menschen wissen heute: So kann es nicht mehr weitergehen. Aber ihre Konsumentenhaltung ist schon derart stark entwickelt, daß sie eine Lösung wiederum von anderen Leuten erwarten – die einen von der Regierung, die anderen von einer Revolution, die dritten dadurch, daß alles noch viel schlechter wird, ehe sich irgend jemand entschließt, etwas zu ändern. Ich verstehe den Konsumverzicht in jedem Fall als Einzelmaßnahme, die man weder über- noch unterschätzen darf. Sie wird immer dazu beitragen, das Maß der Umweltvergiftung zu vermindern; fast wichtiger noch sind aber ihre psychologischen Vorzüge. Dazu ist es vor allem notwendig, eine Ethik des Konsumverzichts zu skizzieren.

Mir scheint, daß es vor allem darauf ankommt, eine solche Ethik radikal genug zu formulieren. Die bisherigen Listen über umweltfreundliche Maßnahmen, die etwa der *World Wildlife Fund* zirkulieren läßt, sind geradezu lächerlich bescheiden. Wenn das heute in der Gesellschaft verwirklichte, ständig expandierende Konsummaximum wirklich einmal kritisch reflektiert werden soll, dann muß man schon mehr verlangen, als vom Kauf von Bier und Cola in Aluminiumdosen abzuraten («Sie werfen mit der leeren Dose viel Energie weg, weil zur Herstellung von Aluminium sehr große Elektrizitätsmengen erforderlich sind») oder sein Auto einem Abgastest unterziehen zu lassen.

Grundsätzlich *jeder* Kauf muß zu einer spezifisch ethischen Frage werden; *jeder* Konsumartikel ist ein Mosaiksteinchen in dem Moloch Umweltverschmutzung. Die Frage: «Ein neues Auto kaufen oder das alte behalten?» ist nicht nur eine finanzielle Frage, sondern auch und vor allem ein moralisches Problem, ebenso wie die Anschaffung einer Zweitwohnung, eines Zweitwagens, eines Farbfernsehers, neuer Möbel, neuer Küchenmaschinen, wie die Waschmittelmenge in der Waschmaschine oder der Kauf einer Geschirrspülmaschine, wie die Frage, ob man nun jeden Tag ein Wannenbad nehmen soll oder ob es nicht auch genügt, sich zu duschen. Wir sind längst zu viele Menschen, um uns eine andere Ethik überhaupt noch leisten zu können. Wir müssen lernen, daß wir nur bei jenen Tätigkeiten, die absolut keine Gefahr für unsere Umwelt darstellen, ein wirklich gutes Gewissen haben dürfen – etwa beim Spazierengehen. Es ist dumm und unethisch, nur «zum Spaß» mit dem Auto in der Gegend herumzufahren, elektrische Energie zu verschwenden, weil sie ja doch so billig ist, oder irgendeinen Gegenstand in Wegwerfpackung zu kaufen, den man auch in einer Pfandflasche bekommen kann.

Die Ethik des Konsumverzichts

Menschliches Zusammenleben ist zwar ohne ethische Vorschriften undenkbar, aber bisher haben nur sehr wenige Entwürfe einer Ethik das Wohl der gesamten Menschheit genügend in Betracht gezogen. Immer waren Mörder Mörder, Diebe Diebe, weil sie Leben oder Besitz von Angehörigen der eigenen Gruppe – des steinzeitlichen Dorfes, der griechischen Polis, der deutschen oder französischen Nation – beschädigten. Galt der Mord einem Angehörigen der Fremdgruppe, dann war der Mörder mit einemmal ein wagemutiger Krieger, ein pflichtbewußter Soldat, der Dieb ein kühner Eroberer oder Kulturbringer (wie es die Geschichte des Kolonialismus überdeutlich gezeigt hat).

Heute haben sich viele zivilisierte Staaten geeinigt, auch ein sogenanntes internationales Recht anzuerkennen und Institutionen wie Interpol oder die UNO zu seinen Hütern zu machen. Aber hier fängt man nur die kleinen Gauner; die großen Konflikte werden immer noch nach dem Prinzip entschieden, daß ein Gramm Nutzen für die eigene Gruppe mehr wiegt als eine Tonne Schaden für die «anderen». Ob wir nach Bengalen, nach Vietnam, nach Südafrika oder nach Brasilien blicken (wo landhungrige «Zivilisierte» die Indianer zu Hunderten abschlachteten), überall wird deutlich, daß der Gruppenegoismus immer noch viel stärker ist als die Solidarität der Menschheit schlechthin. Die Besatzung des Raumschiffs Erde achtet kaum auf den Kurs und kümmert sich wenig um die rapide Zunahme hungriger Münder und die stete Abnahme der Lebensqualität. Zu sehr ist sie damit beschäftigt, kleinliche Vorteile zu gewinnen, kleinlichen Streit auszutragen, als daß sie an das Überleben des Ganzen denken könnte.

Für jeden Menschen, der intelligent genug ist, um dieses Ganze und seine ungeheuerliche Gefährdung überhaupt zu sehen, sollte klar sein, daß dieses Verhalten im höchsten Grad unmoralisch ist. Er kann sich nicht damit zufriedengeben, daß es seine eigene Gruppe – die der reichen Industriegesellschaft – ist, die 87 Prozent der Rohstoffquellen und Bodenschätze verbraucht, während sie nur ein Drittel der Weltbevölkerung stellt. Denn es entsteht auf diese Weise nicht nur ein gefährliches Gefälle zwischen Nord und Süd, zwischen den technischen Zivilisationen und den Entwicklungsländern, sondern die Lebensqualität in den Zivilisationen selbst sinkt rapide ab.

So liegt eine große Gerechtigkeit darin, daß eben jener Teil der Menschheit, der überflüssige Dinge in Massen produziert und wegwirft, an seiner Gesundheit Schaden leidet, seine Umwelt zerstört, seine mitmenschlichen Beziehungen einebnet und abtötet. Wie die anderen der Hunger, so töten ihn seine Gefräßigkeit und künstlich erzwungene Trägheit. Die in allen hochzivilisierten Ländern nachweisbare, rückläufige Entwicklung der durchschnittlichen Lebensdauer von Homo consumens redet hier eine deutliche Sprache. Aber selbst wenn die Quantität des Lebens nicht nennenswert beeinträchtigt wird – seine Qualität hat sich in den letzten Jahren deutlich verschlechtert. Das besagen die Computer-Modelle von Professor Jay W. Forrester[54], die das größte Glück der größten Menschenzahl für 1960 errechneten und danach für die Menschheit negative Prognosen geben. Und es zeigt auch ein Gang mit offenen Augen durch eine ganz beliebige Großstadt, die wir seit zehn Jahren nicht mehr gesehen haben (denn wenn wir in ihr leben, bemerken wir die Verschlechterung der Luft, die ausgreifenden Polypenarme der Vororte, das immer schmutzigere Flußwasser nicht mehr).

Die Zukunft wird kürzer sein als die Vergangenheit, hat Ernst Basler gesagt.[55] Mit einer jährlichen Zuwachsrate von zwei Prozent verdoppelt sich die Weltbevölkerung binnen 35 Jahren. Das reale Wirtschaftswachstum beträgt weltweit jährlich 3,3 Prozent, folgerichtig werden die nächsten sechzehn Jahre ebenso viele Veränderungen bringen wie die letzten 40 Jahre. Das heißt auch, daß die Umweltverschmutzung in demselben Tempo zunehmen wird. Die bisherigen Maßnahmen können kaum den Produktionszuwachs der Wirtschaft in den Industriestaaten auffangen und umweltunschädlich machen, während man in den Entwicklungsländern naturgemäß auf «langfristige, unproduktive Investitionen» (wie Wirtschaftsfachleute Umweltschutzeinrichtungen nennen) verzichten wird, um nur die kurzfristige Produktivität anzukurbeln.

In den letzten 90 Jahren hat Homo consumens bei einem jährlichen Anstieg der Erdölproduktion von etwa sieben Prozent nur den zwanzigsten Teil der natürlichen Erdölvorräte aufgebraucht. Wenn es aber so weitergeht, dann können wir in etwa 40 Jahren unsere Ölheizungen und Automobile ohnedies verschrotten: Es gibt kein Benzin und kein Heizöl mehr. Schlimmer ist, daß auch die natürliche Fruchtbarkeit durch Überdüngung mit Mineralsalzen langsam aber sicher vermindert wird. Ein Schüler von Forrester, Dennis L. Meadows, hat ebenfalls mit Hilfe eines Computermodells die notwendigen Maßnahmen zu ermitteln versucht, um die ständige Abnahme der Lebensqualität aufzuheben, ja wieder einen Anstieg zu erreichen. Seine Empfehlungen: «Die durchschnittliche Kinderzahl pro Familie muß weltweit auf zwei beschränkt werden; die Nahrungsmittelerzeugung für alle Menschen muß absoluten Vorrang erhalten, auch wenn dies ‹unwirtschaftlich› sein sollte, soziale Dienstleistungen (Erziehung, Gesundheit) müssen Vorrang haben vor der Herstellung materieller Güter; die Produktion des landwirtschaftlich genutzten Bodens soll etwas zunehmen; die produzierten Güter sollen dauerhafter sein (Reparatur an Stelle von Wegwerfen); für Umweltschutz und Wiedergewinnung von Rohstoffen aus Abfall sollte mehr Energie gewonnen werden, auch wenn dadurch die Gesamtproduktivität zurückgeht.» [56]

Man darf also sicher sein, daß Konsumverzicht in seinen verschiedenen Formen ein wesentlicher Bestandteil jeder Ethik ist, die das Überleben des Menschen auf dieser Erde ermöglichen kann. Es wäre sogar denkbar, hier einzuwenden, er sei gar keine ethische Forderung, da man doch dort kaum von einer ethischen Entscheidung sprechen könne, wo die Alternative eine lebensbedrohliche Situation ist, die niemand herbeiwünscht. Aber der gegenwärtige Verzicht auf einen (gewiß fragwürdigen) Lustgewinn verdient doch diese Betrachtung. Die Rechnung müßte ja erst die nächste Generation zahlen.

Wir werden sehen, daß es hier gar nicht nötig ist, nun neue ethische Prinzipien zu entwerfen. Wenn man nur konsequent genug denkt und sich nicht von Werbespezialisten, Industriemanagern oder professionellen Optimisten (die etwa behaupten, mit einem mathematischen Modell könne man die Zukunft nicht voraussagen, weil der Mensch gerade in Notsituationen besonders kreativ werde – darauf also sollen wir uns verlassen!) beeinflussen läßt, dann laufen alle ethischen Prinzipien, die jemals von den großen Religionsstiftern, Philosophen oder philosophierenden Wissenschaftlern aufgestellt worden sind, auf eine solche Ethik des Konsumverzichts hinaus. Das mag übertrieben klingen, weil hier ein einzelner Bereich ethisch bedeutsamen Verhaltens herausgestellt wird. Aber es kann doch kein Zweifel daran bestehen, daß die christliche Nächstenliebe heute von uns Konsumverzicht (und Geburtenkontrolle) verlangt ebenso wie die uralte hinduistische Regel des Ahimsa, des Schutzes von Leben, oder die buddhistische Ethik. Wir können uns an die Tradition Platons ebenso erinnern wie an den Kyniker Diogenes, der Bedürfnislosigkeit als den größten Reichtum pries und den Konsumverzicht doch wohl etwas übertrieb, als er seinen ledernen Becher wegwarf, weil er einen Knaben aus der hohlen Hand trinken sah. Kants zentrale Maxime, wonach die persönliche Verhaltensregelung so beschaffen sein müsse, daß sie zugleich verbindliches Gesetz für jeden anderen Menschen in der gleichen Situation sein könne, ist ebenfalls ein sehr wichtiger Leitfaden. Wenn die Verhaltensweisen von Homo consumens einmal Allgemeingut der Menschheit werden sollten, wird das «Selbstmordprogramm» rasch bis zum bitteren Ende ablaufen. Die Grundthese des Pragmatismus, wonach die Ethik das größtmögliche Glück der größtmöglichen Zahl von Menschen sichern soll, kann eine Ethik des Konsumverzichts ebenso stützen wie die ethischen Konzeptionen des Marxismus. Sie sind ja der pragmatischen Lehre recht ähnlich, gerade im Kommunismus hat der Gedanke eine lange Tradition, Opfer für das Wohl künftiger Generationen zu bringen.

Den positiven Aspekten einer Ethik des Konsumverzichts stehen eigentlich keine negativen Aspekte gegenüber – es sei denn, man hält es für negativ, einen Menschen dazu zu zwingen, auf den Genuß von Gütern zu verzichten, die ihn selbst und seine Mitmenschen ruinieren. Da dieser Verzicht nur für Überflüssiges gefordert wird, dürfte keines der grundlegenden Menschenrechte verletzt werden. Das Streben der Industriellen, ihre Gewinnspannen auf Kosten der Umwelt und der allgemeinen Lebensqualität zu vergrößern, steht in keiner Charta der Menschenrechte.

Das Wort «zwingen» ist gefallen; es wird vielleicht meinen Lesern nicht behagen. Aber wie heute praktisch jedermann gezwungen ist, mitzukonsumieren, Überflüssiges zu kaufen, weil er das Notwendige gar nicht mehr bekommt, irreparablen Schund zu erwerben, weil sich die Produktion reparaturgünstiger, hochwertiger Güter weniger lohnt, so wird man auch Homo consumens zum Verzicht zwingen müssen. Erst wenn in den Städten nur noch ganz wenige Autos fahren, ist es wieder ungefährlich und angenehm, sein Fahrrad zu besteigen. In einer gesundeten, vom Konsumverzicht geprägten Gesellschaft wird die industrielle Produktion langsam abnehmen, bis ein Niveau erreicht ist, auf dem die Umwelt sich erholen kann.

Es gibt verschiedene Wege, um die Produktion solcher Güter stark einzuschränken. Der erste wäre rigorose Besteuerung, wobei die Erträge dieser Steuern dazu verwendet werden sollten, neue Arbeitsplätze in den Bereichen der Erziehung, des Umweltschutzes und der Gesundheitspflege zu schaffen, auf denen sich die öffentliche Armut der Konsumgesellschaft bisher am stärksten bemerkbar machte. Es ist absurd, daß in manchen Bundesländern eine Lehrerin vierzig Volksschüler unterrichten soll, während in vielen Geschäften vierzig Verkäufer auf ebenso viele Kunden treffen. Allerdings steht sehr zu befürchten, daß keine demokratische Regierung mit schwachen Mehrheitsverhältnissen es wagt, hier sinnvolle Maßnahmen zu ergreifen, solange sie fürchten muß, Entwöhnungsversuche könnten ihr Homo consumens als Wähler entziehen.

Deshalb steht der Konsumverzicht an der «Basis» der Gesellschaft, als individuelle, spontane Aktion, an der ersten Stelle einer Verwirklichung der hier angedeuteten Ethik. Wenn diese Ethik genügend verbreitet ist, werden sich Politiker auch eher zu gesetzgeberischen Maßnahmen bereitfinden und zunächst etwa vorsichtig besonders überflüssige (Kosmetika), gesundheitsschädliche (Alkohol, Tabak, Benzin) und umweltschädliche (Kunststoffpackungen, Einwegflaschen, Kunststofftüten und -folien, Automobile) Konsumgüter so hoch besteuern, daß Konsumverzicht erzwungen wird. Eine steilere Progression der Einkommens- und Vermögenssteuer sollte gleichzeitig verhindern, daß die besser situierten Exemplare von Homo consumens sich diese Konsumgüter noch unbedenklich leisten können. Ihre zurückgehende Investitionsneigung, mit der die Industriebosse angesichts einer vermehrten Steuerprogression zu drohen pflegen, sollte gerade eine Regierung, die zum Abbau sinnlosen Konsumierens entschlossen ist, nicht mehr schrecken. Die Sicherheit der Arbeitsplätze kann trotzdem gewährleistet werden, da die Produktivkräfte ja in sehr personalintensive Arbeitsbereiche eingebracht werden sollen, nämlich in ein verbessertes

Erziehungs- und Ausbildungssystem, in eine auf Prophylaxe hin orientierte Gesundheitsversorgung. Die bessere Schulbildung andererseits würde es den heranwachsenden Generationen noch leichter machen, sich vom Konsumverhalten zu emanzipieren.

Eine solche Entwicklung würde auch das Verhältnis zwischen den Industriestaaten und den Ländern der Dritten Welt einschneidend verändern. Man sähe nicht mehr nur die Armut, sondern auch eine Schonung der Umwelt dieser Länder, die Vorbild werden könnte. Vor allem aber wäre man in der Lage, sie nicht mehr als Rohstofflieferanten und neue Märkte für die eigenen Konsumgüter auszubeuten, sondern ihnen wirklich zu helfen, wiederum vor allem auf dem Gebiet der Ausbildung und der Gesundheitsfürsorge. Erst eine solche Hilfe, durch die nicht wie bisher eine winzige Oberschicht der Entwicklungsländer sich den Konsumgesellschaften angleichen kann, während die Massen verelenden, würde die Probleme der Dritten Welt (und damit das wichtigste Weltproblem) einer Lösung näher führen. Nur eine nicht auf Konsum abgestellte Gesellschaft kann den Menschen in den wenig entwickelten Ländern wirklich helfen.

Im Bereich der Europäischen Gemeinschaft werden jährlich bis zu 900 Millionen Kilo Obst vernichtet. Man hätte sie kaum in die Länder transportieren können, in denen Kinder bis zu ihrem zehnten Lebensjahr noch keine Orange, keinen Pfirsich gesehen haben. Aber im Herzen des italienischen Obstanbaugebietes, in der Emilia, haben in Großstädten wie Bologna fünf Prozent der Kinder noch nie Obst gegessen – weil es zu teuer ist.[57]

Emanzipation vom Konsumverhalten ist nicht zuletzt deshalb für eine echte Entwicklungshilfe lebensnotwendig, weil Homo consumens vielfach gar nicht in der Lage ist, angemessen auf die Bedürfnisse der Länder in der Dritten Welt zu reagieren. Er übergibt ihnen besonders gern seine abgewrackten Waffensysteme und eine Fülle überflüssiger Güter. Er liefert, wie im Fall Ghana, einige tausend Klosettschüsseln in eine Stadt ohne Wassernetz – eben jene Klosettschüsseln, die sich längst als verfehlte Methode erwiesen haben, menschliche Ausscheidungen zu beseitigen, weil sie das immer knapper werdende Trinkwasser verbrauchen. Er verkauft den Entwicklungsländern seine rasch verschleißenden Automobile, Kühlschränke, Fernseher, aber verhilft ihnen nicht zu einer funktionierenden Infrastruktur, zu einem guten Ausbildungssystem, das auf die Bedürfnisse des Landes zugeschnitten ist. Wenn in Paris allein mehr südvietnamesische Ärzte praktizieren als in ganz Vietnam[58], dann zeigt sich sehr deutlich, daß diese Ärzte falsch ausgebildet wurden. Man hat sie auf die Schulen von Homo consumens geschickt, sie nach seinen Bedürfnissen geprägt, kein Wunder, daß sie nicht mehr in ihr Heimatland zurückfinden. Warum sollen die Menschen in den Tropen nicht nackt und barfuß gehen und in einfachen Hütten wohnen? Die früheste Form des Bedürfnisexports war die strenge Mahnung der Missionare an die Eingeborenen in Afrika, Ozeanien, Australien und Amerika, ihre «sündhafte» Nacktheit mit europäischen Lumpen zu bedecken. Von den christianisierten «Wilden» konnte man nun mühelos für alte Kleider und schlechten Baumwollstoff wertvolle Naturschätze eintauschen. Die Feuerländer, die nicht an Kleider gewöhnt waren, verloren so ihre natürliche Abhärtung und sind nicht zuletzt deshalb praktisch ausgestorben. Ein vom Konsum emanzipierter Mensch wird sich nicht mehr bemühen, seinen eigenen, fragwürdigen Fortschritt in die Entwicklungsländer zu exportieren, um sie auf die Bedürfnisse seiner Exportindustrie zu prägen, sondern er wird versuchen, diese Menschen ihren eigenen Weg finden zu lassen und sie vor den Irrtümern zu bewahren, in die ihn sein technischer Fortschritt getrieben hat. Auf der anderen Seite sollte sich Homo consumens bewußt werden, daß seine Überflußgesellschaft in vieler Hinsicht nur durch eine systematische Ausbeutung der Dritten Welt möglich ist. Wenn er seinen Verschwendungskonsum zügelt, wird auch diese Ausbeutung abnehmen; aktive Hilfe muß eine solche negative Praxis unterstützen.

Wir haben bisher versucht zu zeigen, wie die Menschheit auf eine Ethik des Konsumverzichts angewiesen ist und aus ihr Nutzen ziehen kann. Aber was für alle gilt, gilt auch für jeden einzelnen. Wenn das heute praktizierte Konsumverhalten den Menschen verdummt, seine schöpferischen Fähigkeiten verschüttet, sein Gefühlsleben entleert und verkümmert, seine Gesundheit zerstört, dann wird der Verzicht auf dieses Verhalten der erste Schritt zu einer echten Selbstverwirklichung und einer neuen Identität des Menschen sein. Wenn der Konsumzwang heute die Beziehungen zwischen den Geschlechtern erfaßt und sie ihrer echten Bindungen entkleidet, dann wird Konsumverzicht eine echte Gleichberechtigung der Geschlechter und eine ausgewogene Verteilung ihrer Aufgaben ermöglichen.

Ich möchte hier nicht wie ein Werbetexter den Konsumverzicht beschönigen, indem ich nach der Grundforderung *be positive* – nur Positives sagen! – die teilweise harten Forderungen in vergnügliche Gewinne ummünze. Es ist nicht leicht für einen Süchtigen, sich vorzustellen, daß er sich entwöhnt besser fühlen wird. Glücklicherweise aber ist die Abhängigkeit des Homo consumens von seinen überflüssigen Gütern rein seelisch (mit Ausnahme der Gifte Alkohol und Tabak in den extremen Fällen des süchtigen Trinkers oder Rauchers), so daß eine Entwöhnung nicht ganz aussichtslos scheint. Wenn erst einmal unser täglicher Konsum zu einem in seinem ganzen Umfang erkannten Problem geworden ist, scheint mir schon viel gewonnen. Alternativen zum Konsumverhalten müssen erst wieder einmal denkbar werden. Die falsche Selbstverständlichkeit, mit der Homo consumens seine Umwelt und sich selbst zerstört, muß aufgegeben werden. Auf die Dauer gesehen können wir durch Wirtschaftswachstum und gesteigerten Konsum nur noch verlieren, durch Konsumverzicht nur noch gewinnen.

Konsum und Freiheit

Es gibt heute eigentlich keine ernsthaft diskutierte Ethik mehr, die nicht den Wert der Freiheit hoch einschätzt. Wie wir schon gesehen haben, sind Freiheit und Freizügigkeit Versprechen, mit denen die Reklame Käufer anlockt und mit denen politische Systeme einander zu übertrumpfen versuchen. Dabei wird Freiheit von Zügellosigkeit oder Willkür abgegrenzt. Nur solange sie die Freiheit des anderen achtet, kann sie Toleranz verlangen. Homo consumens ist überzeugt, die in seiner Welt gültigen Freiheiten: zu produzieren, was man will, zu verkaufen, wieviel man kann, und zu kaufen, was auch immer möglich ist, seien Zeichen eines erreichten hohen Freiheitsgrades, der unbedingt gegen Zwangswirtschaft, Beschränkung der freien Unternehmer und ähnliche Maßnahmen geschützt werden müsse.

Während die Reklame Freiheit verspricht, aber Pseudofreiheit, Unfreiheit und Sklaverei verkauft, ist in der Welt von Homo consumens jeder Akt des Konsumverzichts ein Schritt mehr zu wirklicher, innerer wie äußerer Freiheit. Und während in der Überflußgesellschaft die Freiheit, zu produzieren und die Produktion zu steigern, zu verkaufen und den Verkauf zu manipulieren, längst zur Zügellosigkeit geworden ist – denn die Freiheit des Nächsten wird durch diesen schrankenlosen Verbrauch natürlicher Rohstoffe, reiner Luft, sauberen Wassers, unverbauter Landschaft ja bedroht und zerstört, das Überleben der nächsten Generationen gefährdet –, finden wir im Konsumverzicht jene echte Freiheit wieder, welche die Freiheit des Nächsten nicht antastet, seine

Zügellosigkeit jedoch in ihre Schranken verweist. Es ist kein Beweis für Freiheit, mit dem Auto durch die Straßen fahren und die Luft verpesten zu dürfen, sondern ein Beweis der Zügellosigkeit gegenüber den Fußgängern und den Bewohnern der Häuser, deren Recht auf reine Luft nicht respektiert wird. Man wird Konsumverhalten immer da durch Zwang begrenzen dürfen (und müssen), wo es die Freiheit anderer Menschen antastet. Und solange niemand wagt, diesen Zwang auszuüben, weil auch die Politiker von der Konsumwelt geprägt sind und selbst die einsichtigen unter ihnen um ihre Wähler fürchten, kann man nicht oft und laut genug sagen, daß zügelloser Konsum unmoralisch ist.

Jeder Gegenstand, den ein Mensch haben «muß», verkleinert seinen Freiheitsspielraum. Je weniger wir von unserem Konsumverhalten emanzipiert sind, desto enger und kleiner ist unsere Welt. Wer ein Badezimmer und jeden Tag frische Wäsche braucht, kann nicht in Berghütten oder im Zelt leben; wer nur noch ein Automobil, nicht aber seine Beine bewegen kann, ist für immer an die stinkenden oder staubigen Bänder der Straßen gefesselt und an die Angst, sein Vehikel könnte kaputtgehen, ohne daß eine Werkstätte in der Nähe ist. So geht das mit vielen Dingen. Viele Menschen haben es etwa, der Getränkeindustrie zur Freude, regelrecht verlernt, Wasser zu trinken, das besser schmeckt und auch weit gesünder ist als Limonade oder Cola. Aber Homo consumens erwirbt ja nicht dieses düstere Gebräu, sondern Pseudospannkraft, Pseudoanregung, Pseudojugend. Nur für wirklich reiche Menschen ist Besitz keine Bürde; für das durchschnittliche Exemplar von Homo consumens, das stets bis an den Rand seiner Verhältnisse konsumiert, wird er nicht selten zu einer Last, an der er schwerer schleppt als die Bagno-Sträflinge an ihren Eisenkugeln. Die Raten sind noch nicht bezahlt, und schon flimmert der Fernseher, die Waschmaschine gibt ihren Geist auf, das Auto bleibt auf der Landstraße liegen.

Wir sagten schon einmal, daß sich die Gleichung «Zeit ist Geld» nicht umkehren läßt. Selbst Märchenerzähler respektieren fast immer die bittere oder tröstliche Wahrheit, daß kein Milliardär auch nur einen einzigen Tag seines Lebens zurückkaufen kann. So wird die in der Konsumwelt verschüttete Wahrheit wieder deutlich, daß Geld nicht Zeit ist, sondern unendlich viel weniger wert. Und gleichzeitig kann man die verblüffende Tatsache entdecken, daß es gerade die mit zeitsparenden Apparaturen vollgestopfte Welt von Homo consumens ist, in der niemand Zeit hat, während in den ärmeren Ländern das (irische) Sprichwort gilt: «Als Gott die Zeit erschuf, hat er genug davon gemacht.»

Das Leben in einem Haus ohne fließendes Wasser, Straßenanschluß und elektrisches Licht könnte zeigen, daß der erzwungene Verzicht auf die Annehmlichkeiten des zivilisierten Haushalts vom Kühlschrank bis zum Telefon, von der Waschmaschine bis zur Ölzentralheizung nicht Zeit kostet, sondern Zeit schenkt. Und wenn man andererseits sieht, wie in der Konsumwelt immer schneller fertige Fertiggerichte, immer rascher arbeitende Mikrowellenöfen, immer stärker motorisierte Automobile verkauft werden, wie man selbst die Bankschalter so einrichtet, daß man sie vom Auto aus besuchen kann, und die Flugzeuge in Überschallgeschwindigkeit über den Atlantik schicken möchte (trotz der erschreckenden Lärmbelästigung und anderer Umweltschäden), dann muß man sich doch fragen, ob wir hier Zeit gewinnen oder sie verlieren.

Ich bin überzeugt, daß wir Zeit verlieren – einmal in der Form von Geld (der Mann macht Überstunden, um seiner Frau die Geschirrspülmaschine zu kaufen), zum zweiten in Form von Dienstleistungen für unsere geliebten Apparaturen (wieviel Zeit und/oder Geld kostet es, eine defekte Waschmaschine oder ein Auto zu reparieren), zum dritten, weil die scheinbar arbeitsparenden Maschinen Homo consumens verlocken, sein Zeitkonto gewissermaßen zu überziehen. Die Hausfrau läßt jeden Tag die Waschmaschine laufen und bringt die Kinder dazu, jeden Abend auch die noch tadellos saubere Wäsche einfach hineinzustopfen. Dann hat sie aber mit dem Trocknen, Bügeln und Einräumen der Wäsche mehr Arbeit, als sie früher mit ihrer wöchentlichen Handwäsche hatte (und verschmutzt auch die Umwelt erheblich mehr). Der Autobesitzer spart zwar einige Minuten mehr ein, wenn er selbst die Zeitschriften vom Kiosk mit Hilfe seines «Flitzers» abholt (ob er auch seinen Arbeitsplatz oder sein Urlaubsziel schneller erreicht als mit öffentlichen Verkehrsmitteln, ist ja heute schon fraglich). Aber diese Zeit verliert er (selbst wenn wir ihm den Kaufpreis nicht als Zeitverschwendung anrechnen) bereits beim Waschen und Frottieren, beim Wachsen und Pflegen, beim Warten in Werkstätten.

Der Wert der Zeit liegt vor allem darin, daß allein in ihr, und für jeden von uns nur in einer sehr begrenzten Spanne, menschliche Werte verwirklicht werden können, darunter auch der der Freiheit. Dehmel hat es in seinem Arbeiter-Gedicht ganz deutlich gesagt:

> «Und uns fehlt nur eine Kleinigkeit,
> um so frei zu sein, wie die Vögel sind:
> nur Zeit.»

So ist es heute noch; aber im Gegensatz zur Epoche des Frühkapitalismus gibt es für Homo consumens einen Ausweg, um seine geraubte Zeit und mit ihr seine Freiheit zurückzuerobern: den Konsumverzicht. Er würde ihn nicht nur von Überstunden befreien, die vielfach schon fast zur Regel geworden sind, sondern vor allem auch die angebliche «Freizeit» wieder zu einer wirklich freien Zeit machen, die nicht mehr zwanghaft-süchtig mit den verschiedensten Formen des Konsums ausgefüllt werden «müßte», mit Fernsehen, dem Wochenendausflug im Auto, dem Schlangestehen am Skilift. Konsumverzicht würde wieder wirklich freies, verweilendes Reisen ermöglichen, nicht die vorgefertigten, abgepackten Standardreisen, die in bunten Prospekten angeboten werden.

Konsumverzicht und Gesundheit

Mehr Gesundheit ist ganz gewiß eine der wichtigsten Vorzüge des Konsumverzichts. Die meisten Konsumgüter sind nicht nur überflüssig, sondern direkt oder indirekt gesundheitsschädlich. Der Mensch ist nicht dazu geeignet, körperlich untätig zu sein. Er sollte jede Gelegenheit begrüßen, seine Muskeln, Atmung und Kreislauf zu üben – sei es, indem er das Auto wann immer möglich in der Garage stehen läßt und zu Fuß geht oder mit dem Rad fährt, sei es, indem er den altmodischen Handrasenmäher oder Sense und Sichel einem motorisierten Mäher vorzieht, der Lärm und Auspuffgase verbreitet.

Homo consumens neigt dazu, körperlich träge zu werden; eine lange Reihe der verschiedensten Krankheiten von Muskeln, Herz und Kreislauf wird dadurch begünstigt. Als Mittel gegen die Trägheit empfiehlt man ihm neue Konsumgüter, etwa den Home-Trainer im Hobbykeller. Aus dem Konsumverzicht selbst ein körperliches Training zu machen, an diese heilsame Maßnahme will niemand denken. Wenn die Hausfrau, die soviel Sorge um ihre schlanke Linie hat, einmal alle Hilfsapparaturen in ihrer Küche ausschalten würde, wäre das vielfach eine bessere Schlankheitskur als die viel empfohlenen, kalorienarmen Magenfüller, Abführpillen, Appetithemmer und Spezialdiäten. Eine halbe Stunde zu Fuß zur Arbeit zu gehen ist bestimmt gesünder für Herz und Kreislauf als alle Stärkungsträn klein, blutreinigenden Tees und Margarinebrote der Welt. Natürlich macht niemand Reklame dafür, und man muß schon einen gesunden Haß gegen die Konsumwelt aufbauen (Mißtrauen, Kritik allein genügen nicht, da man dauernd mit Werbung überhäuft wird), um auf solche Lösungen zu kommen.

Es ist schwer zu sagen, wie viele Menschen ihre Gesundheit durch die beiden törichten Formeln «Zeit ist Geld» und «Ich leiste schließlich etwas, deshalb kann ich mir auch dies und das leisten» ruinieren. Sie haben einfach keine Zeit, an ihre Gesundheit zu denken. Ihr Prestigedenken wird zur Zeitbombe: Wer mit dem Wagen unterwegs ist, genießt mehr Ansehen als ein Fußgänger oder Radfahrer; selbst die Sportarten, die am wenigsten der Gesundheit dienen, genießen in der Welt von Homo consumens das meiste Ansehen: Skilanglauf, der eine weit bescheidenere Ausrüstung verlangt, oder Schlittschuhlaufen sind viel weniger angesehen als der Abfahrtslauf, bei dem man sich beim Anstehen am Lift erkältet und bei der Abfahrt die Knochen bricht. Im Sommer ist es natürlich auch viel «wertvoller», mit dem Motorboot auf dem Anhänger zu verreisen, als sich am Ziel ein Ruderboot zu mieten.

Von den Genußgiften Alkohol und Tabak, für die jedes Jahr in den meisten Industrieländern mehr Geld ausgegeben wird als für Unterricht und Erziehung (in Deutschland 30 Milliarden), haben wir schon öfters gesprochen. Die Werbung beutet hier sehr geschickt die Sehnsucht nach einer scheinbar «produktiven» Beschäftigung aus (der Raucher «gestaltet» etwas, indem er phallische Wolken von sich gibt). Je härter das Getränk, je mehr Homo consumens davon vertragen kann, desto mehr ist er auch wert, wird ihm suggeriert. Und so stopft er sich mit Gift voll und verdächtigt jeden, der keine Lust hat, blöder Ziererei oder eines weibischen Charakters. Die Konsummarionette beschimpft den freien Menschen, weil ihm die fortschrittlichen Fäden fehlen, an denen sie zappelt. Magisch ziehen sie diese Fäden in jedes Restaurant oder Café – dort ein Bierchen, hier eine Tasse Kaffee und ein Stück Torte, obschon man ja eigentlich ein paar Kilo abnehmen müßte. Jeder Raucher, der in Gegenwart eines Nichtrauchers in einem geschlossenen Raum seine Zigarette anzündet, erfüllt den Tatbestand der Körperverletzung. Denn auch das passive Rauchen schädigt die zarten Flimmerepithelien, welche die Bronchien auskleiden, und begünstigt so die Entstehung von Entzündungen, ja möglicherweise auch von Lungenkrebs.

Fast alle Exemplare von Homo consumens sind tödlich gekränkt, wenn man ihnen sagt, daß ihr Rauchen stört. Und die meisten Nichtraucher haben nicht etwa ein gesundes Mißtrauen gegenüber den Rauchern, sondern sie leiden eher an Schuldgefühlen, daß sie nicht aus purer Solidarität ihre Lungen ebenfalls krank machen.

In der Wegwerfgesellschaft wirft sich der Mensch selbst zum Müll. Biologisch darauf programmiert, jeden Tag mehrere Stunden zu Fuß zu gehen, legt er selbst kurze Strecken nur noch am Volant seines Wagens zurück. Unter den primitiven Jägern und Sammlern findet man keinen, der über der Körpermuskulatur überflüssige Speckpolster trägt. Obgleich Homo consumens mit wissenschaftlicher Genauigkeit ermittelt hat, daß Fettleibigkeit die Lebenserwartung deutlich verkürzt und die Anfälligkeit für die verschiedensten Krankheiten vergrößert, haben mindestens 50 Prozent der Menschen in unserer Konsumgesellschaft einen bemerkenswerten Fettansatz. Jeder zehnte etwa dürfte krankhaft dick sein.

Fassen wir zusammen: Konsum ist fast immer gesundheitsschädlich, Konsumverzicht fast immer gesund. Wenn wir weniger essen und nur wirklich notwendige Medikamente einnehmen, möglichst nicht mit dem Auto fahren, wenn ein Weg auch zu Fuß zurückgelegt werden kann, wenn wir auf Zigaretten und Alkoholika verzichten, Trinkwasser wieder schätzen lernen – dann gewinnen wir nicht nur Freiheit und Zeit, diese Freiheit zu genießen, sondern auch Gesundheit, die allein Zeit und Freiheit wertvoll machen kann. Wenn uns unser Leben ohne diese Genüsse leer vorkommt, dann ist es nicht ein Zeichen dafür, daß wir sie brauchen, sondern eher dafür, daß etwas mit uns und unserem Leben nicht stimmt. Auch hier wird der Entschluß zum Konsumverzicht zur Stunde der Wahrheit; die symptomatischen Kuren, die uns der unersättliche Konsum überflüssiger Güter bisher gewährte, müssen einer kausalen Behandlung Platz machen. Nur sie wird unsere körperliche Gesundheit erhalten und uns möglicherweise zeigen, daß wir etwas für unsere seelische tun müssen. Gesundheitsgewinn bringt übrigens auch in fast allen Fällen der Konsumverzicht im Bereich angeblich käuflicher Gesundheit. Solange der Mensch, der ein sehr vollkommenes biologisches System verkörpert, vernünftig lebt, braucht er keine künstlichen Hilfsmittel, keine Vitamine, Spurenelemente, Stärkungstränklein, Frischzellen. Durch unvernünftige, unbiologische Lebensweise verursachte Schäden können diese Mittel auch nicht beseitigen. Nützlich sind Vitaminpräparate ohnedies nur, wenn der Arzt eindeutig Mangelerscheinungen festgestellt hat. In jedem Fall sind Vitamin-Spurenelement-Kombinationen Humbug, die gegen Müdigkeit, Lustlosigkeit, Konzentrationsschwäche und andere in der Regel entweder überhaupt nicht krankhafte (wie Müdigkeit) oder fast durchweg seelisch bedingte Beschwerden empfohlen werden. «Biotonika», Kräuterliköre, Melissengeist und ähnliches sind nichts als überteuerter Schnaps und keine gesundheitsfördernden Mittel. Wer jeden Tag eine Stunde spazierengeht, der tut weit mehr für seine Gesundheit, als er in irgendeiner Apotheke kaufen kann.

Müll und Moral

Was ich kaufe, gleichgültig ob Nahrungsmittel, Hausgerät, Benzin, Zeitung, Illustrierte, Buch, Autozubehör – ist immer auch ein ethisches Problem. Was ich wegwerfe, ob Einwegflasche, Kunststoffteller, Verpackung, ausgedientes Gerät, Christbaum oder ausgelesene Zeitungen – auch das ist immer eine Frage der Moral. Soviel wie möglich soll erhalten werden, so wenig wie möglich gekauft und weggeworfen. Homo consumens muß die Befriedigung neu entdecken, die darin liegt, einen schon lange benutzten Gebrauchsgegenstand durch Pflege wieder «jung» zu machen. Er muß lernen, wenn er schon auf ein Auto nicht verzichten kann, doch ein Modell zu erwerben, dem er zehn Jahre und mehr die Treue halten kann; wenn er dann nicht mehr als wirklich notwendig fährt, wird ihm das zumindest bei einigermaßen solide konstruierten und gut gepflegten Fahrzeugen auch heute noch keine Schwierigkeit machen. Mit jedem Auto, das verschrottet wird, gehen viel Energie und Rohstoffe verloren, fast immer viel zu früh.

Auch versteckter Konsum, etwa von elektrischer Energie, muß entdeckt, bewußtgemacht und bewertet werden. Dazu gehört auch, daß wir jene Personengruppen, die eine führende Rolle in der Manipulation und Dressur von Homo consumens spielen, besonders kritisch sehen. Durch Aufklärung und Appelle an die Einsicht müssen wir etwa den Werbeleuten klarmachen, daß sie eine Verantwortung tragen, der sie bisher ganz und gar nicht gerecht werden. Das gleiche gilt für die Produzenten überflüssiger Güter. Zigarettenfabrikanten sollte man zur Gruppe der *white collar criminals* rechnen – wenn auch der Verzicht eines einzelnen, weiter am Tod von jährlich 50000 Menschen allein in Deutschland mitschuldig zu werden, durch die Ausweitung des Umsatzes seiner weniger von moralischen Skrupeln behelligten Zunftgenossen keine große praktische Auswirkung hätte. Darauf aber kommt es nicht an; es handelt sich um eine ethische Frage, um persönliche Verantwortung. Ich bin überzeugt, daß der Rücktritt des Inhabers einer großen Zigarettenfabrik aus ethischen Gründen, die Umwandlung seines Vermögens in eine Stiftung zur Früherkennung von Lungenkrebs, nicht ohne Folgen für die Haltung der Öffentlichkeit auf diesem Gebiet bleiben würde.

Eine Müll-Kritik wird darauf gefaßt sein müssen, daß jeder an den verschiedenen Konsumkreisläufen Beteiligte versuchen wird, Verantwortung abzuschieben. Der Produzent wird sagen, er könne ja gar nichts herstellen, was nicht gekauft werde, er komme also nur einem Bedürfnis der Massen nach. Er wird leugnen, die Bedürfnisse produziert zu haben, die er nun befriedigen «muß». Der Produzent, der Werbefachmann, der Konsument, sie alle werden sich damit herausreden wollen, daß, sollten sie auch auf Produktion, Werbung, Konsum verzichten, gewiß andere an ihrer Stelle produzieren, werben, konsumieren würden. Von raufenden Kindern, die sich im Schulhof gegenseitig beschuldigen, mit der Rauferei angefangen zu haben, wird diese Technik der moralischen Entlastung ebenso angewandt wie von Erwachsenen bis hin zum Politiker. Immer sind die anderen schuld, und so muß sich am Ende niemand ändern. Vom ethischen Standpunkt aus sind derartige Ausreden nicht haltbar.

Wenn die Ethik des Konsumverzichts bestimmten Personengruppen besonders kritisch gegenübersteht, so akzeptiert sie jedoch andere und wertet sie, die in der Konsumgesellschaft abgewertet wurden, wieder auf. Das gilt etwa für Wissenschaftler, die nicht in der *big science* forschen, also nicht Entdeckungen machen, die technisch, vor allem waffentechnisch nutzbar sind: Historiker, Biologen, Psychologen, Ärzte, Soziologen. Auch unter ihnen gibt es Fachidioten, die sich zu willigen Dienern der Manipulation von Homo consumens machen. Ärzte, die wenig mehr sind als ausführende Organe der pharmazeutischen Industrie, Psychologen, die Motivforschung nur betreiben, um neue Konsumgüter günstig an den Käufer zu bringen, Soziologen, die sich für Marketing anwerben lassen. Auch die Mehrzahl der pädagogischen Berufe, Krankenpfleger, Sozialarbeiter, viele Beamte werden mit der Emanzipation vom Konsumverhalten aus ihrer Rolle am Rande der Überflußgesellschaft befreit. Wer stets das neueste Automodell vor seiner Garageneinfahrt stehen hat, wird damit rechnen müssen, daß man ihm kritisch begegnet; wie auf dem Wasser das Segelboot vor dem Motorboot Vorfahrt hat, (allerdings nicht, weil es umweltfreundlicher ist, sondern weil es sich schlechter manövrieren läßt), so wird der Fußgänger und Radfahrer vor dem Autofahrer bevorzugt werden, der ohnedies aus Wohngebieten und städtischen Straßen verbannt gehört. Man wird es sich auch nicht mehr erlauben dürfen, den einzigen Verkehrsteilnehmer, der keine giftigen Abgase verbreitet und dessen Zusammenstöße absolut unschädlich sind – den Fußgänger – wie einen Maulwurf in lange unterirdische Gänge zu treiben, nur damit die Autofahrer schneller vorwärtskommen.

Konsumverzicht und Landwirtschaft

> «Viel verkaufen, wenig kaufen, nichts verkommen lassen!»
> Prinzip der guten Landwirtschaft –
> aus einem italienischen Lexikon von 1790

In allen Konsumgesellschaften sind die Bauern ein Stand ohne Würde. Früher Herren über weite Landflächen, müssen sie heute schwerer arbeiten als Industriearbeiter und werden schlechter dafür bezahlt. Deshalb – so die Doktrin der EG – sind nur Unternehmen von einer Größe rentabel, die dem Besitzer einen Reingewinn in der Höhe des Monatslohns eines Industriearbeiters garantieren. Der Bauernhof muß wie ein Industriebetrieb rationalisiert und für eine Monokultur mechanisiert werden. Die Bauern protestieren gegen ihre wirschaftliche Benachteiligung. Mit Subventionen allein kann man ihnen nicht helfen. Der Markt für die Grundnahrungsmittel ist naturgemäß begrenzt, ihr Absatz kann nicht ebenso aufgeblasen werden wie der von Konsumgütern, während Preissteigerungen aus politischen Gründen – sie träfen ja vor allem die ärmeren Schichten – im Rahmen bleiben müssen. Die Agrarpreise in der EG liegen ohnedies weit über denen des Welthandels. In der Konsumgesellschaft ist der Produzent notwendiger Güter eindeutig benachteiligt.

Für den Bauern gibt es eine Reihe bisher unerschlossener Möglichkeiten, die aus der zunehmenden Einsicht in die Notwendigkeit von Umweltschutz und Konsumverzicht abgeleitet werden können. Zunächst einmal braucht man von einem Landwirt, der auf eigenem Boden in einem eigenen Haus wohnt, nicht dasselbe Einkommen zu verlangen wie von einem Industriearbeiter, der Miete zahlen und jedes Hühnerei, jedes Stück Fleisch, jedes Pfund Mehl kaufen muß. Erst wenn die angeblich einzig «rentable» Monokultur – nur Weizen, nur Milch, nur Hühner – nach EG-Muster verwirklicht ist, wird das Leben auf dem Bauernhof nicht mehr so billig sein: So produziert die EG-Doktrin in ihren Konsequenzen genau das, wovon sie schon als Forderung ausgeht. Der Monokultur-Bauer, der seinen Garten umpflügt, seine Obstbäume absägt, seine Hühner schlachtet, seine Schweine verkauft und überall nur noch Getreide sät, braucht wirklich das Einkommen des Industriearbeiters, denn wie dieser muß er nun alles Lebensnotwendige im Supermarkt einkaufen.

Demgegenüber wird auch der kleinere Hof überleben können, wenn sich der Bauer entschließt, aus dem Produktions- und Konsumrennen auszuscheiden. In manchen Gegenden kommt ihm der Staat – nicht nur aus Einsicht, sondern gezwungenermaßen – entgegen. In Oberbayern und im Allgäu wäre beispielsweise sehr schnell jede Attraktivität für die Hauptindustrie – den Fremdenverkehr – dahin, wenn die «unrentablen» Bergbauernhöfe verlassen würden. Das verfaulende Gras auf den ungepflegten Wiesen würde nicht nur die Touristen vertreiben, die grünende Almen suchen, sondern auch die Ökologie ganzer Landstriche gefährden. Denn nur auf einer gepflegten Alm sickert das Regenwasser in den Boden; auf einer ungepflegten rinnt es an den umgeknickten Halmen entlang wie an einem Strohdach, stürzt ins Tal, verursacht Überschwemmungen und schwemmt Erdreich weg, so daß am Ende vielfach nur die kahlen Felsen übrigbleiben. Die Quellen versiegen, Wasser wird knapp. Deshalb hat in Bayern das sonst wenig aktive Umweltschutzministerium «erwogen», den Bergbauern ein Gehalt als Landschaftsgärtner zu zahlen, um sie in ihren unrentablen Höfen zu halten.

Auch wo solche Hilfen noch nicht geplant sind, kann sich ein Bauer ein recht auskömmliches Leben sichern, sobald er nicht mehr nur an die Rentabilität seines Betriebes denkt, sondern vor allem daran, wie er Unkosten reduzieren kann, indem er viele Dinge für den täglichen Gebrauch selbst produziert, im Idealfall genügend, um den Verkauf an einige andere Familien zu ermöglichen. Aufwendige Maschinen, Kunstdünger, Schutzgifte sind für einen auf Qualität abgestellten, differenzierten Betrieb nicht mehr nötig. Es ist kein Zufall, daß die Agrar-Kommunen in Amerika und Europa heute einen ähnlichen Lebensstil verwirklichen, ohne den Sachverstand des Berufslandwirts.

Die neue Menschenwürde

Je mehr sich der Mensch von Konsumgütern abhängig macht, seine Tätigkeit ihnen anpaßt, in seinem Gefühlsleben von ihnen geprägt wird, desto weniger Würde besitzt er. Wir haben schon gesehen, wie für Homo consumens selbst die geschlechtliche Liebe zum Konsumartikel wird, wie er es nicht gelassen hinnehmen kann zu altern – in einer Welt, die verlangt, Altes wegzuwerfen, sobald es die ersten Zeichen von Verschleiß zeigt. Im Konsumverzicht jedoch gewinnt der Mensch eine neue Würde. Wenn er nicht mehr sklavisch den nur der Reklame dienenden Sekundenschönheiten der Illustrierten ergeben ist, wird er mit dem Geschlechtspartner altern können, ohne zu glauben, durch Scheidung und «Neuerwerb» seinem imaginären Ideal nahekommen zu müssen. An die Stelle der hektisch konsumierten Sexualbeziehung wird eine verweilendere, ausdauernde Erotik treten, die nicht zu raschem Wechsel des zum Sexualobjekt gewordenen Partners neigt, sondern eher danach strebt, die personale Beziehung zu vertiefen.

Homo consumens nimmt oft auch in seinen mitmenschlichen Beziehungen ein typisches Verhalten an. Mit seinem Nächsten geht er um wie die brasilianischen Pflanzer mit dem fruchtbaren Dschungelboden, den sie durch rücksichtslose Monokultur in wenigen Jahren zu einer kahlen Steppe auslaugen, während sich ihre Kaffeeplantagen immer weiter in den Urwald hineinfressen. Der Wegwerfmensch nimmt den anderen als Geschlechts- oder Geschäftspartner, als «Kumpel» für einige Zeit, gibt sich mit seinem funktionalen Aspekt zufrieden, verläßt ihn, wenn ihm anderswo ein günstigeres Angebot gemacht wird. Im Konsumverzicht wird nun die Möglichkeit zurückerobert, einen Menschen als vitalpsychische Einheit zu «erkennen», ebenso wie ein mit seinem Land verwachsener Bauer in Europa (mindestens vor dem Überhandnehmen von Homo consumens) seinem Boden im Lauf der Zeit die verschiedensten Ernten abrang. Die Verschwendung, auch im mitmenschlichen Bereich, hört auf. Jeder Mensch wird als unteilbar, als Individuum entdeckt, bewahrt, respektiert, nicht als genormter Massenartikel mit Idealmaßen und dem von der modischen Saison geforderten «Typ».

Im Konsumverzicht werden wir auch erkennen, wie sehr uns die Massenmedien, vor allem das Fernsehen mit vergröberter, schablonisierter, primitivierter Menschlichkeit abspeisen, mit Konflikten, die unrealistisch sind und von eindimensionalen Puppen vorgespielt werden. Ein wirklicher Mensch, den wir im Gespräch allmählich kennenlernen, vermag tausendmal mehr Informationen zu geben als sämtliche Fernsehprogramme oder Filme. Nur weil im Fernsehen die Information über menschliches Verhalten, über seelische Vorgänge «vorgekaut» und durch Vergröberung deutlicher, «spannender» gemacht wird, sitzt Homo consumens Abend für Abend vor dem Fernsehschirm und kommt nicht mehr von dessen Faszination los, während Männer, Frauen, Kinder neben ihm, die das wirkliche Leben verkörpern, ebenso faszinert von der Illusion das Geschehen auf dem Bildschirm verfolgen. Homo consumens läuft sein Leben lang einer Fata Morgana nach wie ein Schatzgräber, der nicht erkennt, daß unter seinen Sohlen die wirklichen Schätze liegen.

Passivität ist ein hervorstechender Zug von Homo consumens. In allen Verhaltensbereichen, die nichts mit seinem vorwiegend durch sein Verlangen nach sicherem Verdienst und guter Altersversorgung bestimmten Beruf zu tun haben, nimmt er die typische Konsumentenhaltung ein. Für sein Geld muß ihm «etwas geboten werden» – Unterhaltung, Nervenkitzel, gut aufbereitete Lektüre, viel Bequemlichkeit, Pseudojugend, Pseudoerfolg (und wie die Reklameversprechen auch lauten mögen). Galerien betritt Homo consumens mit umgehängtem Transistorgerät, das er am Eingang gemietet hat: Es erklärt ihm die wichtigsten Daten der wichtigsten Bilder – warum denn selbst sehen, selbst entdecken, selbst denken? Im Dom von Florenz, in der Peterskirche, im Pantheon, auf der Akropolis steht Homo consumens neben einem viersprachigen Automaten, der ihm sagt, was sehenswert ist. Er sieht gar nicht hin, sondern macht davon Fotografien. So ersetzt ihm das Gerät jede eigene Aktivität außer einer: zu bezahlen. Nur wenn er sich weigert zu zahlen, kann er wieder aktiv werden, denn nun *muß* er es, er muß nachlesen, mit anderen Menschen sprechen, seinen eigenen Sinnen wieder vertrauen. Konsum macht nicht nur passiv, sondern auch dumm und unschöpferisch. Konsumverzicht aktiviert nicht nur, sondern er weckt auch neue geistige und schöpferische Fähigkeiten. Deshalb sind auch wirklich schöpferische Menschen fast ohne Überlegung gegen typisches Konsumverhalten weitgehend immun, nicht nur was passive Vergnügungen wie das Fernsehen angeht, sondern auch etwa in ihrer «Bohème»-Gleichgültigkeit gegenüber Kleidern.

Der Suchtcharakter des Konsumverhaltens spricht sich auch da aus, wo Homo consumens verdummt wird, seine schöpferischen Fähigkeiten verliert, seine mitmenschlichen Beziehungen nach dem Ex-und-hopp-Prinzip handhabt. Wo sich solche Mechanismen eingeschliffen haben, gibt es bald keine Alternative mehr. Wer es sich angewöhnt hat, mit Frauen (oder Männern) so umzugehen wie mit einem neuen Automodell, das man beim ersten Blick begehrt, jedoch ohne Reue aufgibt, sobald ein scheinbar besseres, schöneres, neueres auftaucht, zu dem wird bald kein Mensch mehr so viel Vertrauen haben, daß er wirklich ohne Reserve bei ihm verweilt und sich hingibt. Wer jeden Abend den passiven Kitzel des Fernsehens wahllos über sich ergehen läßt, der wird bald nicht mehr die Ausdauer und Initiative zu konstruktiveren Tätigkeiten aufbringen und selbst, wenn er in fremde Länder reist, den Polstersessel in Flugzeug, Bahn und Bus nicht aufgeben, sondern von ihm aus die Neuigkeiten betrachten wie zu Hause Tagesschau und Krimi. Wer nach dem Prinzip lebt: «Lieber öfter mal was Neues», der wird bald unfähig, Altes zu erhalten. Einmal kann er in seiner Neophilie keine alten Gegenstände mehr ertragen (vielleicht weil sie ihn an sein eigenes Alter, seinen eigenen Verfall erinnern), zum anderen hat er auch die Fähigkeit verloren, sie zu reparieren. In seinen mitmenschlichen Beziehungen verarmt, ist Homo consumens auch nach dieser emotionalen Armut, die in direkter Beziehung zu seinem materiellen Wohlstand steht, süchtig geworden. Er braucht solche austauschbaren Kontakte, weil er andere nicht mehr erträgt.

Indem ihn die Emanzipation vom Konsumverhalten seiner dauernden Selbstbetäubung entreißt, schafft sie die Voraussetzung für den Abbau auch dieser sekundären, suchtartigen Mechanismen. Die entsprechenden Fähigkeiten sind nicht verloren (denn sie gehören zur biologischen Grundausrüstung des Menschen), sie sind nur verschüttet. Räumt man den Müll weg, der sie bedeckt, die Verschundung der materiellen und sozialen Bedingungen, die verdummende Bequemlichkeit, so findet sich darunter immer noch Homo sapiens.

Die Nicht-Wegwerfgesellschaft

Kürzlich hat Rudolf Chimelli in einem Bericht aus dem Orient[59] gezeigt, wieviel Erfindungsgabe und ökologische Einsicht allein durch Armut geweckt werden können, die bei einem durchschnittlichen Jahreseinkommen zwischen 1600 (Libanon) und 550 (Ägypten) Mark die mehrfache Nutzung jedes Gegenstandes geradezu erzwingt. In Kairo werden leere Gasfeuerzeuge, die man hierzulande wegwirft, sobald die Füllung oder der Feuerstein verbraucht ist, sorgfältig nachgefüllt. Autos fahren 35–40 Jahre; «unrentable» Reparaturen gibt es nicht. Im Libanon verwerten Spezialisten fast alle Abfälle: Marmeladegläser, Weinflaschen, ja selbst Glasscherben (für die örtlichen Glasbläser) werden gesammelt. Alte Autoreifen, hierzulande ein gravierendes Umweltproblem (da faktisch unzerstörbar; denn ihre Verbrennung bildet giftige Dämpfe, im Boden verwittern sie nicht, in Müllkippen gelagert, bilden sie einen absolut sterilen Boden – und das bei einem Jahresanfall von 30 Millionen Stück), werden im Orient zunächst einmal spiegelglatt gefahren. Dann werden sie runderneuert; wenn sie dazu nicht mehr taugen, macht man Tragetaschen für Sand oder Mörtel aus ihnen und verarbeitet kleinere Stücke zu Schuhsohlen. «In der Syrischen Wüste», sagt Chimelli, «ist ein Chrysler oder Cadillac, den in Amerika schon wieder ein Sammler erwerben würde, keine Seltenheit. Aus Sparsamkeit mit einem Dieselmotor versehen, auf dem Dach beladen mit Kisten, Körben und Ballen, der Kofferraum überquellend, besetzt von einem Dutzend Passagieren, verkehrt er mit 45 Kilometern in der Stunde als Überlandtaxi der Billigklasse.»

Kaum ein europäischer Mechaniker, der ja wenig mehr fertigbringt, als wirklich oder angeblich kaputte Teile auszubauen und sie durch neue zu ersetzen, würde mit der Geschicklichkeit der Orientalen konkurrieren können, die total zerbeulte Kotflügel glätten, Chromleisten geradebiegen und neu verchromen. Ersatzteile, die nicht mehr greifbar sind, aus einem Metallblock feilen und fräsen.

Diese Beispiele sollten uns einmal mehr dazu veranlassen, das Entwicklungshilfe-Konzept von Homo consumens kritisch zu überdenken. Es wäre gewissenlos, eine solche in vielen Punkten unserer Konsumgesellschaft überlegene Nicht-Wegwerfgesellschaft an unseren eigenen, ruinösen «Fortschritt» anzugleichen. Man kann mangelnde Hygiene auch anders beheben als durch Import von Waschmaschinen und Detergentien; Geburtenkontrolle sollte nicht (wie in Indien) durch die Belohnung mit einem Transistorradio für die vollzogene Sterilisierung erkauft werden. Wenn wir weiter unseren eigenen, selbstzerstörerischen Fortschritt exportieren und auf diese Weise in den Entwicklungsländern gesteigerte Bevölkerungsziffern durch gesteigerten Konsum in ihren unheilvollen Folgen noch potenzieren, ist es um das Überleben von Homo consumens auf diesem Planeten schlecht bestellt.[60]

Möglichkeiten und Grenzen des Konsumverzichts

Individueller Konsumverzicht kann Reformen «von oben» durch die mit der Regierungsgewalt beauftragten Vertreter des Volkes nicht ersetzen. Am Beispiel des Radfahrers oder Fußgängers, der in Großstadtstraßen Leben und Gesundheit aufs Spiel setzt, weil nur er verzichtet und die anderen nicht, wird das schon deutlich. Auf der anderen Seite ist aber die individuelle Verwirklichung von Konsumverzicht eine wesentliche Voraussetzung solcher Reformen. Denn die zum Konsumverzicht entschlossene Familie kann eher Perioden der Arbeitslosigkeit oder Einkommensverluste überbrücken.

Auf dem Weg zur Nicht-Konsumgesellschaft müßten wir in jedem Fall durch eine Periode fehlender Vollbeschäftigung hindurch, in der die Produktivkräfte von der Zerstörung der Umwelt auf die Erhaltung des Menschen und der Natur umgepolt werden. Solange man den Bürgern mehr Umweltschutz verspricht, ohne ihnen ein Ende des Konsumismus anzukündigen, betreibt man Augenwischerei. Die Welt *nach* Homo consumens sähe so aus: Wenige, rein funktionelle, sehr qualitätsvolle und reparaturfreundliche Konsumdinge – Kleider, Möbel, Haushaltsgeräte, rigoros besteuerte Autos – und kaum mehr Genußgifte. Demgegenüber ein reiches Angebot hochwertiger Nahrungsmittel (die herkömmlichen Gütekriterien, die das Aussehen bewerten, wären durch Qualitätsmaßstäbe, etwa beim Obst, ersetzt) und vor allem Dienstleistungen – Schulen, Kindergärten, Volkshochschulen, gruppenpsychotherapeutische Clubs, Krankenhäuser, die ihre Hauptaufgabe darin sehen, Krankheiten vorzubeugen, nicht sie erst entstehen zu lassen und dann zu behandeln. Zweifellos wäre auch in einer solchen Gesellschaft Vollbeschäftigung möglich.

Es wäre wohl nicht nötig, das Privateigentum an den Produktionsmitteln abzuschaffen, sondern nur, verantwortlichen Umgang mit diesen Produktionsmitteln sicherzustellen. Wo Einsicht nicht erreicht wird, ließen sich Zwangsmaßnahmen wohl nicht umgehen; auf diese Weise könnte eine Auslese jener Unternehmer erreicht werden, die sich in die Nicht-Überflußgemeinschaft einfügen, weil sie erkannt haben, daß das Interesse der Allgemeinheit und die Sicherung des menschlichen Überlebens (des Überlebens auch ihrer eigenen Kinder) wichtiger sind als maximale Profite, die man später mit der eigenen Existenz bezahlen muß. Freilich: Solange man keine solchen «Filter» ansetzt, welche die gewissenlosen und unverantwortlichen Unternehmer von den einsichtigen und verantwortungsbewußten trennen, wird man nur gewissenlose sehen. In einer nach einem ungezügelten Konkurrenzsystem aufgebauten Wirtschaft werden immer die den Ton angeben, die ohne Rücksicht auf die Gebote der Menschlichkeit stets möglichst dicht an den Grenzen des Erlaubten bleiben. Stellen wir uns vor, wir würden in einer großen Konsumreform jene Artikel verbieten oder stark einschränken, die entweder überflüssig, umweltschädlich oder gesundheitsgefährlich sind. Auf der anderen Seite müßte jeder Produzent, der eine neue Ware auf den Markt bringen will, nicht nur nachweisen, daß sie nicht die Umwelt schädigt, sondern auch dem Käufer wirklich nützt.

Und die Gesichtspunkte, die Kriterien? Würde hier nicht ein ungeheurer Streit ausbrechen, würden sich nicht Stimmen erheben, welche die Unentbehrlichkeit von Lidschatten und Lippenstift verteidigen, den hohen Wert modischer Kleidung betonen, die Segnungen der Automobiltechnik, des Alkohols, ja der Zigarette? Ich bin überzeugt, daß man hier viel diskutieren müßte. Aber die Tatsache, daß man sich über das Verhältnis von Nutzen und Schaden bei manchen Konsumartikeln nicht rasch einigen wird, sollte doch nicht den Blick darauf verdecken, daß es angesichts vieler Konsumgüter überhaupt keinen Zweifel geben kann. Außerdem würden sich Einzelmaßnahmen zur Unterstützung des Konsumverzichts ebenso gegenseitig ergänzen, wie es heute der schier lückenlose Konsumterror tut. Wenn die Straßen bewohnter Gebiete für Privatautos gesperrt werden, mindert sich deren Anziehungskraft sehr stark, vor allem, wenn gleichzeitig die Steuer für Benzin drastisch erhöht wird. Auch die als überflüssig und schädlich erkannten Konsumgüter muß man nicht geradezu verbieten; es würde genügen, für sie erst einmal generell die Steuer auf zum Beispiel 200 Prozent drastisch zu erhöhen. Ausnahmen würden nur für Nahrungsmittel und andere, als gesundheitlich oder erzieherisch wertvoll anerkannte Produkte gemacht.

Solche Pläne wird mancher Leser für utopisch oder für dilettantisch halten. Vielleicht sind sie beides. Aber mir scheint, daß sie aus einer nüchternen Betrachtung unserer Situation geradezu zwingend hervorgehen. Fast alle Autoren, die sich eingehend mit den Überlebensproblemen des Menschen auf diesem in seiner Ökologie so einschneidend veränderten «Müllplaneten Erde» beschäftigt haben, kündigen dem Konsumismus das Ende an. Wie dieses Ende aussehen soll, sagt aber niemand. Ich finde, es ist an der Zeit, sich hier einmal konkret Gedanken zu machen. Dabei ist es nötig, sich erst einmal auf jene menschlichen Werte zu besinnen, die allgemein anerkannt sind und deren Befriedigung sowohl unseren natürlichen Anlagen entspricht wie auch unser Überleben – das heißt unsere Umwelt – nicht gefährdet. Unzweifelhaft ist Gesundheit ein erster Wert dieser Art, Wissen der zweite, Freiheit der dritte. Ob diese drei genügen, muß jeder für sich entscheiden; mir scheint, sie genügen tatsächlich. Der erste Wert sichert unsere körperliche und seelisch-geistige Integrität, die beiden anderen unsere Selbstverwirklichung. Freiheit allerdings bleibt nur solange ein Wert, als sie

nicht die Freiheit enthält, andere Menschen zu schädigen – sie auszubeuten, zu verdummen, ihre Gesundheit zu gefährden. Wer diese drei
Werte akzeptiert, wird über kurz oder lang zu einem ähnlichen Weg
geführt werden, wie wir ihn hier aufzuzeigen versuchen. Je drängender
die Umweltprobleme, je deutlicher die seelischen und sozialen Schäden
durch den Verschwendungskonsum werden, desto häufiger dürften
auch die Versuche werden, seine Gefahren zu bagatellisieren. Man
wird immer wieder versprechen, daß durch weitere Verschwendung die
Schäden der bisherigen Verschwendung aufgehoben und korrigiert
werden können: durch materialreichere, rascher verschleißende Si-
cherheitsautos die Zahl der tödlichen Verkehrsunfälle (heute ist für
junge Männer zwischen 20 und 30 Jahren der Autounfall die häufigste
Todesart), durch Abgasentgifter die Luftverschmutzung, durch dreistufige Kläranlagen die Vergiftung der Gewässer, durch spezielle Filter
die Schäden durch die Zigarette, durch eine Unmenge an Erziehern und
Therapeuten die seelischen Schäden. Man wird Unsummen für Bücher
und Zeitschriftenartikel ausgeben, in denen «nachgewiesen» wird, daß
Kunstdünger und Insektizide unentbehrlich sind («Gift oder Hunger»,
heißt diese falsche Alternative). Man wird sich weigern wollen, den
Müll großer Städte zu kompostieren, weil sich die bei seiner Verbrennung entstehenden Abgase leichter «absetzen» lassen als der gewonnene, natürliche Dünger. Wenn darauf hingewiesen wird, daß Homo
consumens in einigen Jahrzehnten die Energiereserven der Erde aufgebraucht haben wird, dann verweist man auf die großen Möglichkeiten
der Atomkraft und bagatellisiert die entstehenden Gefahren.

Besonders kühne Exemplare von Homo cosumens behaupten, der
Mensch werde sich auf biologischem Weg, durch natürliche Auslese,
an die von ihm so einschneidend veränderten Verhältnisse anpassen –
wie sich etwa Insekten durch Resistenzbildung an DDT oder Bakterien
an Antibiotika angepaßt haben. Man kann nur hoffen, daß diese Prognose als das erkannt wird, was sie ist – als Selbstmord.

Einmal müssen von einer Insektenart sehr viele Tiere erst durch DDT
sterben, um die widerstandsfähigen auszulesen, weiter entwickelt sich
eine solche Widerstandskraft erst über Generationen hinweg – bei Insekten geht es also viel schneller als bei uns. Und endlich ist bisher noch
nie bei einem so komplexen Organismus wie beim Menschen eine so
weitgehende und rasche Anpassung an biologisch einschneidend ver-
änderte Umweltverhältnisse beobachtet worden. Da ist es viel wahr-
scheinlicher, daß eine derart überstrapazierte Art ausstirbt. Es gibt

auch Nieten in der Lotterie der Selektion — die Dinosaurier und die Säbelzahntiger sind ausgestorben, und ihre Umwelt hat sich kaum so einschneidend verändert wie die von Homo sapiens in den letzten Jahrhunderten. Da werden Arten mit konstitutionell höherer Widerstandskraft schon eher das Rennen machen: Wenn nicht Ratten und Mäuse, dann sicher Insekten und Bakterien, die tausendmal höhere Dosen von Giften und Radioaktivität aushalten als der Mensch.

Eine realistische Utopie kann in keinem Fall davon ausgehen, daß der Mensch sich an die von ihm verursachten ökologischen Störungen ohne Schaden anpaßt. Sie darf auch nicht erwarten, daß neue Verschwendung den Schaden einholen kann, den die bisherige Verschwendung verursacht. Wir werden uns mit der Energie begnügen müssen, die wir gewinnen können, ohne der Umwelt zu schaden und ohne begrenzte Rohstoffquellen auszuschöpfen. Die wichtigsten Quellen sind dabei Wasserkraft, Sonnenenergie und vulkanische Energie, keinesfalls aber die Atomkraft. Wenn man uns einreden will, der Bau von mehr und mehr Atomkraftwerken sei unerläßlich, weil sich der Energiebedarf in zehn Jahren verdoppeln wird — dann ist das kein Argument *für* Atomkraftwerke mehr, sondern nur noch eines *gegen* die Verdoppelung des Energiekonsums. Jeder weitere Fortschritt des Konsums, jedes weitere Wachstum der Produktion sind nur auf Kosten der Lebensqualität möglich.

Wir sollten uns darüber freuen, daß die Geburtenziffern in Deutschland zurückgehen, statt auf einmal Klagerufe auszustoßen (während wir von den Entwicklungsländern immer noch verlangen, Geburtenkontrolle zu üben). Mit einer Population von 30 bis 50 Millionen wären wir dicht genug bevölkert, vielleicht bereits zu dicht. Wenn man immer nur von den anderen erwartet, daß sie Vernunft zeigen und ihr Bevölkerungswachstum einschränken (damit man sich womöglich dann als «Volk ohne Raum» gebärden kann), wird bald der Tag kommen, an dem allen Menschen der Untergang droht. Solange für die Mächtigen mehr Menschen auch mehr Macht bedeuten, wird sich die Geburtenkontrolle schwerlich durchsetzen können. Muß wirklich alles noch viel schlechter sein, ehe es besser werden kann? Es scheint so. Wir können nur hoffen, daß es am Tiefpunkt der Konsumgesellschaft noch die Basis für eine Umkehr ohne den totalen ökologischen Zusammenbruch gibt.

Homo consumens kauft meist bedenkenlos; selbst als sogenannter «kritischer Konsument» überlegt er sich nur, welche Ware ihm den reellsten Gegenwert bietet. Der vom Konsum emanzipierte Mensch kauft, ohne nachzudenken, gar nichts; wenn er aber etwas kauft, dann wird er zuallererst die Frage stellen, ob die Anschaffung in einem vernünftigen Verhältnis zu seiner Selbstverwirklichung steht. Das Nichtkonsumieren ist für ihn also ebenso Naturzustand geworden wie für Homo consumens der Konsum.

Allerdings geht die Emanzipation vom Konsumverhalten noch einige Schritte weiter. Verschwendung bleibt Verschwendung, auch wenn sie uns nichts kostet. So ist eine typische Antwort von Homo consumens, der etwa in seiner Mietwohnung vergißt, den Wasserhahn in der Küche zuzudrehen: «Das zahlt ja ohnedies der Hauswirt.» Unsere Mülltüte wird zum Anzeiger unserer Moral. Da steht sie und füllt sich jeden Tag aufs neue mit den Resten überflüssiger Dinge, mit Kunststoffen, Einwegflaschen, Verpackungen, alten Zeitungen, Illustrierten, organischem Abfall.

Ehe wir hier weiter ins Detail gehen, sollten wir vielleicht überlegen, an welchen Dingen nicht gespart werden darf. Es ist nützlich, auf die schon zuvor genannten Werte Gesundheit, Wissen, Freiheit zurückzugreifen. Sobald sie gefährdet werden, hört Konsumverzicht auf, sinnvoll zu sein. Es ist töricht, am Essen zu sparen oder Bildungschancen auszulassen. Solche Konflikte dürften sehr selten auftreten. In der Regel ist, wie wir gesehen haben, Konsumverzicht weit gesünder als Konsum; er aktiviert unsere Lernfähigkeit und erweitert unsere Freiheit.

Die Emanzipation vom Konsum kann in völligem Verzicht oder in mäßigem Gebrauch bestehen. Wer braucht wirklich ein Auto? Sicher nicht der Großstädter, der nur wenige Schritte von der Bus- oder U-Bahnhaltestelle entfernt wohnt. Eher vielleicht der Bewohner eines Vorstadthauses. Aber auch wenn er sein Auto wirklich benötigt (in vielen Fällen käme er mit einem Taxi genausogut zurecht und würde sich viel Ärger ersparen), darf er keineswegs in diesem Verhaltensbereich jeden Gedanken an Konsumverzicht aufgeben. Er kann etwa jeden Fahrkilometer kritisch prüfen. Autofahren «nur zum Spaß» wie ein Halbstarker, der mit dem Moped um den Häuserblock saust, ist moralisch angreifbar. Ähnlich steht es mit vielen Dingen. Wegen seines potentiellen Bildungswerts ist ein Fernsehgerät nützlich. Aber warum

sollten es nicht mehrere Haushalte zusammen benutzen, um die Um-
weltbelastung möglichst gering zu halten? Kann man die Fernsehzeit
nicht einschränken? Der Betrieb des Geräts kostet viel Strom; die Folgen einer Fernsehsucht sind psychisch zerstörerisch.

Mäßiger Verbrauch ist auch im Umgang mit Wasser, elektrischer
Energie, Kohle und Heizöl angezeigt. Jede Lampe, die unnötig brennt,
jede Heizung, die nicht genau einreguliert ist, trägt zur Zerstörung unserer Umwelt bei. Warum sich für viel Geld riesige Häuser bauen, die in
keinem Verhältnis zu dem durchschnittlichen Raumbedarf einer Familie stehen? Jedes unnötige Gerät, das wir anschaffen, braucht Energie –
es brauchte sie schon, als es produziert wurde, und verbraucht sie weiter, wenn wir es betreiben. Wir müssen uns stets vor Augen halten, daß
alles, was wir kaufen, nicht erst dann die Umwelt belastet, wenn es
verbraucht ist und zum Müll geworfen wird, sondern bereits in dem
Moment, in dem es hergestellt wird. Deshalb sollten uns auch die
Dinge, die wir geschenkt bekommen, nicht begeistern – Gratismuster,
Gratisproben, Gratisprospekte, «Konsumbibeln» wie die Versandhauskataloge, Werbegaben.

Leider ist auch unser Gesundheitswesen schon sehr stark von der
Konsumhaltung durchdrungen. Am Morgen verteilen die Schwestern
in den Kliniken Beruhigungspillen und Abführmittel, Schmerztabletten
tagsüber, abends Schlafmittel. Gerade sie, die als Gesundheitserzieher
wirken sollten, bestimmen die Kranken, sich mit Hilfe von Tabletten
selbst zu manipulieren. Die Ärzte unternehmen nichts dagegen. Wer die
Routine des praktischen Arztes kennt, muß zugeben, daß ein Compu-
ter sie oft nicht schlechter leisten würde: eine kurze Frage nach den
Symptomen, eine oberflächliche Untersuchung, der Griff zum Rezept-
block, damit ja niemand ungetröstet nach Hause geht. Sicher sind drei
Viertel dieser Rezepte eine Anleitung zum Verschwendungskonsum,
die verschriebenen Mittel eigentlich unnötig. Aber es ist für alle Teile
bequemer so, obschon auf die Dauer die Gesundheit der Patienten und
die Selbstachtung des Arztes Schaden leiden.

Erziehung wider den Konsum

Ein vom Konsum emanzipierter Mensch wird sich bemühen, seine Kinder zu Anti-Konsumenten zu erziehen. Das ist im Prinzip einfacher als
die Selbsterziehung, weil Kinder ja noch nicht konsumsüchtig sind,
sondern es erst gemacht werden müssen. Das geschieht einmal durch

das Vorbild der konsumierenden Eltern, andererseits durch die oralen Frustrationen und die mangelnde Zuwendung, über die wir schon gesprochen haben. Eltern, die Zeit genug für ihr Kind haben, können es relativ leicht vom Konsumzwang befreien. Eltern, die keine Zeit haben, sich ihren Kindern zuzuwenden, geraten in Gefahr, sie mit eben den materiellen Belohnungen abzuspeisen, die die Konsumwelt auch ihnen in so reichem Maß bietet.

Dem Kind wird gewissermaßen durch reichliche Süßigkeiten, viel Spielzeug, hübsche Kleider schon früh gezeigt, wie man das seelische «Loch» in der Persönlichkeit zustopfen kann, das durch die frühe Versagung elterlicher Zuwendung aufgerissen wurde. Die Mutter, die ihr Baby in die Krippe gibt, weil sie ja arbeiten «muß», fügt sich so in eine Welt ein, in der man schon von Anfang an das wirklich Notwendige für überflüssig hält und das Überflüssige für unentbehrlich. Auf diese Art frustrierte Kinder lernen sehr schnell, eben jene Techniken des Konsumterrors einzusetzen, unter denen – auf einer anderen Ebene – die Erwachsenen leiden. Wenn der Nachbarssohn ein neues Go-cart oder einen ferngesteuerten Bagger bekommen hat, dann wird eben so lange über die eigene Benachteiligung geklagt, bis die für solche Argumente empfindlichen Eltern das so sehnlich gewünschte Spielzeug ebenfalls kaufen.

Die Erziehung wider den Konsum muß einsetzen, ehe ein Kind überhaupt konsumieren kann, ehe es gelernt hat, seelische Spannungen und Konflikte auf diese unheilvolle Weise zu beschwichtigen. Sie besteht darin, dem Kind zu geben, was es wirklich braucht – Zuwendung, Zärtlichkeit, einen Freiraum, der größer ist als die sieben Quadratmeter Kinderzimmer und der vom Hausmeister überwachte Hof oder Rasenplatz. Wo die Eltern Zeit für ihr Kind haben, da werden ein Block Papier, ein Bleistift und eine Schere zu einem aufregenderen Geschenk als die schnittigsten Autos und die entzückendste «sprechende Puppe», die drei vorfabrizierte Sätze quäkt. Aufwendige Geschenke sind nicht nur überflüssig, sondern auch schädlich; das Kind kann mit ihnen nicht eigenschöpferisch umgehen und dadurch seine Intelligenz üben. Das kann es allenfalls, indem es sie kaputtmacht; aber auch hier bleibt der Nutzen gering, da die Maschinerie eines Batterieautos oder einer Sprechpuppe für ein kleines Kind entschieden zu kompliziert ist, um ihr Funktionieren zu begreifen.

Die Prägung zum Konsumverhalten erfaßt heute immer jüngere Altersgruppen. Der Teenagermarkt setzt jedes Jahr allein in den Vereinigten Staaten über 30 Milliarden Dollar um. Die Reklame hat dort bereits entdeckt, daß man mit revolutionären Phrasen Teenagerkleidung verkaufen kann. Die Konsumverzicht-Epidemie unter den Hippies und Punks ist so regelrecht unterlaufen worden. Protestsänger gegen die Konsumgesellschaft werden in wenigen Jahren zu Schallplattenmillionären. Einzelgänger, die in Armee-Parkas oder alten Lederjacken herumlaufen, funktioniert man zu Konsumleithammeln um: Die Kaufhauskonzerne werfen massenhaft Parkas und Jacken aus Antic-Leder auf den Markt.

Der Reklame ist es teilweise gelungen, die Jugendlichen zu manipulieren, indem sie sich ihrem gesellschaftskritischen Stil angepaßt und etwa «nonkonformistische» Zigaretten (wie Rothändle, Gauloises) verkauft hat, um nur ein Beispiel zu nennen. Aber gerade die Kritiklust der Jugend, ihre Gleichgültigkeit gegenüber vielen Konsumattrappen schafft auch Ansatzpunkte für eine Erziehung zum Konsumverzicht. Die Jugendlichen interessieren sich heute vor allem dafür, Erfahrungen und Erlebnisse zu kaufen, nicht materielle Produkte, die Erfolg oder Prestige garantieren.

Das Engagement vieler Jugendlicher für die Dritte Welt und für Umweltschutz wird ein weiteres Motiv für Konsumverzicht sein. Der Erwachsene kann sich noch mit dem Spruch «Nach uns die Sintflut!» trösten; der Jugendliche darf sich darauf nicht verlassen. Er ist vital an einer Welt interessiert, in der man leben kann, und sicher bereit, dafür sehr viele Dinge aufzugeben, die seinen Eltern heute noch selbstverständlich scheinen.

Allerdings kann man eine kritische Einstellung zum Konsum und politisches Engagement für die Dritte Welt bisher vorwiegend bei den besser ausgebildeten Jugendlichen finden. Deshalb wird jeder Vertreter einer Emanzipation vom Konsumverhalten sich dafür einsetzen müssen, die Bildungschancen der Jugendlichen zu verbessern. Ihre Kritikfähigkeit sollte unbedingt geschult werden, *bevor* sie in die Arbeits- und Konsumwelt eintauchen; denn dann ist es oft zu spät. Der süchtige Konsum wird als Trostmittel benötigt, der für die entfremdete, eintönige Arbeit entschädigt.

Konsumfeste

Besonders deutlich wird der Konsumterror an bestimmten, von der Reklameindustrie aufgegriffenen (wie Weihnachten) oder erst künstlich produzierten (Muttertag, Vatertag, Valentinstag) Konsumfesten. Es ist nicht einfach, sich solchen Zwängen zu entziehen, die man in ihrer ganzen schamlosen Manipulation erkennen muß. Wir tun unseren Kindern wirklich keinen Gefallen, wenn wir ihnen zu Ostern Zähne und Magen mit Schokoladenhasen ruinieren. Was geht es die Blumen- und Pralinenindustrie an, ob wir unsere Mütter lieben oder unsere Schuldgefühle am Muttertag durch aufwendige Geschenke wieder für ein Jahr beschwichtigen? Konsumfeste stellen immer nur eine trügerische soziale Solidarität her, in der jeder Partner abspringen kann, wenn anderswo ein vorteilhafteres Angebot lockt.

Freizeitkonsum

Ein besonders konsumintensiver Lebensbereich ist die sogenannte Freizeit. Durch ihre Konsumintensität wird sie nicht selten zu einer sehr unfreien Zeit. Wer fotografiert, hat meist nicht mehr vom Leben, sondern erheblich weniger – immer eine schwere Tasche über der Schulter und im Kopf die Frage nach Belichtungszeit, Blende, Ausschnitt, nicht mehr nach dem, was er wirklich sieht. Auf Reisen fotografieren viele Exemplare von Homo consumens millionenfach fotografierte Objekte noch einmal, statt sich diese Dinge anzusehen. Gewiß werden mindestens 95 Prozent aller Filme vergeblich (nicht umsonst!) belichtet, ohne daß der Fotograf «mehr vom Leben hat». Es ist eine Illusion, wenn Homo consumens annimmt, er könne durch seine Hobbyfotografie die schönen Augenblicke seines Lebens festhalten. Im Gegenteil: Durch den Zwang, sie zu konservieren, werden sie nur entwertet; als Konserven wieder aufgewärmt, lassen sie ihn die Misere des Augenblicks noch deutlicher fühlen.

Man sollte immer, wenn man einen Schritt zum Freizeitkonsum machen will, überlegen, ob es nicht klüger ist, den entsprechenden Gegenstand – ein Segelboot, ein Campingzelt – zu leihen, statt ihn zu kaufen. Auf diese Weise wird das eigene Konsumverhalten verdünnt; zudem bleibt man freier. Wer sich für einige tausend Mark eine Campingausrüstung oder ein Tauchsportset gekauft hat, der wird nun campen oder tauchen, auch wenn er alsbald die Lust dazu verliert.

Wir müssen den Reiz des wirklich vom Konsum unbeschwerten Freizeitverhaltens wieder lernen, auf einem Bauernhof mithelfen, ein Pferd mieten, mit dem Skizzenblock statt des Fotoapparats reisen. Das Ideal ist nicht mehr, möglichst viel Lärm zu machen, möglichst viel Müll zu hinterlassen und möglichst viele Andenken mitzunehmen, sondern zu sehen, zu hören, lange zu bleiben, vieles gründlich zu lernen und wieder zu gehen, ohne daß wir etwas anderes zurücklassen oder mitnehmen als die Sympathie der Bewohner des besuchten Landes und Erinnerungen.

Haustiere

Auch Hunde und Katzen sind in der Welt von Homo consumens Konsumartikel. Sie werden, oft dem Diktat der Mode getreu, mit Stammbaum erworben, durch eine Fülle einschlägiger Artikel vom Gummiknochen bis zur Luxus-Hundehütte, vom Katzenkörbchen bis zur Spezialnahrung (selbstverständlich mit «Vitaminen und Aufbaustoffen») verwöhnt und wieder «abgeschafft», wenn man sich nicht mehr für sie interessiert, weil sie alt geworden sind, vom viel zu vielen Fressen kränkeln, weil man die Wohnung wechselt und in die Stadt zieht. Wenn man bedenkt, daß in Amerika 80 Prozent des gesamten Ertrags der Fischerei – ein Schatz an wertvollen Proteinen, der genügen würde, um alle afrikanischen Kinder mit ihren durch Eiweißmangel aufgeblähten Bäuchen gesund zu machen – an Katzen verfüttert werden, scheint die Haustierhaltung auf einmal aus der Pseudotierliebe, als die sie sich gern gibt, zu einem Akt des Menschenhasses zu werden. In einer überfüllten Welt, auf einem Planeten mit einer Milliarde unterernährter Bewohner, wird es zumindest fragwürdig, sich mit Hunden und Katzen zu umgeben. Ist es wirklich ein Akt der Tierliebe, einen Boxer in die Zweizimmerwohnung aufzunehmen, einen Dackel mit Tatar zu füttern oder eine Villa mit sieben Siamkatzen zu bevölkern? Die Anziehungskraft von Tieren auf Kinder wird in der Regel weit überschätzt, desgleichen der pädagogische Wert eines Haustiers. Kennenlernen kann man Tiere auch im Zoo, wo man vielleicht für Kinder besondere Räume einrichten sollte, in denen sie mit ausgewählten Exemplaren in körperlichen Kontakt kommen können. Ideal für Kleinkinder sind im übrigen nicht Hunde oder Katzen, sondern Riesenschildkröten.

Gebrauchtwaren kaufen?

Der *second hand shop*, in dem man Kleider aus zweiter Hand kauft, der Flohmarkt, der Trödler, die Gebrauchtwarenhandlung, das Antiquitätengeschäft – sie alle gehören teils in die Welt von Homo consumens, teils enthalten sie eine Alternative zu ihr, ein Stück Konsumverzicht.

Auch der Absatz von Gebrauchtwaren hilft, die Produktion (und damit die Zerstörung der Umwelt) zu steigern, aber er tut es weniger direkt.

Gebrauchtwarenerwerb ist nur dann wirklich eine konsumwidrige Maßnahme, wenn er ein Ding davor bewahrt, zu Müll oder Alteisen gemacht zu werden. Manche besonders erfinderische Leute haben mit einer guten Portion Glück ganze Wohnungseinrichtungen aus dem angeblichen «Trödel» gewonnen, den weniger intelligente Exemplare von Homo consumens auf dem Bürgersteig für die Müllabfuhr bereitstellten. Was wir vor dem Weggeworfenwerden bewahren, ist wirklich unser – ganz ohne einen Beitrag zur großen Verschwendung. Wer seinen Verstand und seine Hände gebrauchen lernt, wird viele von Homo consumens und seinen Einpeitschern (jenen «Handwerkern», die nichts Eiligeres zu tun haben, als etwas für irreparabel zu erklären, um ein neues Gerät zu verkaufen) bereits aufgegebene Gegenstände retten und einer neuen, sinnvollen Verwendung zuführen. Konsumverzicht setzt so einerseits Intelligenz voraus, wird aber andererseits zu einer wichtigen Triebfeder, seine Fähigkeiten zu entwickeln.

Vielleicht habe ich mir zuviel Mühe gegeben zu zeigen, daß «Selbstverständliches» und scheinbar Notwendiges überflüssig sind, während man Homo consumens erst einmal darauf hinweisen müßte, wie er das offenkundig Überflüssige begeistert verehrt: Sportwagen, ein zweites Auto für die Ehefrau, ein drittes für den heranwachsenden Sohn, eine Ferienwohnung am Meer, ein tragbares Fernsehgerät fürs Schlafzimmer, die zweite Gefriertruhe, den Wäschetrockenapparat, den Bügelautomaten, den Infrarotgrill, den Mikrowellenherd, den Badezimmerteppich. Oder Autozubehör, gleich vier Scheinwerfer zusätzlich, weil es so sportlich aussieht, breitere Magnesiumfelgen und Super-Rennsportreifen, einen röhrenden Rennauspuff, ein griffiges Holzlenkrad oder – mäßiger – geblümte Schonbezüge und ein Väschen. Schließlich einen Jollenkreuzer, mit den unzähligen «Extras» für Freizeitkapitäne, eine eigene Motorjacht, um dem Küstenbetrieb zu entfliehen und den Frieden einsamer Buchten zu zerstören. Ich rede von dauerhaften, hochwertigen, gewiß auch hübschen, aber nicht der Mode unterworfenen Kleidern – aber ich sollte doch vom unentbehrlichen Pelzmantel reden, von Biberlämmern und Kaninleoparden, vom falschen und vom echten Nerz, von den Robbenkindern, die Leben und Haut lassen müssen. Da gibt es Frauen, die den Konsum zelebrieren wie einen Kult, und Männer, die sie mit Geld versorgen, weil sie keine Zeit für sie haben, und denken, «Frauen müssen so sein», «Luxusgeschöpfe», die selbst zum Luxusartikel geworden sind.

Wer sieht, mit welchem Ernst, mit welcher Leidenschaft konsumiert und gekauft wird, von der Hausfrau im Supermarkt ebenso gespannt, hypnotisiert, hektisch wie von der Modedame in der Boutique, der möchte dem Konsumverzicht nur geringe Chancen einräumen.

Die Chancen des Konsumverzichts

«Ich gebe ja zu, daß Ihre Überlegungen auf den ersten Blick ganz logisch sind. Aber dennoch – Einwände gibt es viele, wohl zu viele. Zunächst einmal muß Ihnen doch klar sein, daß Konsumverzicht ein sehr anspruchsvolles ethisches Programm ist. Nur sehr wenige werden überhaupt dazu fähig sein, und diese wenigen müssen sich doch mit Recht fragen, ob ihr Opfer nicht sinnlos ist. Ein Promille weniger Müll – was macht das schon aus?»

Mit diesem Argument sucht man heute eine ganze Reihe von Mißständen zu entschuldigen. So ist es beispielsweise wirklich umweltschädlich, Einwegflaschen und PVC-Behälter für Milch zu produzieren. Aber wenn die Gesetzgeber Maßnahmen erwägen, um die zuständigen Industriezweige zu etwas vernünftigerem Verhalten zu zwingen, begegnet man ihnen mit Argumenten ähnlich denen, die während eines Abfall-Hearings in Bonn zu hören waren: Die Einwegflaschen machen «knapp ein Prozent» im Hausmüll aus; deshalb will die Hohlglasindustrie auch weder ihre Produktion einschränken noch sich an der Müllbeseitigung beteiligen. Als «Kompromiß» boten die Glasindustriellen dem zuständigen Minister an, zukünftig auf den Slogan »Ex und hopp» zu verzichten.[61]

Wenn wir jedermann gestatten, sich damit zu verteidigen, daß sein winziger Beitrag zur Umweltzerstörung ohnedies unbedeutend sei, dann wird es so weitergehen wie bisher. Ob es sich bei dem «winzigen Beitrag» um den tausendsten oder milliardsten Teil der Umweltzerstörung handelt, scheint mir moralisch bedeutungslos. Quantitative Gesichtspunkte haben bei qualitativen Entscheidungen wenig Gewicht. Zugegeben, der Beitrag des einzelnen zur Zerstörung (im Verschwendungskonsum) oder zur Rettung der Umwelt (im Konsumverzicht) mag gering sein. Aber er ist keinesfalls irrelevant.

«Ich gebe zu, daß es weder in der Logik noch in der Ethik gerechtfertigt ist, einen kleinen Beitrag mit Null gleichzusetzen. Die Position der

Herren von der Glasindustrie scheint auch mir recht zweifelhaft. Aber Sie sind nicht auf meine Kritik eingegangen, daß Sie ein elitäres Programm vorschlagen. Sie geben doch selbst zu, daß Konsum verdummt. In unserer Gesellschaft wird schon sehr lange konsumiert. Woher um Himmels willen sollen Selbstkritik und Einsicht auf einmal kommen, um gegen die Konsumepidemie immun zu werden?»

In repräsentativen Umfragen wurde festgestellt, daß 60 bis 70 Prozent der Bevölkerung «mehr Schutz vor Umweltverschmutzung» für dringend erforderlich halten. Auf die Frage nach den notwendigsten inneren Reformen der Zukunft antworteten drei Viertel der Bevölkerung: «Kampf gegen die Verschmutzung von Luft und Wasser, Maßnahmen gegen die Lärmbelästigung.» Diese Forderung steht vor der nach dem Bau von Schulen und Krankenhäusern, Straßen und Universitäten.[62] Gerade jenes Ziel, das nur durch Konsumverzicht erreicht werden kann, hat also schon eine Massenbasis.

«Sie sind ein unverbesserlicher Optimist. Das Ziel, gewiß, das ist leicht unter die Leute zu bringen, denn jeder will eine reinere, gesündere Umwelt. Aber der Weg dazu darf nicht unbequem sein. Sie haben doch selbst gesagt, wie ihn sich Homo consumens vorstellt: als neuen Konsum, der die Schäden durch den früheren zudecken soll. Ich muß auch sagen, daß mich Ihre Behauptungen, dieser Weg sei nicht gangbar, keineswegs überzeugt haben. Warum soll man nicht das Auto durch Abgasentgifter und bleifreies Benzin entschärfen können? In England haben die strengen Gesetze gegen Verschmutzung doch zumindest Teilerfolge gehabt, ohne die individuelle Verschwendung nennenswert einzuschränken. Der berüchtigte Smog über London und anderen Industriestädten ist lockerer geworden, seit raucharme Brennstoffe vorgeschrieben sind; in der Themse gibt es wieder viele Fischarten, die dort vor zwanzig Jahren nicht existieren konnten. Warum nicht diesen unbequemeren Weg gehen? Homo consumens wird ihn gewiß eher einschlagen als den des Konsumverzichts.»

Konsumverhalten ist nicht nur deshalb abzulehnen, weil es die Umwelt zerstört. Ich habe doch eine ganze Reihe weiterer, psychologischer und sozialer Gründe genannt, die uns zu einer Ethik des Konsumverzichts führen müßten. Aber ganz abgesehen davon glaube ich nicht, daß man auch nur einen nennenswerten Bruchteil der durch den Konsumismus angerichteten Schäden mit Hilfe zusätzlicher Maßnahmen verhindern kann. Konsumverzicht beseitigt die Ursache der Schäden. Wenn Sie etwa die Automobile mit Abgasentgiftungsanlagen versorgen, dann verhindern Sie nicht, daß weiterhin jedes Jahr eine Viertelmillion Menschen an Verkehrsunfällen sterben und zehnmal so viele verletzt, teilweise verkrüppelt werden. Sie verhindern nicht, daß immer weitere Bereiche von Wiesen und Wäldern mit Asphalt und Beton bedeckt, immer mehr Städte zerstört werden, daß die Menschen weiterhin durch Bewegungsmangel ihre Gesundheit beeinträchtigen. Sicherlich sind Abgasentgifter eine sehr gute Sache. Sie können den Konsumverzicht ergänzen. Aber sie können und dürfen ihn nicht ersetzen, wie niemals eine symptomatische Kur die kausale Behandlung ersetzen darf. Natürlich können Sie einem Menschen, der an Krebs leidet, einfach ein Schmerzmittel geben. Aber es ist doch besser zu versuchen, den Tumor zu entfernen.

«Sie würden also den Bau von besseren Kläranlagen, gesetzliche Vorschriften zur Reinhaltung von Luft und Wasser durchaus begrüßen? Sehen Sie hier nicht die Gefahr, daß Homo consumens an diesem Punkt stehenbleibt, daß er sich durch Ausflüchte beruhigt und im übrigen weiterkonsumiert wie bisher?»

Gewiß bestehen diese Gefahren. Aber wir müssen beide Wege gehen; sie ergänzen sich, wenn auch der Konsumverzicht wichtiger ist (und andererseits von der Konsumentschärfung mehr in den Massenmedien die Rede sein wird). Nehmen wir zum Beispiel den Flugverkehr. Die üblichen «wissenschaftlichen» Prognosen rechnen mit einer kontinuierlichen Steigerung. Deshalb werden trotz der heftigen Proteste von Biologen, Ärzten und Naturfreunden auch neue Landebahnen gebaut. Vielleicht könnten Sie durchsetzen, daß die Düsenriesen etwas weniger Lärm machen und ihre Abgase so entgiften, daß nicht mehr ein einziger Jumbo-Start so viel Gift und Schmutz produziert wie 5000 Volkswagen zur gleichen Zeit. Sie könnten möglicherweise sogar wieder Zeppelinluftschiffe bauen, die sehr viel umweltschonender sind. Aber wenn Sie nicht Konsumverzicht erwägen – den Verzicht auf unnötige Flüge –, dann werden Sie keinen Schritt weiterkommen. Man sollte das Fliegen rationieren, um nicht weitere Flugplätze bauen, den Lärm und das Luftchaos vergrößern zu müssen. Daneben kann man immer noch darauf hinarbeiten, daß die Flugzeuge sauberer und leiser werden, damit nicht der Sonneneinfall auf die Erde von Jahr zu Jahr geringer wird, bis eine neue Eiszeit anfängt.[63] Ein umweltbewußter Mensch wird also nicht nur möglichst wenig fliegen, sondern auch keinesfalls seinen Fuß in ein Überschall-Verkehrsflugzeug setzen.

«Gut, ich verstehe, obschon ich immer noch fürchte, daß Sie mit den überzeugendsten Worten den Konsumverzicht nicht zur beliebtesten Maßnahme gegen unsere Umweltprobleme machen werden. Aber ich will nun von einer ganz anderen Seite aus argumentieren: Verlangen Sie nicht vom einzelnen, was nur die Gesellschaft leisten kann? Bürden Sie nicht ihm eine Last auf, um das Versagen der Sozietät zu entschuldigen, um nicht zeigen zu müssen, daß diese spätkapitalistische Konsumgesellschaft an ihren inneren Widersprüchen zugrunde gehen muß, weil sie auf der Ausbeutung des Menschen durch den Menschen beruht? Ist die Ausbeutung und Zerstörung der Umwelt in ihrer ganzen Maßlosigkeit nicht nur eine Fortführung dieser kapitalistischen Grundhaltung? Indem Sie nach Konsumverzicht verlangen, ohne die Ausbeuter und ihre Agenten in Werbung, Meinungsmache und Politik anzugreifen, reihen Sie sich da nicht unter jene unpolitischen Handlanger des Kapitals, die eine neue Ethik verlangen und dadurch von den eigentlichen Ursachen, den eigentlichen Punkten, an denen eine Reform einsetzen müßte – nämlich den Eigentumsverhältnissen – ablenken?»

Ihre Argumentation erinnert mich ein wenig an die eines Studenten, der eine Vorlesung über Entwicklungspsychologie oder Strafprozeßrecht mit der Forderung unterbricht, man sollte über die Bedeutung dieser Themen für die Atomrüstung diskutieren. Man muß sich hüten, solche Postulate lächerlich zu machen, denn natürlich *haben* beide Dinge durchaus etwas miteinander zu tun. Wer glaubt, er könne gelassen weiter Entwicklungspsychologie und Jurisprudenz betreiben, ohne sich um Politik zu kümmern, reiht sich ein in die Phalanx jener Fachidioten, die bisher immer noch als Wissenschaftler die Macht der Mächtigen gefördert haben. Andererseits aber ist es ebenso falsch anzunehmen, Entwicklungspsychologie und Jurisprudenz müßten aufgegeben werden, um *nur noch* über die Atomrüstung zu reden. Man kann doch das eine tun, ohne das andere zu lassen; man kann gegen den Rüstungswahnsinn kämpfen, auf eine gerechtere Gesellschaftsordnung hinarbeiten, und gleichzeitig möglichst objektive wissenschaftliche Forschung treiben oder individuelle ethische Forderungen aufstellen. Mir scheint sogar beides notwendig. Ich habe aus einer primär psychologischen und biologischen Analyse des Konsumverhaltens die ethische Forderung nach Konsumverzicht abgeleitet, weil ich mehr von Psychologie und Biologie weiß als von Soziologie und revolutionärer Theorie. Statt von Umsturz zu reden, fordere ich doch zu etwas auf, das jeder Mensch, hier und jetzt, ohne weiteres leisten kann – zum Konsumverzicht. Er ist eine Antwort auf sehr viele Probleme zugleich.

Doch das marxistische Programm scheint ihn nicht zu enthalten, es läuft eher darauf hinaus, Unterschiede im Konsumverhalten einzudämmen als den Konsum selbst. Auch in sozialistischen Ländern macht man Versuche, eine Kleidermode zu schaffen, mehr Autos zu produzieren, Farbfernsehgeräte herzustellen. Die zum Konsumverzicht führenden gesellschaftlichen Reformen enthalten eine Entwicklung zu einem «Sozialismus mit menschlichem Gesicht» hin. Der Schwerpunkt der Produktivkräfte wird vom Konsum auf das Erziehungs-, Ausbildungs- und Gesundheitswesen verlegt, die Zügellosigkeit (nicht die Freiheit) der Produzenten beseitigt, die Verantwortung der Besitzenden für das Gemeinwohl nicht nur in ethischen Forderungen, sondern in gesetzlichen Vorschriften festgelegt.

«Ich weiß nicht, ob ich Ihnen beipflichten kann. Sie werden mir sagen, man könne doch Konsumverzicht üben und dennoch ein Marxist sein, getreu Ihrer Maxime, das eine zu tun und das andere nicht zu lassen. Aber es ist und bleibt doch ein elitäres Programm! Wer keine entfremdete Arbeit leistet, ein Schriftsteller und Psychologe wie Sie, ein bildender Künstler, ein Schauspieler – er mag sich entschließen, seinen Konsum einzuschränken, weil seine Arbeit ihn ohnedies befriedigt. Aber der Industriearbeiter, der an seinen Büroschreibtisch, an seine Zahlenreihen und die immer gleichen Brieftexte gefesselte Angestellte – er wird den Konsum mehr brauchen, obschon er ihn sich weniger leisten kann, als Droge, als Ersatzbefriedigung, weil er Manipulationen und Zwängen weniger Widerstand leisten kann.»

Das ist leider richtig. Ich habe auch schon gesagt, daß eine Ethik des Konsumverzichts jene Manipulatoren besonders scharf verurteilt, die trotz besserer Einsicht minderwertige Produkte an den Mann bringen. Ich verstehe nicht, warum die Kirchen immer noch über die Zulässigkeit vorehelichen Geschlechtsverkehrs streiten, während sie auf die weit schädlicheren und unmoralischeren Praktiken, etwa der Werbung, nicht hinweisen. Der Arbeiter, der kleine Angestellte ist vielleicht mehr zu Einsichten bereit, als Sie ihm zutrauen.

«Sie haben irgendwo geschrieben, daß Sie auch die Ergebnisse der Rüstungsproduktion zu den überflüssigen und gesundheitsschädlichen Konsumgütern rechnen. Wie sieht es in Ihrer Anti-Konsumgesellschaft mit der Rüstungsindustrie aus?»

Es spricht doch manches dafür, daß unser Wettrüsten nicht die Freiheit des Westens schützen soll, sondern nur seine Zügellosigkeit – die hohen Profite vieler Unternehmer und den Neokolonialismus, wie der

Vietnamkrieg doch deutlich gezeigt hat. Wenn wir den Weg zur Anti-Konsumgesellschaft einschlagen, dann werden solche Gründe für bewaffnete Auseinandersetzungen fortfallen und mit ihnen die Notwendigkeit einer Fortsetzung der bisherigen Rüstungsindustrie, die in allen fortgeschrittenen Ländern einen bedeutenden Beitrag zur Zerstörung unserer Umwelt leistet (man denke nur an die Verschwendung von Energie, Treibstoff und von Landschaft für Flug- oder Schießplätze). Ich glaube, daß ein Mehr an Konsumverzicht im Westen sehr zur politischen Entspannung beitragen könnte. Die sozialistischen Länder müßten den trügerischen Verlockungen der Wegwerfgesellschaft nicht mehr durch Propaganda, Minenstreifen an ihren Grenzen, durch Repression freiheitlich denkender Intellektueller oder gesteigerte Konsumgüterproduktion begegnen. So steht die Emanzipation vom Konsumverhalten einer Abkehr vom Wettrüsten nahe – auch einfach deshalb, weil beide menschliche Werte wie Gesundheit, Wissen, Freiheit ohne Zügellosigkeit ermöglichen. Konsumverzicht endlich wäre ein wichtiges Stück jener Umrüstung auf soziale Verteidigung, wie sie uns viele Friedensforscher empfehlen: Ein organisierter, gewaltloser Widerstand zwingt den potentiellen Gegner, entweder seine Reserven an qualifizierten Fachleuten zu erschöpfen und die eigene Wirtschaft lahmzulegen, um die des Gegners in Gang zu halten, oder sich zurückzuziehen, da ja ein moralisch überlegener, nicht aggressiver Gegner auf die Dauer die eigenen Truppen zu demoralisieren droht.

Es wäre falsch, hier einzuwenden, daß Gewaltlosigkeit gegenüber gewalttätiger Macht stets ohnmächtig bleiben wird. Gandhi hat als Oppositioneller durch seine Techniken passiver Resistenz sehr viel erreicht. Noch nie aber ist versucht worden, mit nur einem Bruchteil der riesigen Summen, die ein konventioneller Militärhaushalt verschlingt, durch gezieltes Training innerhalb einer rechtsstaatlichen Organisation gewaltlosen Widerstand systematisch aufzubauen. Ich bin überzeugt, daß heute jeder potentielle Aggressor sich hüten würde, ein solches Land anzugreifen, da er nicht nur die Reaktion der Weltöffentlichkeit, sondern vor allem auch den Protest der eigenen Bürger fürchten müßte, da ihnen ja vorgemacht wurde, ihre Streitkräfte dienten nur der Verteidigung des Friedens. Freilich, nur der zum Konsumverzicht bereite Bürger kann als Soldat in einer unbewaffneten Organisation der sozialen Verteidigung nützlich sein; wer sich von materiellen Prämien verlocken läßt, seine eigenen Lebensgrundlagen so zu zerstören wie Homo consumens, ist dafür kaum geeignet. Die Emanzipation vom Konsum könnte auch jene ungeheuerliche Verschwendung der Waffentechnik beenden, die die «zivilisierten» Länder unglücklicherweise in die Dritte Welt exportieren. In fast allen unterentwickelten Ländern steigt *ein* Posten in den Staatshaushalten sprunghaft an, meist mit der doppelten Geschwindigkeit aller übrigen Ausgaben: die Rüstungskosten. Hier ebenfalls die Voraussetzungen für eine Umrüstung auf soziale Verteidigung zu schaffen, wäre weit wirksamere Entwicklungshilfe, als «großzügige» Kredite für den Ankauf ausgedienter Waffensysteme zu gewähren.

«Ich will diese neue Utopie nicht auch noch kritisieren, sondern eine Frage aufgreifen, die ich schon lange stellen wollte: Was soll der vom Konsum emanzipierte Mensch, der ja wohl die Hälfte seiner Ausgaben spart, denn mit diesem Geld anfangen? Sind Sie so sicher, daß die Menschen überhaupt soviel Freiheit vertragen?»

Ich denke, wenn es ihnen gelungen ist, sich vom Konsum zu emanzipieren – auch vom Freizeitkonsum – dann ganz gewiß. In jeder Großstadt gibt es Museen, Kirchen, Kunstschätze, Bibliotheken: Man kann sich mehrere Jahre lang mit sehr fesselnden Dingen befassen, ohne mehr zu brauchen als ein Paar Augen, einen klaren Kopf, gesunde Beine und viel freie Zeit. Übrigens wollte ich noch auf Ihren Vorwurf zurückkommen, Konsumverzicht sei elitär. Warum nicht? Wenn es uns gelingt, mode- und geschmacksbildende Eliten zu Vorbildern für den Konsumverzicht zu machen, dann ist schon viel gewonnen. Ein Universitätsprofessor, der mit dem Rad fährt, wird vielleicht einige Studenten dazu bringen, sich kein Auto zu kaufen.

«Und Sie glauben tatsächlich, daß ein solches Programm, das ein Ende des technischen Fortschritts, des industriellen Wachstums, des Massenkonsums verlangt, realisierbar ist?»

Ich bin davon überzeugt, weil der logische Zwang dazu besteht. Freilich fürchte auch ich, daß es, wenn sich die Vernunft durchgesetzt hat, schon zu spät sein könnte, daß erst größere Katastrophen die Umkehr erzwingen und dann diese Umkehr vielleicht nicht mehr möglich ist. Meine Hoffnungen richten sich vor allem auf die Jugend.

«Da habe ich aber den Verdacht, daß hier die Ökologie wie eine neue Mode praktiziert, konsumiert und wieder verlassen werden kann, wenn man irgendwo etwas Fesselnderes entdeckt!»

Das will ich nicht hoffen. Die Ökologie ist so wenig eine Modefrage wie das Überleben des Menschen und die Qualität unserer Umwelt. Wir müssen uns nur hüten, diese Probleme zu Tode zu reden und so

Homo consumens den Eindruck zu vermitteln, daß schon andere – die Verantwortlichen, die Politiker, die doch auch die alarmierenden Berichte lesen müssen – etwas tun werden, er selbst jedoch untätig bleiben kann. Es ist doch deutlich geworden, wie es um uns steht. Weitere Expansion des Konsums ist tödlich. Die Technik wird den Wettlauf mit ihrem Schatten nicht gewinnen, wenn wir ihr nicht Zeit geben, indem wir auf das Wachstum der Verschwendung verzichten. Jeder von uns ist für unsere Zukunft mitverantwortlich, und er kann etwas für eine bessere Zukunft tun, sofort, von heute an. Er muß sich nicht einmal anstrengen, er muß nichts leisten. Er muß sich von einem Verhalten emanzipieren, durch das die begrenzten Vorräte des Raumschiffs Erde aufgezehrt, ihn seiner Menschenwürde beraubt, Atmosphäre, Wasser und Boden vergiftet werden. Praktisch jeder Konsumartikel, den wir kaufen, trägt zu diesem Prozeß bei. Homo consumens ist, wie vor einigen Jahrmillionen der Dinosaurier, schon heute zum Aussterben verurteilt. Die Frage ist noch offen, ob Homo sapiens diesen Untergang überleben wird. Es liegt an uns, wie die Antwort ausfallen wird.

Anhang

Die Ökologie der Krankheit[64]

«Dem Tempo, mit dem wir unsere Umwelt verändern, können unsere natürlichen Anpassungsmechanismen nicht mehr folgen ... Dieses immer immer weitere Auseinanderklaffen zwischen Umweltbedingungen und biologischer Eignung ist Ursache für 80 Prozent aller Krankheiten in diesem Teil der Welt.» Mit dieser Diagnose wird in einem Werbefilm der drei Pharma-Konzerne Ciba-Geigy, Hoffmann-La Roche und Sandoz begründet, warum das Anwachsen des Konsums «seelisch wirksamer» Medikamente nicht besorgniserregend, sondern unausweichlich sei. Denn, so der Filmtext, «unsere sinnlos gewordenen Instinkte und Affekte können wir heute nur noch als Krankheit betrachten. Der wiederangepaßte Mensch, Alptraum oder Wunschtraum, ist auf jeden Fall eine biologische Notwendigkeit.»

Später wurde dieser Werbefilm wieder zurückgezogen, nicht weil er falsche Aussagen enthielt oder die Tendenz der pharmazeutischen Industrie nicht richtig wiedergegeben hatte, sondern weil er beides nur allzu gut darstellte. Die Wahrheit, daß «Neurotiker und Depressive» ähnlich mit ihren Psychomedikamenten leben wie Zuckerkranke mit der Insulinspritze oder Herzkranke mit Digitalis, läßt sich durch Statistiken belegen. Aber sie ist trotzdem eine unerwünschte Wahrheit, weil sie darauf hinweist, daß viele Krankheiten nicht auf einer besonderen Schwäche der Betroffenen beruhen (die Erbanlagen werden hier immer dann angeführt, wenn einem gar keine andere Möglichkeit mehr einfallen kann oder darf), sondern auf jenen lebensfeindlichen Einflüssen, die wir auch im Umweltschutz kennen. Diese Gesundheitsschäden gehen weit über jene hinaus, die unmittelbar mit der Vergiftung von Flüssen, der Verschmutzung der Luft und der Gefährdung durch Chemikalien in den Nahrungsmitteln zusammenhängen. Wenn die menschliche Muttermilch heute zehnmal soviel Rückstände aus Insektenvertilgungsmitteln und Kunststoff-Weichmachern enthält, als für Kuhmilch «zum menschlichen Verzehr» erlaubt ist, dann ist das doch ein deutlicher Hinweis darauf, wie sehr die Chemie auch innerlich «auf unserer Seite» ist.

Die Depression

Die Wahrscheinlichkeit, daß ein heute geborenes Kind einmal in ein Nervenkrankenhaus kommt, ist ungefähr zehnmal so groß wie jene, daß es Abitur macht. Dieses Zahlenbeispiel ist ungefähr so alt wie der oben zitierte Film: es stammt von dem britischen Psychiater Ronald Laing. Die häufigste psychiatrische Krankheit ist sicherlich die Depression; ihre Kennzeichen wie gedrückte Stimmung, Mangel an Antrieb, fehlende Lust zum Leben und im Zusammenhang damit Selbstmordgedanken sind allgemein bekannt. Es gibt Unterteilungen der Depression, die aber höchst fragwürdig sind, weil sie die soziale Situation des Kranken weitgehend ausklammern und glauben, auf Grund der Symptome allein zu einem Urteil zu kommen. In vielen sogenannten «Primitivkulturen» sind Depressionen völlig unbekannt, z. B. bei Schwarzafrikanern, die noch nicht durch den Kontakt mit der europäischen Zivilisation ihre ursprüngliche Kultur verloren haben.

Der Depressive will nicht mehr leben, weil er keinen Sinn in seinem Leben finden kann. Wenn sein Arzt ihn als körperlich krank behandelt und ihn in schweren Fällen in eine Nervenklinik einweist, bewahrt er ihn zwar vor dem drohenden Selbstmord, nimmt ihm aber oft die Möglichkeit, aus diesem Leiden etwas zu lernen, es zum Anlaß einer Veränderung seiner Lebensführung zu verwenden. Die Depression wird dann mit Medikamenten bekämpft und verschwindet oft nach einiger Zeit wieder, wie ein böser Spuk. In anderen Fällen muß der Kranke ständig das Gegenmittel nehmen.

Was ist die geheime Botschaft der Depression? Sehen wir die Symptome näher an. Der Betroffene klagt darüber, daß er keine Lust zu gar nichts hat. Er sitzt im Loch, fühlt sich fürchterlich und sieht keine Möglichkeit herauszukommen. Er hat keine Energie, keine Gefühle, klagt über innere Leere und Finsternis, gelegentlich auch über ängstliche Unruhe oder darüber, daß er in seinem Leben ohnedies alles falsch gemacht hat. Am meisten Sorgen macht ihm, daß er nicht mehr arbeiten kann, denn seine Arbeit war ihm immer sehr wichtig.

«Unsere sinnlos gewordenen Instinkte und Affekte können wir heute nur noch als Krankheit betrachten», sagt unser oben zitierter Werbefilm. Der Depressive drückt die Wahrheit dieser Aussage über den Menschen in der Industriegesellschaft nur zu zutreffend aus. Schon vor seiner Erkrankung war er meist kontrolliert, gründlich, pflichtbewußt und aggressionsgehemmt. Er wollte beliebt sein, bei Vorgesetzten, Kollegen und Untergebenen, und er tat dafür, was man von ihm verlangte. Er arbeitete, machte es möglichst allen recht, seine eigenen Wünsche, der Ausdruck seiner persönlichen Gefühle kamen immer an letzter Stelle. Die Depression selbst ist, so gesehen (was sicherlich eine vereinfachte Betrachtungsweise ist), die Karikatur der «Gesundheit» unter einem gesellschaftlichen Zustand, der dem Ausdruck von Wünschen und Gefühlen feindlich ist. Unser gesellschaftlicher Zustand ist das, sehr im Gegensatz zu den sogenannten «Primitivkulturen». Für uns ist es selbstverständlich, daß wir die absurdesten Unterwerfungsrituale unter bürokratische Prozeduren ohne Magengeschwüre verkraften, daß wir eine Schnellstraße durch ein Wohnviertel ohne Herzbeschwerden hinnehmen und Atomkraftwerke bauen lassen, weil sie eine «wirtschaftlich vernünftige» Lösung unserer Energieprobleme darstellen. Wer sich für die Erhaltung der Natur einsetzt, weil sie Gefühlswerte für ihn verkörpert, ist ein Spinner – zumindest dann, wenn er sich nicht vorschreiben läßt, wo und wann er diese Gefühlswerte in industriell unschädlichen Bereichen (wie beim Edelweißhüten in den Hochalpen) verwirklichen will.

So psychiatrisiert der Politikermund jene, die sich wehren, während nach unserem Wissen über die seelische Dynamik der Depression jene, die sich nicht wehren und an die Gefühlsfeindlichkeit anpassen, Gefahr laufen, von den echten Psychiatern behandelt zu werden. Der Depressive läßt sich mit dem Stadtpferd der Schildbürger vergleichen, das diese in jeder Hinsicht zufriedenstellte – außer in einer. Es war ein verläßliches, arbeitsames Tier, willig und lenkbar. Es hatte nur einen Fehler: Es wollte jeden Tag Hafer fressen. Die Schildbürger beschlossen, ihm auch noch diesen Fehler abzugewöhnen und verminderten seine Haferration jeden Tag. Der Versuch gelang zunächst zu bester Zufriedenheit. Das Pferd war weiterhin lenkbar und arbeitswillig. Doch an dem Tag, da es endlich ganz haferfrei arbeiten sollte, starb das Tier, und die Schildbürger erregten sich sehr über diese Heimtücke. Mir scheint, daß die Depressiven sich gut mit diesem Stadtpferd vergleichen lassen. Sie finden sich so lange mit einem gefühls-

und intimitätsfeindlichen Umgang in der Industriegesellschaft ab, bis sie endlich so sehr ausgehungert und verarmt sind, daß sie nicht mehr können.

Arbeitsscheu?

Es gibt eine «mildere» Form der Depression, die deutlich von den äußeren Lebensumständen abhängt. Sie tritt nämlich nur dann auf, wenn die Betroffenen nicht arbeiten, etwa während des Urlaubs oder während erzwungener Inaktivität durch Arbeitslosigkeit. Amerikanische Ärzte haben den Begriff des «workaholic» dafür geprägt: Ein Arbeitssüchtiger muß an Entzugserscheinungen erkranken, wenn er keine Beschäftigung hat. Sein Leben, sonst ausgefüllt von Tätigkeit, wird leer und sinnlos. Viele äußerlich erfolgreiche Menschen leiden unter dieser Form der Depression. Sie werden durch ein äußeres Reizmittel aufrechterhalten, obwohl sie innerlich hochgradig gefährdet sind. Ihre süchtige Abhängigkeit läßt sich in der Gesellschaft viel besser als Aufopferung, rastloser Einsatz usw. «verkaufen» als die Abhängigkeit von weniger anerkannten Suchtmitteln. Es ist übrigens ein offenes Geheimnis, daß nicht wenige führende Politiker auf diese Weise an ihre Arbeit gebunden und daher sehr «schwierige» Patienten für ihre Ärzte sind. Besorgt machen muß den Bürger der Gedanke, daß ein Arbeitssüchtiger ziemlich unfähig ist, sich rechtzeitig zu bescheiden und zurückzuziehen. Das tragischste Beispiel dafür ist der operationssüchtige Chirurg Ferdinand Sauerbruch, der auch dann noch weiterarbeitete, als er wegen eines fortgeschrittenen Abbaus seiner geistigen Fähigkeiten eine Gefahr für seine Patienten geworden war. Diese Situation drückt eine gefährliche Paradoxie der Leistungsgesellschaft aus: Sie ermöglicht gerade jenen schwer gestörten Menschen einen steilen Aufstieg, die – endlich zu einer Spitzenposition vorgedrungen – dringend jemand benötigen würden, der sie beaufsichtigt und kontrolliert, was sie aber gerade selber tun sollen.

Wo Gefahr ist, wächst das Rettende auch, sagt der Dichter. Ob allerdings das andere Phänomen auf der Leistungsskala, nämlich die zunehmende Arbeitsscheu, Leistungsverweigerung, die Neigung zum Aussteigen aus der als sinnlos erlebten Konkurrenz dieses «Rettende» ist? Die Schere zwischen den Leistungssüchtigen und den Leistungsmuffeln scheint immer weiter aufzugehen. Das fängt bereits in der Schule an, wo sich die einen mit «null Bock» und «no future» auf die Punk-Position zurückziehen, während die anderen in Leistungskursen um Zehntelpunkte kämpfen, um einen der begehrten Studienplätze für Medizin oder Psychologie zu erreichen.

Dieser Kleinkrieg an der Leistungsfront drückt sicher auch den gesellschaftlichen Widerspruch zwischen maximaler Leistung (in der Arbeitswelt) und maximaler Verwöhnung (im Konsumbereich) aus, in dem wir alle leben. Er hat sich fast zu einer Art Stadtguerilla ausgewachsen, wenn z. B. in München – angeblich auf Betreiben der AOK – ein anonymes, kenntnisreiches Pamphlet in allen linken Buchhandlungen beschlagnahmt wird, in dem in allen Einzelheiten beschrieben wird, wie man den Ärzten Krankheiten glaubhaft machen kann, die keine sind, um den Urlaub etwas zu verlängern. Jedoch sind diese bewußten, arbeitsscheuen Betrüger sicher nur die Spitze eines Eisbergs; die zwei Millionen Alkoholiker und die zehn Millionen Neurotiker mit dem Leitsymptom Depression drücken ähnliche Formen von Verweigerung aus. Ich kann aus eigener Erfahrung sagen, daß die Produktion psychotherapeutischer Helfer und der Verkauf von Psychopharmaka im letzten Jahrzehnt eine Wachstumsrate hatten, die sicherlich in kaum einem anderen Industriebereich erreicht wurde.

Die verlorene Gesundheit

Die moderne Medizin hat einige Schlachten gewonnen; andere – z. B. gegen den Krebs oder gegen die degenerativen Zivilisationsleiden – stehen unentschieden. Aber den Krieg scheint sie verloren zu haben: noch nie fühlten sich so wenige Menschen gesund wie in einer Zeit hervorragender medizinischer Technik und einer Ärztedichte, die in einer Großstadt wie München bereits in manchen Fachbereichen (wie innerer Medizin oder Psychiatrie) um 200 bis 300 Prozent über dem von den Ärzteverbänden selbst errechneten Bedarf liegt. Wir sind weiter denn je davon entfernt, wie die alten Chinesen unsere Ärzte dafür zu bezahlen, daß wir gesund geblieben sind. Viele von uns haben jedes Gefühl dafür verloren, daß ihre körperliche Gesundheit ein Teil ihrer eigenen Verantwortung ist. Sie geben sich selbst zu Check-ups und Reparaturen wie ihre Autos, rund jeder zehnte Nachtschlaf und jeder zwanzigste Stuhlgang sind durch Medikamente geregelt. Es ist nicht einmal zynisch festzustellen, daß sich – je höher die Arztdichte, je häufiger der Gang zum Arzt, je besser die Medizintechnik in Vorsorge und Krankenhaus – immer weniger Menschen wirklich gesund fühlen. Das «Patientengut» reagiert auf die technischen Bemühungen der Medizin ganz ähnlich wie die Natur auf die technischen Bemühungen der Industrie.

Die Industriekultur ist wie eine überbeschützende Mutter: indem sie ihren Kindern vorgaukelt, ihnen die Last des Lebens zu erleichtern und ihnen zahlreiche Bequemlichkeiten zu verschaffen, verhindert sie ihre Selbständigkeit, beraubt sie sie des Gefühls der eigenen Verantwortung und der Möglichkeit, unabhängig zu existieren. Das Vertrackte ist, daß alle belastenden Einflüsse untereinander zusammenhängen: Um den Leistungsstandards zu entsprechen, werden die Menschen arbeits- und konsumsüchtig gemacht. Dadurch wird Arbeitslosigkeit zu einem Schreckgespenst: weiteres Wachstum der Produktion ist notwendig, um es abzuwehren. Dieses Wachstum ist jedoch nur dann möglich, wenn die Produktivität so gesteigert wird, daß die Arbeit als solche von den Betroffenen immer weniger als sinnvoll erlebt werden kann. Sie müssen entweder so steile Karrieren planen, daß Macht und Erfolg als Reizmittel über diese Sinnlosigkeit hinwegtrösten – oder sie steigen aus. Viele, die weder das eine noch das andere schaffen, weichen in den selbstschädigenden Kompromiß der neurotischen Verweigerung aus. Weniger bedroht von diesem destruktiven Prozeß und daher besonders begehrt sind heute die Arbeitsplätze in den sozialen Berufen (Ärzte, Lehrer, Psychologen, Sozialarbeiter usw.), in denen sich letztlich die «Erfolgreichen», die sich einen der begehrten, sinnspendenden Arbeitsplätze erkämpft haben, um die «Erfolglosen» kümmern, denen das nicht gelungen ist und die deshalb in das von den «Erfolgreichen» gehaltene soziale Netz fallen. Politiker, die diese Entwicklung mitverantworten, aber nicht begreifen, sprechen dann vom Mißbrauch dieses Netzes zur «sozialen Hängematte».

Gegenwelten

Wenn umweltbewußte junge Leute ein Waldstück besetzen, weil sie gegen den Bau einer neuen Startbahn für den örtlichen Flughafen sind, löst dieses Verhalten in unserer pluralistischen Demokratie die verschiedensten Reaktionen aus. Die einen denken an eine ferngesteuerte Provokation vaterlandsverräterischer Gesellen, andere an pubertären Protest einer Jugend, die in der militärischen Vaterlandsverteidigung keinen Sinn mehr sehen kann. Vielen ist wichtig, daß der Wald den Besetzern nicht gehört, daß sie also das Eigentum an Grund und Boden und damit ein Grundgesetz der bürgerlichen Gesellschaft nicht achten. Die unmittelbar Beteiligten werden möglicherweise etwas Ähnliches sagen wie: Wir fühlen uns einfach besser, wenn wir eine weitere Zerstörung der Natur nicht hinnehmen, wenn wir uns wehren, wenn wir etwas tun. Es ist dabei nicht zu verkennen, daß die großen Schauplätze solcher Auseinandersetzungen – Kaiserstuhl, Gorleben und Frankfurt – auch eine Menge an kreativem Potential freigesetzt haben, alternative Formen der Erwachsenenbildung, des künstlerischen und politischen Ausdrucks.

Solche Gegenwelten scheinen eine tatsächliche Alternative zu dem Problemkreis um Depression, Arbeitssucht und Arbeitsscheu. Man könnte sie höher einschätzen als beispielsweise die Psychotherapie, in der wiederum Experten neue Formen von Abhängigkeit und mangelnder Eigenverantwortung – diesmal für die seelische Gesundheit – herstellen. Aber leider sind diese Gegenwelten nicht allen zugänglich, die unter den lebensfeindlichen Mechanismen der Industriewelt leiden. Hier wird die Psychotherapie ihren Platz behalten, der ihr meiner Überzeugung nach jedoch nur dann zusteht, wenn sie teilweise zur Ökotherapie wird, d. h. die Gefahren der Scheinlösung von gesellschaftlichen Problemen durch ihre Delegation an einen Fachmann nicht nur erkennt, sondern auch bekämpft.

Eine heile Umwelt ist ebenso wie seelische Gesundheit ein Wert, den man erst dann schätzen lernt, wenn man ihn verloren hat. Saubere Luft, reine Flüsse und bekömmliche Nahrungsmittel sind sicherlich mehr wert als alle Industrieprodukte, bei deren Herstellung uns die ökologische Stabilität verlorengegangen ist. Aber als wir uns auf die Industrialisierung einließen, wußte kaum einer um den Preis, der dafür zu bezahlen war. Wer es wußte, hätte die Entwicklung nicht aufhalten können, denn die *Vorstellung* einer zerstörten Landschaft bewegt kaum einen Menschen dazu, auf ein Stück mehr Komfort oder Profit zu verzichten. Die *Realität* ist dazu eher in der Lage, wenngleich wir heute verfolgen können, mit welchem Aufwand an Verleugnungen und Entstellungen bis heute viele Menschen an dem Glauben festhalten, weiteres industrielles Wachstum sei für unser Glück unerläßlich. Ebenso sind die Verluste an unmittelbarem Gefühlsausdruck und sinnlich erfaßbarem Erfolg unserer Tätigkeit, die heute unsere seelische Gesundheit bedrohen, rücksichtslos zugunsten einer immer gründlicheren Perfektionierung der meßbaren Leistung hingenommen worden. Ein weiteres

Wachstum des Verbrauchs an Psychopharmaka und Psychotherapie wird diese Probleme aber ebensowenig lösen, wie das Wirtschaftswachstum unsere Umweltprobleme löst.

Umweltpsychologische Typen[65]

Ein Schiff wie die ‹Titanic›, das in den Untergang fährt, weil an Bord viele hundert Menschen pflichtbewußt und genau ihren Dienst tun, ist öfters als Bild der auf ihren Vorwärtskurs festgelegten Industriegesellschaft verwendet worden. Liegt es nicht letztlich an persönlichen, psychologisch aufklärbaren Entscheidungen, wenn eine Kursänderung so schwierig ist? Wir sollten so naiv nicht sein. Die Macht der Strukturen und gesellschaftlichen Formen geht «durch die Menschen hindurch».

Der Koch in der Kombüse der ‹Titanic›, der beschließt, aus Protest keine Menüs mehr zuzubereiten, verliert seinen Job, aber er verhindert nicht, daß der Dampfer gegen den Eisberg fährt. Dennoch muß seine Tat nicht wertlos sein, nur wirkt sie auf Umwegen und nur möglicherweise.

Ökologisch denkende Menschen fragen sich oft verzweifelt, was es denn so vielen Bürgern so unendlich schwer macht, wirklich Konsequenzen aus der Zerstörung unserer Umwelt zu ziehen. Die hier vorgelegte Typologie ist ein Versuch, in dieser Situation einfache Erklärungen wie «Blindheit», «Dummheit» oder «bösen Willen» aufzugliedern. Es geht darum zu klären, weshalb sich Menschen so und nicht anders gegenüber einer bedrohten Umwelt verhalten. Dieses Verhalten ist nicht durch ein einzelnes Motiv (zum Beispiel «Todestrieb») zu erklären, sondern durch Zusammenhänge von Motiven. Einen solchen Motivzusammenhang nenne ich hier «umweltpsychologischen Typ», wobei ich diese Typen in ihrem gegenwärtigen Verhalten beschreibe.

Der Machtmensch

Homo sapiens ist ein ausgesprochen soziales Wesen. Er neigt dazu, Rangordnungen zu entwickeln, in denen die Aufrechterhaltung von Macht über seinesgleichen eine zentrale Rolle spielt. Das ist solange umweltunschädlich, wie die Möglichkeiten gering sind, die Natur zu verändern. Je mehr diese Möglichkeiten wachsen, desto gefährlicher wird die Neigung, Macht über andere Menschen anzustreben. In den Industriegesellschaften sind die Mächtigen – die Politiker – in der Regel so damit beschäftigt, ihre Macht zu gewinnen und aufrechtzuerhalten, daß sie die Umwelt nur noch als einen relativ belanglosen Faktor in diesem Kalkül sehen können. Sie sind an einem Kreis von Menschen um sie herum orientiert, die ebenfalls – wie die Eisenspäne durch den Magneten – durch ihr Streben nach Macht angeordnet sind. So ist ein unverstellter Blick auf die Gefährdung des Ganzen gar nicht möglich. Machtmenschen sind, unabhängig von ihren politischen Überzeugungen im engeren Sinn, immer konservativ. Sie streben danach, die soziale Pyramide, welche sie trägt, als solche zu erhalten. Sie sehen ihre Aufgabe darin, durch ausgewogenes Taktieren eine Gruppe von Menschen in einem Gleichgewichtszustand zu halten, so daß sich nichts so schnell verändert, daß ihr Platz an der Spitze gefährdet ist. Jeder in dieser Gruppe wird gelobt und belohnt, wenn er den Machtmenschen stützt und trägt, aber auch bedroht, damit er weder zur Seite (in Richtung auf eine konkurrierende Machtgruppe) noch nach oben (in Richtung auf eine Usurpation des Platzes, den der Mächtige innehat) seinen Ort verändert.

Der Machtmensch wird sagen, daß man unbedingt gegen das Waldsterben etwas tun muß. Aber diese Tat müsse auch gut überlegt werden. Andere mächtigen Interessen, zum Beispiel die Profite der Energie- und Autoproduzenten (an die er denkt) und die Erhaltung der Arbeitsplätze (von denen er redet) seien ebenso zu bedenken. Er wird versuchen, Scheinaktivitäten zu entfalten, die seine eigene Machtentfaltung fördern, während sie nach außen als Umweltschutz ausgegeben werden – zum Beispiel eine eigene Flotte von Flugzeugen aufzubauen, welche den Fortschritt des Waldsterbens mit Infrarotkameras filmen. Er wird Kompromisse suchen, die die Pyramide unter ihm stabilisieren, zum Beispiel einen mittleren Abgaswert per Gesetz in etwas ferner Zukunft durchsetzen, wobei er gegenüber den Mächtigen in der Industrie (die gar nichts tun wollen) als weiser Vermittler auftreten wird, der übertriebene Forderungen verhindert, während er sich gegenüber den Umweltschützern als Vorkämpfer ihrer Sache – freilich mit «Augenmaß für das Mach(t)bare» – gibt.

Der Wissenschaftler

Sprüche wie «Wissen ist Macht» drücken aus, daß zwischen dem Wissenschaftler und dem Machtmenschen ein enger Zusammenhang bestehen kann. Allerdings ist gewiß nicht jede Art von Wissen hilfreich, um Macht zu gewinnen. Die Trennlinie liegt zwischen «science» (Naturwissenschaft) und «humanities» (was mit «Geisteswissenschaft» nicht genau übersetzt ist). Hier geht es um den Naturwissenschaftler, der in der Regel mehr politische Geltung hat und weit höhere Summen aus öffentlichen oder privaten Quellen für seine Forschung umsetzen kann. Der Geisteswissenschaftler bildet einen eigenen Typus, der ihn eher dem «Intellektuellen» (siehe dort) annähert. Für den Naturwissenschaftler zerfällt die Welt in eine helle und eine dunkle Seite, in einen Teil, der genügend erforscht ist, und in einen, von dem man noch nicht genug weiß. Seine Lebensaufgabe ist es, diese Grenze etwas in den dunklen Teil zu verschieben. Das ist um so eher möglich, je kleiner der Abschnitt ist, auf den er diese Anstrengung konzentriert. Die Pyramide des Naturwissenschaftlers liegt gewissermaßen in der Fläche, während sich die des Machtmenschen in einer oben/unten-Dimension entfaltet. Er muß an einem winzigen Punkt weiter geforscht haben als alle anderen und sich damit auch unweigerlich weiter spezialisiert haben. Das heißt, er hat auch aus den Augen verloren, was neben ihm vorgeht.

Vielleicht wird hier deutlicher, weshalb unsere Umwelt auf den Naturwissenschaftler genausowenig hoffen kann wie auf den Politiker. Denn gerade die Tatsache, daß in seiner extremsten Spezialisierung jeder Wissenschaftler ganz alleine ist und alle anderen, die auf seinem Gebiet geforscht haben, überholt hat – und sei es auch nur um Haaresbreite –, macht ihn zum Werkzeug des Machtmenschen. Dieser ist vertraut damit, *seine* Pyramide dadurch zu stabilisieren, daß er die Kräfte, die unterhalb von ihm wirken, sich gegenseitig lähmen läßt (zum Beispiel den «rechten» und den «linken» Flügel seiner Partei). Die spezialisierten, miteinander konkurrierenden Naturwissenschaftler, die das Ganze längst aus den Augen verloren haben, sind ein williges Opfer einer ähnlichen Manipulation.

Seine Erziehung in Hochschule und Beruf hat den Naturwissenschaftler gezwungen, seine eigenen und die Ergebnisse seiner Kollegen ständig unbarmherzig zu kritisieren. Gleichzeitig rüstet sie ihn mit einer pompösen gesellschaftlichen Anerkennung aus. Der Walfisch der Naturwissenschaft kann an jedem Apfel ersticken, den ihm die politische Eva in sein Fahrwasser wirft. Weil seine wirkliche Arbeit in seinem winzigen Spezialgebiet auf Umweltprobleme kaum anwendbar ist, macht er zu diesen buchstäblich alle möglichen Aussagen und kritisiert auch alle möglichen anderen Aussagen.

Angesichts des Waldsterbens kritisiert er beispielsweise die völlig unbefriedigende und widersprüchliche Forschungslage. Dann fordert er die Mittel für ein eigenes Vorhaben an, in dem über einige Jahre hin Bäume in Plastikzelten mit den verschiedenen Schadstoffen begast werden, um herauszubekommen, welcher von diesen es nun wirklich gewesen ist. Und er ist so beschäftigt damit, daß er zerstreut sagt: «Ach, wirklich», wenn seine Frau ihm mitteilt, daß die Blautanne im Vorgarten inzwischen gelb geworden ist.

Der Intellektuelle

Er ist durchaus in der Lage, den Gesamtzusammenhang von Mensch und Natur zu sehen. Wer sich für Geschichte, für Literatur und bildende Kunst interessiert, wer sich Gedanken über die Entwicklung des Menschen vom Ackerbauern zum Industriearbeiter macht, hat viele Möglichkeiten, ein Bewußtsein für die Verarmung und Bedrohung der Natur zu entwickeln. Weder die Zwänge, eine Machtpyramide aufrechtzuerhalten, noch die blinde Konzentration auf ein Spezialgebiet behindern den Blick für ganzheitliche Zusammenhänge und für die Bedrohung der Umwelt. Die kritische Sicht des Intellektuellen durchdringt den Schleier der Machtinteressen und die Täuschung, welche in dem pompösen Objektivitätsgebaren des Naturwissenschaftlers liegen kann. Sie entlarvt Ideologien, die als schönes Mäntelchen Gruppeninteressen verdecken und das Wohl der Profitsteigerung zum Wohl der Allgemeinheit erklären. Scharfsinnig beobachtet er, wie die Menschen zum Opfer ihrer selbstgemachten Wirtschaftsstrukturen werden und am Ende gar nicht mehr anders können, als die Natur zu zerstören. Gleichzeitig aber ist der Intellektuelle ein Einzelgänger, der noch an ein Ideal des guten Menschen und der Bildung der ganzen Person glaubt, auch wenn er dieses Ideal in seiner geschichtlichen Bedingtheit durchschaut. Ein brillant formulierter Satz entzückt ihn so sehr, daß er sich überhaupt nicht mehr fragt, ob er ihn nicht allein deshalb sagen darf, weil er sicher nichts damit bewirkt. Wenn der Politiker mit seinen plumpen, oft zynischen Vereinfachungen die Menschen viel direkter und wirkungsvoller anspricht, tröstet sich der Intellektuelle damit, daß er dessen schlechtes Deutsch bemängelt. Der Intellektuelle kann alles kritisieren, vor allem sich selbst. Für ihn ist ein Gedanke schon abgeschlossen, wenn er ihn ausgedrückt hat, und er wendet sich neuen Themen zu. Machtverhältnisse sind ihm lästig. Sie werden nur dann ange-

179

gangen, wenn sie beim Denken und Schreiben stören, oder wenn er zuwenig zitiert wird. Sein Überblick und seine geistige Beweglichkeit geben ihm die Möglichkeit, sich notfalls rasch umzustellen und diese Anpassung zu rechtfertigen.

«Letzte Woche war ich für die Reportage zum Waldsterben im Fichtelgebirge. Es hat mich schrecklich deprimiert. Ich hab im Klartext geredet und denen von der Industrie und diesen großsprecherischen Politikern einmal gründlich die Meinung gesagt … Übermorgen geht es nach Süditalien. Du weißt ja, Autotests sind meine geheime Leidenschaft. Ich weiß, es ist kindisch, aber ich freue mich schon darauf, den neuen Sechzehnventiler über die Rennstrecke zu hetzen!»

Der Normalverbraucher

Dieser bei weitem häufigste umweltpsychologische Typus nimmt die bestehenden gesellschaftlichen Verhältnisse so hin wie das Wetter. Er hält sie für unveränderlich und versucht, sich vor Unbill zu schützen. Er ist nicht darauf aus, Macht über andere zu gewinnen, die Geheimnisse der Natur zu entschleiern oder tiefe Einsichten in die menschlichen Lebensbedingungen zu finden. Er tut, was man von ihm verlangt, und glaubt, was er im Fernsehen sieht. Weil ihn viele Meinungen verwirren, hält er sich zäh an einige wenige Informationsquellen. Im Grunde mißtraut er allen abstrakten Überlegungen – auch denen der Wissenschaftler, Intellektuellen und Politiker zum Umweltschutz. Er beugt sich zwar der Autorität, aber nicht aus Einsicht, sondern aus Angst, weil er weiß, daß ihm abweichendes Verhalten schlecht bekommt. Er verbraucht weniger Energie, wenn sie zu teuer wird, und nicht, weil er hofft, damit etwas für die Umwelt zu tun. Er rechnet genau, weil er muß, und weil Geld die konkreteste gesellschaftliche Macht ist, mit der er zu tun hat. Wenn er enttäuscht ist, weil die Entwicklung der Industriegesellschaft nicht in gleichmäßigem, ungestörtem Wachstum fortschreitet, sucht er Zuflucht bei Erinnerungen an die gute Vergangenheit und wählt konservative Politiker, deren Versprechungen für ihn einfacher zu verstehen sind, die ihn aber nach kurzer Zeit ebenso enttäuschen wie die fortschrittlicheren, denen er einen Denkzettel verpassen wollte. Er wählt die Partei, die ihm am meisten Stabilität verspricht, weil ihm Veränderung – da unüberschaubar – angst macht. So ist er auch der natürliche Ansprechpartner des Machtmenschen. Für ihn ist es kein Widerspruch, in einer lokalen Bürgerinitiative heftig gegen eine

Schnellstraße zu kämpfen, die ihm ein Eck seines Vorgartens abrasiert, gleichzeitig aber die Partei zu wählen, die den Ausbau des Schnellstraßensystems in ihrem Programm hat.

«Ich mach keinen Urlaub im Schwarzwald mehr. Ist ja ein trauriger Anblick und genauso teuer wie die Nordsee. Die Politiker müßten mehr tun. Aber ich kaufe mir einen neuen Wagen, bevor die Abgasfilter eingeführt werden. Ich seh nicht ein, warum ich so ein Ding bezahlen soll. Die Wissenschaftler werden schon Bäume finden, die diesen komischen Regen aushalten. Schließlich haben sie auch die Herztransplantation fertiggebracht und Orangen ohne Kerne gezüchtet.»

Der Alternative

Er ist das Gegenstück des Normalverbrauchers: während dieser hinter einer Fassade der Angepaßtheit versucht, sich oft durchaus anarchistisch durchzuschlagen, ist der Alternative hinter seiner anarchistischen Fassade oft sehr angepaßt. Seine «Szene» ist eine Welt im kleinen, in der er lebt und deren Vorstellungen er sich um so geschmeidiger fügen kann, weil es möglich ist, alle Unzufriedenheit und Aggression gegen die nicht-alternative Umwelt zu richten. Sein Mißtrauen gegen alles, was etabliert, industriell, wissenschaftlich ist, was in Anzug und Krawatte, hinter Glas und Beton auftritt, ist so groß geworden, daß er für die kommerziellen Moden und selbsternannten Propheten der eigenen Szene nur noch wenig Kritik aufbringt. So ersetzt er oft das schlechte Neue durch das schlechte Alte, zum Beispiel die medizinische Diagnose- und Therapiemaschinerie durch Handlesen, Augendiagnose und Kräutertees. Andrerseits gibt ihm die Freiheit von den festen Ordnungen der Industriewelt neue Möglichkeiten. Er kann mit sich selbst und mit kreativeren Lebensformen experimentieren. Während der Normalverbraucher (wie auch die meisten anderen Typen) verleugnet, daß die rohstoff- und energiefressende Lebensform der Industriegesellschaft so wie einst der Tyrannosaurus Rex zum Aussterben verurteilt ist, verleugnet der Alternative gerne seine fortbestehende Abhängigkeit. In seinem alternativen Bauernhof produziert er nicht soviel Nahrung, daß er davon leben und seine wirtschaftlichen Rest-Bedürfnisse (wie Auto und Stereoanlage) abdecken kann. Er organisiert Kurse für andere Alternative und Neugierige vom Szenenrand über Spinnen, Weben, Töpfern, orientalische Meditation und Kräuterkunde oder bastelt Wachskerzen und Silberschmuck. In den Großstädten ist die alternative Szene die bevorzugte Form der Freizeitgestaltung vieler Intellektueller. Sie verschafft ihnen das gute Gewissen, das Geld, welches sie durch ihre Einbettung in das umweltfressende System verdienen, wenigstens für Menschen und Produkte auszugeben, die eine Gegenwelt aufzubauen scheinen. Es ist wie der ewige Kampf zwischen Land und Meer: die Alternativszene wird ständig an ihrem Rand von der Freizeitindustrie angenagt und vereinnahmt, während sich an anderen Orten neue Inseln bilden. Der alternative Typus hat unter den Jugendlichen stark zugenommen und übt auf die Intellektuellen eine große Anziehungskraft aus. Eine Kritik greift zu kurz, die das Alternative lediglich als Alibi- und Freizeitfunktion denunziert. Wichtiger ist der Wandel des Bewußtseins, der sich hier andeutet. Wenn mehr Menschen ausprobieren, und sei es auch nur in der Phantasie, wie der Verzicht auf umweltschädliche Konsumansprüche aussieht, wie eine Gesellschaft aufgebaut sein kann, in der die Schonung des ökologischen Gleichgewichts und der natürlichen Vielfalt mehr Gewicht hat als die Ausbeutung der Natur, dann wachsen auch die Möglichkeiten, daß sich Machtpyramiden in dieser Richtung verschieben. Anderseits behindert sich der Alternative durch seine Kritiklosigkeit dem Alternativen gegenüber, durch Unverständnis und mangelnde Gesprächsbereitschaft für alles außerhalb seiner Szene und durch die Neigung, sich gesellschaftliche Veränderung nach dem Modell von Wildwestfilmen vorzustellen. Der Haß auf alles Etablierte ist ein schlechter Lehrmeister. Er kann zu einer Fessel werden, wenn mangels anderer Orientierung einfach das Gegenteil dessen gemacht wird, was die Autoritäten fordern. In der Kindererziehung drückt sich das beispielsweise so aus, daß die alternativen Eltern in dem Bestreben, es «antiautoritär» zu machen, zu völlig überforderten Sklaven ihrer orientierungslosen Babies werden. Der Alternative will rasch Ergebnisse sehen und hat große Schwierigkeiten, Rückschläge und Konflikte in seinen Projekten zu verarbeiten. Der formlose Zwang zu kumpelhaftem Umgang führt dazu, daß Konflikte oft durch Rückzug «gelöst» werden, nach dem Motto: «Ich bin kein autoritärer Scheißer, und drum sage ich auch nicht, was ihr machen müßt. Aber wenn ihr es nicht von selbst tut, bin ich schrecklich gekränkt und haue ab!»

«Wir haben die halbe Nacht diskutiert, welche Aktion wir jetzt gegen das Waldsterben starten sollen. Die einen wollten ‹Baummörder› an die Wände der Kraftwerks-AG und an das Rathaus sprühen. Die anderen wollten eine Demo organisieren. Um Mitternacht sind wir dann in den Stadtwald gegangen und haben mit weißer Farbe Sterbekreuze auf die Bäume gemalt und Zettel drangeklebt. Die Bullen und die anderen Typen haben es dann wieder abgekratzt, und in der Zeitung stand, daß die Bäume kerngesund waren, die wir angemalt haben. War ja schließlich auch dunkel ...»

Der Naturschützer

Während der Alternative versucht, aus den gesellschaftlichen Formen auszusteigen und in seiner «Szene» eine ihm eigene Gegenkultur aufzubauen, ist der Naturschützer durchaus in der Industriegesellschaft eingebettet. Er denkt nicht an neue Umgangsformen der Menschen untereinander, an eine neue Gestaltung von Produktion und Konsum. Vom Normalverbraucher unterscheidet ihn, daß ihm Tiere und Pflanzen mehr bedeuten als jenen, deren botanische Kenntnisse knapp ausreichen, um sich auf dem Gemüsemarkt zurechtzufinden. Die Einbettung der Naturschützer in die Industriegesellschaft äußert sich darin, daß viele von ihnen spezialisiert sind und Teilbereiche auf Kosten anderer schützen. So verstehen sich die Jäger weitgehend als auf jagbares Wild spezialisierte Naturschützer, die diesen Teil der Natur besonders fördern, gegen Konkurrenten (Raubtiere, Greifvögel) schützen und nicht besonders gut auf andere Naturschützer zu sprechen sind, denen zum Beispiel die natürliche Regeneration des Waldes am Herzen liegt. Diese Spezialisierung und Aufspaltung ermöglicht es den Politikern, die Naturschützer ähnlich ohnmächtig zu erhalten wie die Naturwissenschaftler. Am beliebtesten sind Naturschützer, die «ihren Platz kennen», wenn es darum geht, aufgelassene Kohlengruben oder die Ränder von Kanälen, Landebahnen und Schnellstraßen zu begrünen, die rostige Blechbüchsen und ausgediente Kühlschränke an Waldrändern aufsammeln oder Nistkästen an die Bäume im Schrebergarten hängen. In ihren politischen Aktivitäten verzetteln sich Naturschützer oft. Sie verbeißen sich in knifflige juristische Lösungen (zum Beispiel der Frage, ob Hühner in Batteriekäfigen seelisch leiden), die sowohl ihren moralischen Ansatzpunkt wie auch ihre Überidentifizierung mit kleinen Ausschnitten der gequälten Natur ausdrücken. So haben sie immer wieder Fortschritte und Erfolgserlebnisse zu melden, während man insgesamt sicher nicht sagen kann, daß es mit unserer Umwelt heute besser aussieht als vor zehn Jahren. Da tauchen die Kröten wieder in einem Feuchtbiotop auf, das sie schon lange verlassen hatten, dort ist in dem frisch eingerichteten Vogelschutzgebiet wieder ein Kiebitzpaar gesichtet worden. Der Naturschützer hat dem Alternativen voraus, daß er meist genauer über seinen speziellen Teilbereich Bescheid weiß und diesen auch in der Öffentlichkeit besser vermitteln kann. Sein Anliegen gilt als achtbar, wenngleich man es leider, leider oft nicht so berücksichtigen kann, wie es das eigentlich verdient! Andererseits ist sein Blick so sehr vom beruhigenden Grün seiner Rest-Biotope gefesselt, daß er die destruktiven Entwicklungen der Industriegesellschaft nicht so kritisch sehen kann wie der Alternative. (Und in der Naturschutzbewegung gibt es wiederum Machtmenschen, Wissenschaftler, Intellektuelle und Normalverbraucher).

«Natürlich setzen wir unsere Verbindungen im Innenministerium und im Landwirtschaftsministerium ein, damit möglichst bald noch mehr gegen das Waldsterben geschieht. Wir haben da schon beachtliche Teilerfolge. Wir werden den Waldboden kalken und säurefeste Laubbäume unterpflanzen. Außerdem müssen die Jäger im Verband jetzt endlich einsehen, daß etwas gegen diese Massen von Schalenwild getan werden muß. Verprellen dürfen wir sie aber nicht, denn die haben doch die besten Verbindungen in den Ministerien!»

Ich hoffe, diese sozialpsychologische Typologie regt mehr zum Nachdenken an als dazu, nun Personen mit Etiketten zu versehen. Die Verschiedenheit anderer Menschen von uns selbst zu sehen und zu verarbeiten, ist eine wichtige Aufgabe, wenn Gesprächsbarrieren überwunden werden sollen. Einen umweltpsychologischen Ideal-Typus gibt es nicht; es wäre auch sehr verwunderlich, wenn wir den Zustand der Natur um uns beobachten. In meiner Untersuchung wollte ich kritisch und ein wenig ironisch sein, aber nicht zynisch oder verletzend. Mich selber rechne ich am ehesten zum Intellektuellen, mit einer Beimischung von Alternativem, Naturschützer und (am wenigsten gerne eingestanden) auch Normalverbraucher.

Anmerkungen

1 Taylor, Gordon Rattray, *Das Selbstmordprogramm. Zukunft oder Untergang der Menschheit*. Frankfurt a. M. 1971.
2 In: *Selecta*. 2 (1972).
3 Goodman, Paul, *Aufwachsen im Widerspruch*. Darmstadt 1971.
4 Taylor, a. a. O.
5 Taylor, a. a. O.
6 Papanek, Victor, *Design for the Real World*. New York 1971.
7 Taylor, a. a. O.
8 *Die Zeit*. 14 (1971).
9 Taylor, a. a. O.
10 Man wird mir vielleicht vorwerfen, diesen Begriff hier überdehnt zu haben. Tatsächlich aber erhält das Konsumgut Frau erst im Orgasmus für Homo consumens vollen Wert, so daß es erlaubt sein mag, eine seelisch-körperliche Reaktion als Konsumgut zu bezeichnen, wie ja auch andere Dienstleistungen zu Konsumgütern werden.
11 Die zitierten Kasuistiken stammen von Karl Bönner. Vgl. auch: Schmidbauer, Wolfgang, *Kleine Psychotherapie*. München-Planegg 1970.
12 In: *Petticoat* vom 15. 11. 1969. Zitiert nach: Greer, a. a. O.
13 *Der Spiegel* schätzte diesen Wert im Januar 1972 auf 87 Prozent.
14 Jürgen vom Scheidt hat diese Zusammenhänge in dem gemeinsam mit dem Autor herausgegebenen *Handbuch der Rauschdrogen*, München 1972[3], gründlich untersucht. Die Bedeutung dieser Faktoren zeigt vielleicht auch die Tatsache, daß es in der DDR nur rund acht Tötungsdelikte pro Jahr und pro einer Million Einwohner gibt, in der Bundesrepublik dagegen 34.
15 Galbraith, John Kenneth, *Gesellschaft im Überfluß*. München 1970.
16 «Die Verbündung mit dem Über-Ich verleiht dem Ich eine Stärke

und Härte, die es im Kampf mit den Trieben unnachgiebig, unangreifbar und für künftige Revisionen und Anpassungsleistungen unzugänglich macht ... Das mit dem Über-Ich identifizierte Ich verhält sich der Umwelt gegenüber genauso grausam und selbstherrlich wie das Über-Ich ursprünglich gegenüber dem Ich.» In: *Psyche*. 24 (1970).

17 Marcuse, Herbert, *Triebstruktur und Gesellschaft*. Frankfurt a. M. 1965. Vgl. auch: Marcuse, Herbert, *Der eindimensionale Mensch*. Neuwied 1966. Reiche, Reimut, *Sexualität und Klassenkampf*. Frankfurt a. M. 1969.

18 Freud, Sigmund, *Gesammelte Werke*. Bd. 14. Frankfurt a. M. 1955².

19 Reimut Reiche zeichnet in SEXUALITÄT UND KLASSENKAMPF, a. a. O., ein nicht ganz realistisches Bild dieser Veränderungen. Er geht davon aus, daß der Kapitalismus erst durch Konsumverzicht ermöglicht wurde (die ständische Gesellschaft verzehrte, was sie produzierte, ebenso eine archaische Ackerbau- oder Nomadensozietät). Ein Teil der Bevölkerung verzichtete freiwillig oder gezwungen darauf, den Gewinn unmittelbar zu konsumieren, und investierte ihn als angesammeltes Kapital. Demgegenüber ist darauf hinzuweisen, daß der Kapitalist auch damals getreu seiner puritanischen Prägung im erlaubten Genuß irdischer Güter einen Beweis dafür sah, zu den zum ewigen Heil Berufenen zu gehören. Homo consumens hat wohl eher diese Seite der kapitalistischen Ethik – «Wer etwas leistet, kann sich etwas leisten» – übernommen, als daß er im Zuge einer Lockerung des angeblich «ständigen Gebots des Konsumverzichts» im Frühkapitalismus erst zum Homo consumens wurde.

20 Vgl. auch: Schmidbauer, Wolfgang, *Jäger und Sammler*. München-Planegg 1972.

21 Der Werbeslogan, der behauptet, eine spezielle Cognac-Marke helfe dem «Pyramidenkletterer, zwischendurch konzentriert zu relaxen», spiegelt diesen Prozeß sehr deutlich wider.

22 Vgl. auch: Reiche, a. a. O.

23 Plack, Arno, *Die Gesellschaft und das Böse. Eine Kritik der herrschenden Moral*. München 1967.

24 Toynbee und Huntington haben die These aufgestellt, daß die Subtropen für den ersten Schritt der Kulturentwicklung – die neolithische Revolution mit dem Beginn des Ackerbaus, der Viehzucht und der Städtegründung – besonders günstig seien, während die gemä-

ßigten Klimazonen für die Weiterentwicklung dieser Kulturtechniken zur Industriegesellschaft optimal geeignet seien. Beide bemühten sich jedoch nicht, die dabei ablaufenden psychologischen Prozesse zu erklären, wie es hier versucht wurde. Vgl. auch: Huntington, E., *Mainsprings of Civilization*. New York 1945. Bohnet, M., *Die Entwicklungstheorien. Ein Überblick*. In: *Das Nord-Süd-Problem. Konflikte zwischen Industrie- und Entwicklungsländern*. Hg. von M. Bohnet. München 1971.

25 Bericht in der *Süddeutschen Zeitung* vom 8.1.1972.

26 Plack, a. a. O.

27 Kujatt, B., *Über Fettsucht in der Präpubertätszeit*. In: *Analytische Psychotherapie und Erziehungshilfe*. 129 (1952).

28 Allerdings können Geschwister im Experiment die Mutter ersetzen, nicht aber in der Natur, da sie dem Affenbaby keine Nahrung bieten.

29 Eine ausgezeichnete Zusammenfassung der entsprechenden Forschungen von Harlow, René A. Spitz und anderen gibt: Schmalohr, Emil, *Mutterentbehrung bei Mensch und Tier*. München 1968.

30 Prechtl, H. F. R., *Eigenart und Entwicklung der frühkindlichen Motorik*. In: *Klinische Wochenschrift*. 34 (1956). Peiper, A., *Instinkt und angeborenes Schema beim Säugling*. In: *Tierpsychologie*. 8 (1951).

31 Thorpe, William, *Learning and Instinct in Animals*. London 1963.

32 Spitz, René A., *Vom Säugling zum Kleinkind*. Stuttgart 1967.

33 Plack, a. a. O.

34 Meves, Christa, *Verhaltensstörungen bei Kindern*. München 1971.

35 Irenäus Eibl-Eibesfeldt hat das in einer Studie über die Buschmänner objektiviert.

36 Grigat, R., und R. Kemmler, *Autoritäre oder antiautoritäre Erziehung?* München 1971.

37 Da sich meine eigene Konsumfeindschaft darin ausdrückt, möglichst wenig neu zu kaufen, mußte ich mir schon oft von konsumgewohnten Verwandten und Bekannten anhören, in solch einem Gerümpel (meine Möbel aus dem 19. Jahrhundert) könnten sie nicht leben.

38 Diese Auswertung einer Marplan-Studie, 1967 in Frankfurt a. M. erstellt, entnahmen wir: Reiche, a. a. O.

39 Packard, Vance, *Die geheimen Verführer*. Frankfurt a. M. und Berlin 1962.

40 Plack, a. a. O.

41 *Der Spiegel*. 3 (1972).

42 *Der Spiegel*. 3 (1972).

43 Papanek, a. a. O.

44 Dichter, Ernest, *Strategy of desire*. London 1960.

45 Dichter, Ernest, *Überzeugen, nicht verführen*. Düsseldorf 1971.

46 Zur Geschichte des Kolonialismus vgl. auch: Pazcensky, G., *Die Weißen kommen*. Hamburg 1970. Zum Fortschrittsglauben vgl.: Lévi-Strauss, Claude, *Traurige Tropen*. Frankfurt a. M. 1960.

47 Zahlreiche Beispiele dafür finden sich in: Menge, Wolfgang, *Der verkaufte Käufer*. Wien 1971.

48 Reiche, a. a. O.

49 Küng, E., *Der Geist der Konsumgesellschaft*. In: *Neue Zürcher Zeitung* vom 21. 11. 1971.

50 Schmidbauer, a. a. O.

51 Maori Kiki, Albert, *Ich lebe seit 10 000 Jahren*. Frankfurt a. M. und Berlin 1969.

52 Quincey, Thomas de, *Bekenntnisse eines englischen Opiumessers*. Stuttgart 1962.

53 Sehr viel ausführlicher und gründlicher dargestellt sind diese Probleme in: Schmidbauer, Wolfgang, und Jürgen vom Scheidt, *Handbuch der Rauschdrogen*. München 1972[3].

54 Forrester, Jay W., *Der teuflische Regelkreis*. Stuttgart 1972.

55 In: *Stuttgarter Zeitung* vom 18. 12. 1971.

56 Meadows, Dennis L., *Die Grenzen des Wachstums*. Stuttgart 1972.

57 Menge, a. a. O.

58 *Stuttgarter Zeitung* vom 18. 12. 1971.

59 In: *Süddeutsche Zeitung* vom 24./25./26. 12. 1971.

60 Vgl. auch: Ehrlich, Paul R., und Anne H. Ehrlich, *Bevölkerungswachstum und Umweltkrise*, Frankfurt a. M. 1972.

61 *Der Stern*. 4 (1972).

62 *Der Stern*. 4 (1972).

63 Hier handelt es sich nicht um Spekulationen, sondern um durchaus realistische Befürchtungen von Forschern am Massachusetts Institute of Technology (MIT), die gezeigt haben, daß in Überschall-Flughöhe ausgestoßene Staubpartikeln jahrelang in der Stratosphäre bleiben können.

64 Diesen Artikel habe ich 1982 auf Anregung des *Natur*-Redakteurs Dieter Herold geschrieben, der mir auch die Zitate aus dem La Roche-Film zur Verfügung stellte. Der Abdruck in *Natur* scheiterte später, so daß er hier zuerst veröffentlicht wird.

65 Unter dem Titel *Umweltpsychologie – Von guten und bösen Typen* bereits veröffentlicht in *Natur* 1/1984, S. 70–73.

Wolfgang Schmidbauer

Die Angst vor Nähe
208 Seiten. Broschiert

Helfen als Beruf
Die Ware Nächstenliebe
256 Seiten. Broschiert

Die hilflosen Helfer
Über die seelische Problematik der
helfenden Berufe
256 Seiten. Broschiert

Die Ohnmacht des Helden
Unser alltäglicher Narzißmus
288 Seiten mit zahlreichen Abbildungen.
Broschiert

Die subjektive Krankheit
Kritik der Psychosomatik
304 Seiten. Broschiert

Alles oder nichts
Über die Destruktivität von Idealen
439 Seiten. Broschiert und als
rororo sachbuch 8393

Weniger ist manchmal mehr
Zur Psychologie des Konsumverzichts
rororo sachbuch 7874

Jugendlexikon Psychologie
Einfache Antworten auf schwierige Fragen
rororo handbuch 6198

Ist Macht heilbar?
Therapie und Politik
rororo sachbuch 8329

C 916 / 6